Kleine Bibliothek 407

Geschichte

Barbara Bromberger
Hans Mausbach

Feinde des Lebens

NS-Verbrechen an Kindern

Pahl-Rugenstein

Unveränderter Nachdruck der
1979 im Röderberg-Verlag Frankfurt am Main
erschienenen Ausgabe:
Hans Mausbach, Barbara Bromberger
Feinde des Lebens. NS-Verbrechen an Kindern

Gesamtherstellung: Locher GmbH, Köln

CIP-Kurztitelaufnahme der Deutschen Bibliothek

Bromberger, Barbara:
Feinde des Lebens : NS-Verbrechen an Kindern / Barbara Bromberger ; Hans Mausbach. – Unveränd. Nachdr. d. 1979 im Röderberg-Verl. Frankfurt am Main erschienenen Ausg. – Köln : Pahl-Rugenstein, 1987. –
(Kleine Bibliothek ; 407 : Geschichte)
ISBN 3-7609-1062-9
NE: Mausbach, Hans:; GT

Inhalt

Vorwort

Zu diesem Thema fällt mir nichts ein als der Satz des griechischen Dramatikers Sophokles:

Ungeheuer ist viel. Doch nichts
Ungeheuerer als der Mensch.

Als ich zum ersten Mal im ,,Museum des Martyriums der Völker“ in Auschwitz die Haufen von Kinderschühchen und zerbeulten Nachttöpfchen sah, fiel ich in Ohnmacht.

Die Kindermörder von damals leben heute straflos als angesehene Staatsbürger unter uns.

Wird nicht das Blut jener gemarterten und getöteten Kinder eines Tages über uns kommen?

Luise Rinser

(Luise Rinser)

Wir danken allen, die uns bei der Verwirklichung dieser Publikation unterstützt und geholfen haben:

Peter Altmann, Frankfurt am Main; Prof. Dr. Gilbert Badia, Paris; Walter Blasig, Paris; Heinz Brüdigam, Wedel (Holstein); Henri Büttner, Merzhausen; Gisela Finger, Frankfurt am Main; Dr. Hubertus Groneberg, Hadamar; Prof. Dr. Peter Hüttenberger, Mönchengladbach; Waltraut Irvin, Hofheim am Taunus; Prof. Dr. Friedrich Karl Kaul, Berlin, DDR; Hans Dieter Klose, Frankfurt am Main; Liesel Kopold, Frankfurt am Main; Maria Krüger, Bremen; Ascan Lutteroth, Schorndorf; Prof. Dr. Alexander Mitscherlich, Frankfurt am Main; Geneviève van Ooyen, Frankfurt am Main; Astrid Pick, Frankfurt am Main; Prof. Dr. Aloyse Raths, Luxemburg; Artur Roth, Frankfurt am Main; Hannelore Schleicher, Bad Vilbel; Bernhard Vogler, Hettenhausen; Gerda Zorn, Hamburg; dem Präsidium der Vereinigungen der Verfolgten des Naziregimes–Bund der Antifaschisten, Frankfurt am Main;

den Archiven, Instituten, Organisationen und Ausstellungen des In- und Auslandes:

Archiv der Fédération Internationale de la Résistance (FIR), Wien
Archiv der Fédération Nationale des Déportés et Internés Résistants et Patriotes (F.N.D.I.R.P.), Paris
Archiv der Frankfurter Rundschau, Frankfurt am Main; der Süddeutschen Zeitung, München; des ‚Vorwärts', Bonn-Bad Godesberg
Ausstellung Zigeuner gestern – heute, Frankfurt am Main
Bundesarchiv Koblenz
Bundesarchiv – Militärarchiv Freiburg
Centre de Documentation Juive Contemporaine, Paris
Deutsche Staatsbibliothek, Berlin, DDR
Deutsches Rotes Kreuz, Suchdienst, München
Dokumentationsarchiv des deutschen Widerstandes, Frankfurt am Main
Dokumentationsarchiv des österreichischen Widerstandes, Wien
Institut für Marxismus-Leninismus, Berlin, DDR
Internationaler Gerichtshof, Den Haag
Internationaler Suchdienst, Arolsen
Komitee der antifaschistischen Widerstandskämpfer der DDR, Berlin
KZ-Gedenkstätte Dachau
Staatliches Zentralarchiv der UdSSR – Film- und Fotodokumente –, Moskau
Stadtarchiv Hadamar
State Department, Washington, D.C.
Zentrales Dokumentenarchiv der UdSSR, „Oktoberrevolution", Moskau
Zentrales Revolutionsmuseum der UdSSR, Moskau

Frankfurt am Main — Hans Mausbach
September 1979 — Barbara Mausbach Bromberger

Feinde des Lebens

„Wo Kinder sind, da ist ein goldnes Zeitalter".[1] sagt der deutsche Dichter Novalis. Wo Kinder sind, da ist das Glück, die Schönheit und die Zukunft. Die Kinder sind die Träger der Möglichkeiten von morgen. Jeder Erwachsene trägt die Erinnerungen seiner Kindheit mit sich herum und als Träume nehmen sie in uns immer wieder neue Gestalt an. Beim Anblick spielender Kinder bewegen uns eigene Erinnerungen, aber auch die Frage: Wie würde die menschliche Gesellschaft verändert, wenn es gelänge, für alle Kinder nicht nur die Notwendigkeiten der Existenz, einer qualifizierten humanen Erziehung, sondern auch die kundige und liebevolle Förderung ihrer zutageliegenden oder noch schlummernden schöpferischen Kräfte und damit die freie Entfaltung ihrer Persönlichkeit in allen ihren vielfältigen Möglichkeiten zu sichern?

Und doch gibt es Augen, die beim Anblick spielender Kinder stumpf bleiben. Blicke, die im heranwachsenden Menschenkind nur die verwertbare Arbeitskraft zu sehen gewohnt sind. Es gab und es gibt Blicke. die ein Kind zu mustern sich anschicken wie ein Stück Vieh, auf der Suche nach rassischen Standard- und Unterscheidungsmerkmalen, nach den Zeichen angeblichen „Herrentums" oder minderer Bestimmung, die zu abhängigem, dienendem Dasein prädestiniert, in Hautfarbe, Schädelform, Haarfarbe und Augenfarbe. Und es ist vorgekommen, daß die Untersuchten, je nachdem ob sie dieser Willkürprüfung entsprachen oder nicht, auserwählt, gefördert oder abgestempelt, gebrandmarkt und vernichtet wurden. Schon bei Kindern hat die Anmaßung des faschistischen Systemdenkens das Verbrechen begangen, Rassenmerkmale und Volkszugehörigkeit zur gesellschaftlichen Diskriminierung zu benutzen, um die Betroffenen schließlich aus dem Kreis des Lebens auszuschließen. Die sich dazu hergaben, hatten sich nicht als einzelne verirrt. Sie sahen, was ihre Verantwortung nicht vermindert, mit den Augen des faschistischen Systems. Und dieses System verband in der Zeit seiner Herrschaft in Deutschland von 1933 bis 1945 das brutale Niederhalten der Rechte der arbeitenden Menschen und ihrer Organisationen, das räuberische Überfallen und Unterwerfen der Völker der Nachbarländer mit einem Rassismus, der nicht nur als Antisemitismus gegen die jüdische Bevölkerung, nicht nur als ‚Arierwahn' gegen die Zigeuner,

1 Novalis, Werke, Hamburg/Berlin o. J., S. 344: Blütenstaubfragment 1798, Nr. 97.

sondern ebenfalls gegen die slawischen Völker. im Grunde alle Völker Osteuropas gerichtet war.

Die eigenen Kinder des deutschen Volkes. soweit sie nicht der rassistischen Diskriminierung unterlagen. wurden einem Erziehungseinfluß unterworfen. dessen Programm offene antihumane Deformierung war. Die Kinder sollten unempfindlich für Schönheit und unbarmherzig gegen Not werden. Eine Wolfsnatur sollte ihnen anerzogen werden. Man schickte sich an. ihnen Denkfähigkeit und menschliche Handlungsfähigkeit zu beschneiden. ihnen humane Solidarität auszutreiben – das waren die erklärten Ziele des faschistischen Erziehungsprogramms in den Nazischulen. in der HJ und dem BDM und in den Ordensburgen der SS. Ein brutales Glänzen wollte Hitler in den Augen der Jugend sehen. Als müßte der Interessenhintergrund solcher Erziehung zum „Herrenmenschen", zum Kämpfer eines aggressiven Imperialismus mit Gewalt an die Oberfläche der Sprache, prägte man das Wort von einer Jugend. die flink wie Windhunde, zäh wie Leder und hart wie Kruppstahl werden sollte.

Um Kindheit und Jugend in die Gefolgschaft des Faschismus zu locken und zu zwingen, wurde allenthalben in Schulen, Kinder- und Jugendorganisationen die Flöte des Rattenfängers geblasen, der kindliche Unternehmungsgeist und die jugendliche Abenteuerlust in falsche Bahnen gelenkt, die Bereitschaft der Kinder, sich für gesellschaftliche Ziele zu engagieren. in zynischer Weise mißbraucht.

Soziale Rücksichten kannte dieses System nicht. Behinderte und Kranke sollten unter dem Decknamen der „Euthanasie" beiseitegeschafft werden. Zigeuner und Juden wurden in Lagern zur Vernichtung zusammengetrieben. Das wirkliche Erbe des deutschen Volkes, die Vielfalt und Unerschöpflichkeit des europäischen Menschenbildes, der europäischen Kultur und des deutschen Beitrags dazu sollten zerstört werden. Statt dessen eine öde Schablone der Einseitigkeit. Nur eine Farbe des Lebens sollte geduldet werden. Leben sollte nur dürfen, wer den Zielen des Faschismus blind ergeben, wer bereit war, in seinem Dienst die Nachbarvölker niederzustampfen oder zumindest diesem Vorhaben nicht aktiv entgegenzuwirken.

Dagegen regte sich von Anfang an in Deutschland und Europa Widerstand, und um diesen Widerstand wenigstens zeitweilig niederzuhalten, denn brechen konnte man ihn nie, ließ man einen Vernichtungswillen zum Leben kommen, der alle Rücksichten der Menschlichkeit hinter sich ließ, der die Menschen ins Gas trieb, der Verantwortung in die Hände von Kreaturen legte, die sich nicht scheuten, Neugeborene an Wänden zu zerschmettern.

Dieser Antihumanismus, den der deutsche Faschismus schon im Umgang mit Kindheit und Jugend an den Tag legte, ist keineswegs irrational. Form und Inhalt der faschistischen Erziehung waren hervorragend geeignet, die Heranwachsenden von ihren eigenen sozialen Ansprüchen abzulenken, ihnen den

Ausblick auf selbstbestimmte Arbeit und selbstverwirklichtes Glück und Leben zu verbergen. Sie sollten in der Dämmerung der Unwissenheit unfähig werden zu erkennen, daß sie in einer Gesellschaft schärfster Klassengegensätze die Beherrschten und beliebig Mißbrauchbaren werden sollten. Und wenn sie gelernt hatten, gedankenlos zu gehorchen, dann sollten sie auch lernen, für ihre Zuchtmeister, für die zukünftigen Finanz- und Industriemagnaten eines europäischen Imperiums deutscher Hegemonie die Büttel gegenüber den unterworfenen Völkern und allen Demokraten und Antifaschisten zu spielen.

Nach außen wurde der Herrenstandpunkt gekehrt, ein Rassismus, der eine Abstufung der Minderwertigkeit der anderen europäischen Völker gegenüber dem deutschen Volke zum politischen Programm machte, Anspruch auf ihre Kinder erhob, ihre Kinder raubte, zur Behinderung ihrer Fortpflanzung, zur Behinderung ihrer Zeugungsfähigkeit, zum Genozid schritt – in Westeuropa selektiv an Juden und Zigeunern, in Osteuropa darüber hinaus an den slawischen Völkern insbesondere gegenüber Polen und der UdSSR.

Niedertreten war die Parole und das Werk des deutschen Faschismus und Militarismus in Europa in den 12 Jahren seiner Herrschaft. Unter seinen Stiefel nahm er auch noch das ungeborene, auch noch das gerade zur Welt gekommene, das hilflose, nach Schutz verlangende Leben. Gegner des Faschismus, die in Konzentrationslager gerieten, waren bei vorher schon illusionsloser Einschätzung dieses Systems überrascht und empört, auch Kinder in großer Zahl in den Lagern anzutreffen und die Vernichtung dieser Kinder miterleben zu müssen. Die das in Bewegung gesetzt haben, die das in Gedanken vorbereitet haben, befohlen und organisiert haben, die dafür die politische Verantwortung trugen und daraus ökonomischen und politischen Vorteil zogen, waren Feinde des Lebens mehr noch als die, die es unter ihrem Einfluß durchgeführt haben.

Wir brauchen alle diese Dokumente der deutschen Geschichte für die Gestaltung der Zukunft. Schon der falsche Zungenschlag des Rassismus, des aggressiven Militarismus muß uns und unseren Kindern bekannt sein, um rechtzeitig Widerstand leisten zu können. Die Beziehung des Faschismus zu Rüstungsindustrie und Hochfinanz, die Tatsache, daß in Nürnberg nicht nur Göring, Heß und Kaltenbrunner, sondern auch Flick, Krupp, Schacht sowie Führungskräfte der IG-Farben auf der Anklagebank saßen, gehört zu den wichtigsten Fakten der jüngeren Zeitgeschichte, die in den Schulen unseren Kindern übermittelt werden müssen. Mit unseren Kindern teilen wir die Verpflichtung, jeden neu auftretenden oder wiederkehrenden Herrschaftsanspruch der Feinde des Lebens, des alten und neuen Faschismus, rechtzeitig zu erkennen und zu bekämpfen.

Faschistische Kindererziehung

Es war das erklärte Ziel der NS-Führung, die Erziehung der Jugend von Kindheit an unter ihren Einfluß zu bringen. „Denn die Jugend von heute ist immer das Volk von morgen, deshalb haben wir es zur Aufgabe gestellt, unserer Jugend den Geist der Volksgemeinschaft schon frühzeitig einzuimpfen, in dem Alter, in dem die Menschen noch unverbildet und damit unverdorben sind..."[2]

Was heißt: „So früh wie möglich?" Darauf gibt es eine präzise Antwort, die Gregor Ziemer, Rektor der amerikanischen Schule in Berlin von 1929 bis 1930 von offizieller Seite auf eine entsprechende Frage hin erhielt und in den Materialien des Nürnberger Prozesses niederlegte:[3] „When does the Nazi Party become interested in the German child?" I asked a high official in the imposing office of Baldur von Schirach, Marshall of militant young Germany, Kronprinzenufer 10, Berlin. „Before it is conceived", was the quick answer. („Wann beginnt sich die Nazipartei für das deutsche Kind zu interessieren?" fragte ich einen hohen Beamten in dem imposanten Büro Baldur von Schirachs, des Reichsjugendführers, am Kronprinzenufer 10, Berlin. „Bevor es empfangen ist", war die schnelle Antwort.)

Die faschistische Kindererziehung setzte als Erziehung der Eltern, insbesondere der Mütter, schon vor der Geburt des Kindes ein, konnte sich aber dabei zunächst nur auf diejenigen Anhänger des NS-Systems stützen, die von vornherein bereit waren, das von ihnen erwartete Kind dem NS-System zu überliefern. Auf einer breiteren Ebene zielte die „rassenhygienische" Erziehung, mit der die NSDAP gegenüber der Bevölkerung auftrat, auf Ergebnisse entsprechend den von ihr propagierten rassistischen Elitekriterien. Diese Einflußnahme vollzog sich auf biologischer Ebene (wenn auch keineswegs in Übereinstimmung mit den wissenschaftlichen Erkenntnissen der Biologie und Genetik), war Bestandteil der faschistischen Zuchtvorstellungen.

Am 15. September 1935 wurden die sogenannten Nürnberger Gesetze verkündet: das Reichsbürgergesetz beraubte die jüdischen Bürger sämtlicher politischer Rechte. Das „Gesetz zum Schutze des deutschen Blutes und der deutschen Ehre" (Blutschutzgesetz) verbot u.a. Eheschließungen und Geschlechtsverkehr zwischen „Juden und Staatsangehörigen deutschen oder

2 Äußerungen Hitlers nach Dokument 2054 PS Nürnberger Prozeß.
3 Dokument 2441 PS Nürnberger Prozeß.

artverwandten Blutes". Gemäß den „arischen" Zuchtvorstellungen der NS-Führung wurden von da an über die Standesämter und unter Mißbrauch der Einrichtungen des Gesundheitswesens, über die Schulen und die öffentlichen Medien rassistische Auffassungen über „arische" Fortpflanzung des deutschen Volkes breit propagiert und der Versuch unternommen, durch „Stammbaumpflege" und „Ahnenbewußtsein" die Auffassungen über eine angeblich auf diesem Wege mögliche biologische Veredelung in der Bevölkerung zu verankern. Eine besondere Zuspitzung erfuhr die biologische „Germanisierung" in dem Programm und den Institutionen, die unter der Bezeichnung „Lebensborn" bekannt wurden.

Daß es bei den nach dem Willen der NS-Führung schon in frühester Kindheit einsetzenden Erziehungsmaßnahmen nicht etwa um die Förderung der freien und vielseitigen Entfaltung der kindlichen Persönlichkeit, sondern im Gegenteil um antihumane Dressurmaßnahmen ging, mögen die folgenden Zitate belegen: „Meine Pädagogik ist hart. Das Schwache muß weggehämmert werden. In meinen Ordensburgen wird eine Jugend heranwachsen, vor der sich die Welt erschrecken wird. Eine gewalttätige, herrische, unerschrockene, grausame Jugend will ich... Das freie, herrliche Raubtier, muß erst wieder aus ihren Augen blitzen... Ich will keine intellektuelle Erziehung. Mit Wissen verderbe ich mir die Jugend."[4]

Der polnische Autor Kiryl Sosnowski bemerkt zur Kindererziehung im faschistischen Deutschland: „So paradox und unglaublich es erscheinen mag – das deutsche Kind sollte das erste Opfer der NS-Grausamkeit sein." Er fügt erläuternd hinzu, daß es dabei nicht, wie bei den Verbrechen gegen jüdische und slawische Kinder, um die biologische Vernichtung ging, sondern um einen Schlag gegen den eigentlichen Kern menschlicher Prinzipien in der Erziehung. Sosnowski schildert, wie die deutsche Jugend als „Jungvolk" und „Jungmädel" im Alter von 10 bis 14 Jahren, sowie in der „Hitlerjugend" (HJ) und im „Bund Deutscher Mädel" (BDM) von 14 bis 18 Jahren nazikonform erzogen wurde, und welche Bedeutung diese Jugendorganisationen im Erziehungswesen des deutschen Faschismus hatten. Seine Darstellung bezieht sich weniger auf das Kindesalter im engeren Sinne, das Kleinkind, das Vorschulalter, das Grundschulalter bis etwa zum 14. Lebensjahr, Altersabschnitte, in denen so entscheidende Schritte der Sozialisation getan werden.[5]

Um die Jugend zu gewinnen, ihre Anpassung an die Auffassungen, ihre Verfügbarkeit für die Ziele des Faschismus vorzubereiten, wurden keine Anstrengungen gescheut. Schon die Kinder sollten so vorgeprägt werden, daß sie später die „Ideale" der faschistischen Erziehung möglichst widerstandslos in sich aufnehmen sollten. Die drei hauptsächlichen Wege zur Beeinflussung der Kind-

4 Vgl. H. Rauschning: Gespräche mit Hitler, Zürich und New York 1940, S. 237
5 Kiryl Sosnowski: The Tragedy of Children under Nazi Rule, Warschau 1962.

heitsentwicklung wurden ausgiebig genutzt: Schule, Jugendorganisation und Elternhaus.

Erstens wurde das gesamte Schulwesen dem organisatorischen und geistigen Einfluß der NSDAP unterworfen. Dies wurde ermöglicht durch die Unterstellung des Erziehungssystems unter die Reichsführerschaft, die den gesamten Kultusbereich kontrollierte und mit Dekreten und administrativen Maßnahmen die gesamte Schulbuchliteratur im faschistischen Sinne auswechselte. Alle deutschen Erzieher, ganz gleich welcher Schulart, mußten dem NS-Lehrerbund (NSLB) als Einzelmitglieder angehören. Entsprechend den Richtlinien des NSLB wurden sie „für die Durchführung der politisch-weltanschaulichen Ausrichtung aller Lehrer im Sinne des Nationalsozialismus verantwortlich" gemacht.[6] Dieser das ganze Erziehungswesen durchdringenden Maßnahme war vorausgegangen, daß schon 1933 bürgerlich-liberale, sozialdemokratische, den Gewerkschaften zuneigende, engagierte demokratische und kommunistische Lehrer aus dem Schulwesen herausgedrängt worden waren, ebenso wie jüdische Lehrer Berufsverbot erhalten hatten und eine gezielte NS-Personalpolitik durch psychologischen Druck, administrative Maßnahmen und offenen Terror alle wichtigen Führungspositionen in Schule und Erziehung im Sinne der faschistischen Führung besetzt hatte. Vom Lehrer wurde verlangt, er habe „rückhaltlos für den nationalsozialistischen Staat einzutreten. Er verkörpert ihn und darf deshalb gegensätzliche Anschauungen nicht haben."[7]

Mißachtung der Intelligenz, der Wissenschaftler und der Lehrerschaft klingt häufig aus Äußerungen führender Persönlichkeiten des deutschen Faschismus. So äußerte sich z. B. Hitler am 12. April 1942 über die Volksschullehrer, die Sozialdemokratie hätte sie zu einem Bildungsdünkel gebracht. Es handele sich bei den Volksschullehrern „um ein ganz besonders dummes und unselbständiges geistiges Proletariat".[8]

Zweitens nutzte das NS-System alle Möglichkeiten der Einflußnahme auf die Kinder und Jugendlichen über die Jugendorganisationen. In der Regel wurden die Kinder im Alter von 10 Jahren in die NS-Jugendorganisationen eingegliedert. Es gab allerdings auch schon die „Kindergruppen der NS-Frauenschaft", wie sie im Organisationsbuch der NSDAP vorgesehen waren.[9] Diese Kindergruppen der NS-Frauenschaft und des Deutschen Frauenwerkes sollten „alle

6 Dokument 2452 PS Nürnberger Prozeß.

7 U. Bechstein: Rechtsfragen des Schulalltags. Leipzig 1940, S. 37, zitiert nach: „Geschichte der Erziehung", Berlin 1976.

8 H. Picker: Hitlers Tischgespräche. Stuttgart 1965, S. 273/74. Ebenfalls in den Tischgesprächen (S. 423) findet sich die Bemerkung Hitlers: „Was müsse man denn schon aus allen möglichen Wissensgebieten kennen, um 6jährigen Kindern die richtige Aussprache des a, a, a... b, b, b.... vorzumachen."

9 H. J. Gamm: Führung und Verführung. München 1964, S. 324.

deutschen Jungen und Mädchen im Alter von 6–10 Jahren" erfassen. Der Aufbau der Kindergruppen der NS-Frauenschaft hat jedoch immer nur einen geringen Teil der Bevölkerung erreicht, insbesondere Kinder aus Familien aktiver Anhänger des Faschismus. Von einer ziemlich vollständigen organisatorischen Erfassung der Kinder kann erst ab dem 10. Lebensjahr gesprochen werden. Schon ab 1933 war die Umformung bestehender nichtfaschistischer Jugendorganisationen zu NS-Erziehungsorganen mit großer Zielstrebigkeit betrieben worden: So wurde z. B. die Überführung des überwiegenden Teils der bürgerlichen Jugendbewegung, des Wandervogels und der sogenannten Bündischen Jugend in die Hitlerjugend erzwungen. Kleinere Gruppen leisteten Widerstand, gingen in die Illegalität und schlossen sich zum Teil dem organisierten antifaschistischen Widerstand an. Die Jugendgruppen der Arbeiter- und Gewerkschaftsbewegung wurden verfolgt, verboten und aufgelöst. Soweit ihr Zusammenhalt stärker war als der Druck der Gleichschaltung, gingen sie in den antifaschistischen Widerstand.

Sehr viel schwieriger gestaltete sich der Versuch, schon über das Elternhaus auf das Kleinkind Einfluß zu nehmen. Auf dieser dritten und wohl wichtigsten Einflußebene blieben als schwer zu überwindende Barrieren zunächst Bewußtsein, Weltanschauung, politische, geistige und religiöse Prägung der Eltern als Schutz der Kinder vor faschistischer Deformierung erhalten. Aber die Jugend sollte auch gegen den Widerstand der Eltern auf die Seite des Faschismus gezogen werden. Wer sich nicht überzeugen ließ, sollte durch die faschistisch inspirierte nächste Generation aufs Abstellgleis verwiesen werden. Das folgende Zitat bezeugt, daß innerhalb der faschistischen Führung tatsächlich in dieser Weise mit der Wehrlosigkeit und Verführbarkeit der Kinder spekuliert wurde: „Wenn unsere Gegner sagen – ich komme nicht in Euer Lager, ich lasse mich nicht miteinbeziehen – antworte ich in aller Ruhe: Dein Kind ist schon auf unserer Seite. Die Nation lebt ewig – und was bist Du? Du wirst verschwinden und Deine Nachkommen werden längst dem neuen Lager beigetreten sein. Bald werden sie nichts anderes kennen als diese neue Gemeinschaft."[10] Diejenigen Erwachsenen, die sich nicht überzeugen ließen, sollten nicht allzu lange mit Argumenten konfrontiert werden. Für diese Gegner des Faschismus waren – soweit sie nach 1933 überhaupt noch offen auftreten konnten und über den privaten Bereich hinaus Einfluß nehmen konnten – zur „Umerziehung" Plätze in den Konzentrationslagern bereit. Nach wenigen Jahren faschistischer Herrschaft war es auch im privaten Bereich, in persönlichen Gesprächen schon zu einem lebensgefährlichen Risiko geworden, eine Gegnerschaft gegen den Faschismus erkennbar werden zu lassen.

In der Kindererziehung über Elternhaus, Schule und Jugendorganisation

10 K. Sosnowski: A. a. O., S. 12, vgl. Dokument 2455 Nürnberger Prozeß.

sollte nach dem Willen der NS-Führung damit begonnen werden, die Zugehörigkeit zum deutschen Volke als etwas gegenüber anderen Völkern Auszeichnendes hervorzuheben. „Dieses Selbstvertrauen aber muß schon von Kindheit auf dem jungen Volksgenossen anerzogen werden. Seine gesamte Erziehung und Ausbildung muß darauf angelegt werden, ihm die Überzeugung zu geben, anderen unbedingt überlegen zu sein."[11]

Die Weckung nationalistischer Überheblichkeit konnte bei Teilen der Eltern und Lehrerschaft durchaus an gewohnte Methoden der Verherrlichung des Deutschtums und der Herabsetzung anderer Völker anknüpfen. Anläßlich des Ersten Weltkriegs, der russischen Oktoberrevolution im Jahre 1917, sowie auch später in der Weimarer Republik war eine nationalistische Giftsaat gegen Frankreich, England und Rußland ausgestreut worden. Besonders in konservativen Kreisen war diese Saat aufgegangen und die entsprechende törichte Verblendung hatte bis hinein in den Bereich der Schule erhebliche Schäden am politischen Bewußtsein und Geschichtsbewußtsein der deutschen Bevölkerung angerichtet.[12]

Den Kindern wurde ein beschränktes Primitivweltbild angeboten, in dessen Mittelpunkt Deutschland, deutsche Überlegenheit, Deutschlands Führer und Deutschlands Führungsanspruch in der Welt zu stehen hatten. Die Art, die Leistungen, die Fähigkeiten, die Geschichte anderer Völker wurden geringschätzig behandelt. Voraussetzungen wurden geschaffen, um den Herrschaftsanspruch des deutschen faschistischen Imperialismus als selbstverständlichen europäischen und weltweiten Führungsanspruch in Krieg und Frieden zu begründen. Spätestens mit dem Eintritt in die Schule hörten die Kinder dann auch die Zeilen in der Nationalhymne, die zum Schüren des Großmachtchauvinismus herhalten mußten (wenn auch ihr Autor, Hoffmann von Fallersleben, sich eher ein nicht mehr von Kleinstaatlichkeit zerrissenes Deutschland vorgestellt hatte): „Von der Maas bis an die Memel, von der Etsch bis an den Belt – Deutschland, Deutschland über alles, über alles in der Welt..." Auch damit wurden sie eingestimmt auf die kriegslüsternen Pläne ihrer Verführer und Erzieher. Kinder, denen man schon in den ersten Klassen gesagt hatte, daß Deutschland über alles zu stellen sei, daß Charakter und Eigenart anderer Völker dem deutschen Wesen hoffnungslos unterlegen seien, waren schon ein wenig darauf vorbereitet, zum Refrain jenes Liedes später einmal mitmarschieren zu können, das die

11 Hitler: Mein Kampf. München 1930. S. 456.

12 Vgl. z. B. die zusammenfassende Aussage eines vorfaschistischen Gedichts, das einen beträchtlichen Teil der damaligen Schuljugend erreicht haben dürfte: „Wir lieben vereint. wir hassen vereint. wir haben alle nur einen Feind – England!" Nach 1933 lautet dann der Refrain eines bekannten Liedes der faschistischen Luftwaffe im entsprechend barbarisierten Ton: „Bomben, Bomben, Bomben auf Engeland!" Auch Kinder wurden dazu gebracht. solche Gedichte zu lernen und solche Lieder zu singen.

Gruppierungen der SA und der SS bei ihren Vorbeimärschen auf den Straßen gröhlten: „Wir werden weitermarschieren, wenn alles in Scherben fällt. Denn heute gehört uns Deutschland und morgen die ganze Welt."

Ehe und Familie wurden durch die Standesämter auf die offiziell verkündete „Führergefolgschaft" eingestimmt. Das „Buch der Kindheit", herausgegeben vom Reichsbund der Standesbeamten Deutschland e. V., sollte das deutsche Kind „von der Wiege bis zur späteren Eheschließung" begleiten und verkündete nach dem formalen standesamtlichen Teil in einem weltanschaulichen Aufruf, daß dem deutschen Volke in Adolf Hitler der Retter erstanden sei. Der Text endete mit dem Appell, auch in die Herzen der Kinder die Leitworte des „sieghaften neuen Deutschlands" zu pflanzen: „Ein Volk! Ein Reich! Ein Führer!"

Die heikle Frage, weshalb denn eigentlich gerade die Deutschen das zur Herrschaft auserkorene Volk seien, sollte möglichst gar nicht erst gestellt werden müssen. Um das zu gewährleisten, wurde der Erkenntnishorizont der Kinder mit allen möglichen Behauptungen über die angeblich geschichtliche, völkische und rassische Sendung des Deutschtums umstellt, die die in der Kindheit aufkommenden kritischen Fragen in andere Richtungen ablenken sollten.

Deutschland, deutsches Reich und deutscher Imperialismus sollten als absolut unantastbare Begriffswerte dastehen. Sie zu befragen hatte als Verrat, als Durchbrechen eines Tabus zu gelten.

„Ein Schüler spricht: Die Fahne ist unser Glaube an Gott und Volk und Land. Wer sie rauben will, der raube uns eher Leben und Hand!"[13]

Schon in den Kindergärten wurde dem Idealbild des blonden, helläugigen und hochwüchsigen „nordischen Menschen" gehuldigt. In den Schulen ging man einen Schritt weiter. Dort wurde schon das für den Rassismus unverzichtbare Bild des „Nichtdeutschen", „Nichtarischen", des somit abzulehnenden Fremden entworfen: das Bild vom angeblich schachernden Juden, das Bild vom angeblich diebischen, kinderraubenden Zigeuner, das Bild vom angeblich minderwertigen, zu Kulturleistungen unfähigen und zur Knechtschaft bestimmten Slawen. Rassistische Erfindungen und Verleumdungen durften sich ungestraft nicht nur in Streichers Zeitschrift „Der Stürmer", sondern auch in Schul- und Lehrbüchern breitmachen, wie die folgenden Beispiele zeigen:

13 G. L. Mosse: Der nationalsozialistische Alltag, Königstein im Taunus 1978, S. 162.

Lehrplan zur Behandlung der „Judenfrage" im Unterricht

Unterrichtsplan für „Staatspolitik" für die
Volksschulen des Dritten Reiches

Woche	Stoffgebiet	Beziehung zum Juden	Lesestoff
1.–4.	Das Deutschland der Vorkriegszeit. Klassenkampf. Profit. Streik.	Der Jude macht sich breit!	Aus Hauptmann „Die Weber"
5.–8.	Vom Agrarstaat zum Industriestaat. Kolonien	Der Bauer in den Klauen des Juden!	Schilderungen aus den Kolonien. Aus Hermann Löns.
9.–12.	Verschwörung gegen Deutschland. Einkreisung. Sperrfeuer um Deutschland.	Der Jude herrscht! Kriegsgesellschaften.	Beumelburg: „Sperrfeuer ..." Hindenburgs Leben. Kriegsbriefe.
13.–16.	Deutsches Ringen – deutsche Not. Blockade! Hungertod!	Der Jude wird wohlhabend! Ausnutzung der deutschen Not.	Manke: Spionage an der Westfront. Kriegsschilderungen.
17.–20.	Dolchstoß. Zusammenbruch.	Juden als Führer der Novemberrevolte.	Pierre des Granges: In geheimer Mission beim Feinde. Bruno Brehm: Das war das Ende
21.–24.	Deutschlands Golgatha. Erzbergers Verbrechen! Versailles.	Ostjuden wandern ein Judas Triumph!	Volkmann: Revolution über Deutschland. Feder: Die Juden. Zeitung: Der Stürmer

25.–28.	Adolf Hitler. Der Nationalsozialismus.	Judas Gegner!	Mein Kampf. Dietrich Eckart.
29.–32.	Blutende Grenzen. Versklavung Deutschlands. Freikorps. Schlageter	Der Jude zieht aus der deutschen Not seinen Nutzen. Anleihen. (Dawes. Young).	Beumelburg: Deutschland in Ketten. Wehner: Die Wallfahrt nach Paris. Schlageter: Ein deutscher Held.
33.–36.	Der Nationalsozialismus im Kampf mit der Unterwelt und dem Verbrechertum.	Juden Anstifter zum Mord. Die jüdische Presse.	Horst Wessel.
37.–40.	Deutschlands Jugend voran! Der Sieg des Glaubens	Der Endkampf gegen Juda.	Herbert Norkus. Reichsparteitag.

(H. Eschwege, Kennzeichen J, Frankfurt 1979, S. 57)

Nicht nur Verachtung und Haß gegenüber Juden, Zigeunern und Slawen sowie auch gegenüber den nicht ,,nordischen" Völkern der Mittelmeerländer und Frankreichs (man benutzte die diffamierenden Bezeichnungen: ,,westisch" und ,,welsch") wurden in den Kindern frühzeitig geweckt. Eine Art Wertungsrangordnung schien sich zu ergeben, die dem gefeierten nordischen Erscheinungsbild des Menschen Vorrang einräumte. Schon im frühesten Schulalter wurden im Unterricht Rassenvergleiche angestellt, und es nimmt nicht wunder, wenn dann auch beim Spielen und auf dem Schulhof dieser Unsinn fortgeführt wurde und dadurch eine Vergiftung der sozialen Kommunikation durch die Bildung rassischer Rangordnungen angebahnt wurde.[14]

14 Vgl. z.B. die folgende Unterrichtsaufgabe aus einer ,,Anleitung zur rassenseelenkundlichen Beobachtung" aus: Jakob Graf, Familienkunde und Rassenbiologie für Schüler, München 1935, S. 114–115, zitiert nach G. L. Mosse: Der nationalsozialistische Alltag, Königstein 1978. Aufgaben: 1. Stelle auch die seelischen Merkmale der einzelnen Rassen übersichtlich zusammen. 2. Sammle aus Erzählungen von Beschreibungen und Gedichten, Abschriften von rassenseelenkundlichen Schilderungen. Unterstreiche diejenigen Ausdrücke, durch welche die Art und Weise des seelischen Ausdrucks dargestellt wird. Aus welchen Mienen, Gebärden und Bewegungen

„Das ideale deutsche Mädel“ (G. L. Mosse, Der nationalsozialistische Alltag, Königstein 1978, S. 164)

Man sieht, auf welche Abwege die kindliche Phantasie in der systematischen Vorbereitung der deutschen Jugend auf die Hinnahme und Mitwirkung bei Verbrechen gegen die Menschheit geführt wurde.

Nicht weniger eindeutig drückt sich die antihumane Erziehungstendenz des Faschismus in seinen Menschenbildentwürfen aus. Der deutsche Faschismus hat eine zur Kurzfassung geronnene Beschreibung seines Wunschbildes vom Menschen hinterlassen, in der sich die angestrebte Deformierung der von ihm Fehlgeleiteten ungeschminkt offenbart. Diese Kurzfassung menschlicher Unzulänglichkeit, die übrigens im Nachkriegssprachgebrauch erhalten blieb und auch heute noch gelegentlich, meist ohne Kenntnis ihrer Herkunft, zitiert wird, lautet folgendermaßen: „Schnell wie Windhunde, zäh wie Leder, hart wie Krupp-Stahl!" Hinter diesem als „deutsch" ausgegebenen Tüchtigkeitsideal verbergen sich die Forderungen nach Denkverzicht, Kadavergehorsam, unbegrenzter Einsatzbereitschaft und rücksichtsloser Härte in der Durchführung des befohlenen Auftrags. Es ist erstaunlich, wie hier die negative Formierungsabsicht unverhohlen ausgesprochen wird. Hündische Anpassung soll erzwungen werden, Selbstverleugnung bis zum eigenen Untergang. Denn, was tut der Windhund anderes, als mit angelegten Ohren einem von seinem Herren vorgegebenen Ziel nachzujagen, wobei die Gehirntätigkeit der beutesuchenden instinktverschränkten Fortbewegung dient, und wie kann sich jemand menschlich, sozial und solidarisch verhalten, der zur Zähigkeit des Leders und zur Härte von Krupp-Stahl denaturiert ist?

Antihumane Perversion des Menschenbildes bestimmte die Erziehungsziele des faschistischen Systems. Doch die Durchführung der faschistischen Erziehung knüpfte an vorhandenen Bedürfnissen der Kindheit und Jugend, einer ihr gemäßen Ausbildung an und benutzte dazu Erfahrungen der deutschen Jugendbewegung. Kindheit und Jugend sollten zunächst aus dem Bereich überlieferter bürgerlicher und demokratischer Erziehungseinflüsse herausgelöst werden, um desto sicherer soziale Unterwerfung einprägen und humanes und solidarisches Verhalten in unsolidarische Aggressivität umprägen zu können.

Im übrigen war die faschistische Kindererziehung nur ein Schlüsselbestandteil des umfassenden Erziehungsprogramms für die gesamte Bevölkerung. Das Hauptanliegen dieses Erziehungsprogramms bestand in der Verschleierung und Leugnung bestehender gesellschaftlicher Widersprüche und Klassenge-

kann man auf eine ganz bestimmte rassenseelische Haltung schließen? 3. Stelle auch fest, welche körperlichen Merkmale mit ganz bestimmten seelischen Wesenszügen bei den einzelnen Gestalten Hand in Hand gehen. 4. Versuche an der inneren Haltung der in Erzählungen und Dichtung geschilderten Gestalten den eigentlichen rassenseelischen Wesenskern zu ergründen. 5. Übertrage diese Beobachtungsweise auch auf die Personen deiner Umgebung. 6. Sammle für deine Rassenmappe Werbebilder und Karikaturen. Ordne diese nach rassischen Gesichtspunkten, usw.

gensätze und der damit verknüpften Interessenkonflikte. Dies alles sollte unter Weiterbestehen von Lohnabhängigkeit und privilegiertem Eigentum an Produktionsmitteln hinter dem Mythos von der Volksgemeinschaft zum Verschwinden gebracht werden. Einer der organisatorischen Hebel für diese Erziehung lag in den faschistischen Partei- und Kaderorganisationen. Die Formierung, die den Mitgliedern der NSDAP und der anderen NS-Organisationen auferlegt wurde, war allen zugedacht, die unter der Zuchtrute der Naziherrschaft geraten sollten.

Die NS-Führung war sich dessen bewußt, wie sehr die Durchsetzung ihrer Ziele mit davon abhing, Zustimmung und Einsatzbereitschaft für ihre Pläne von Kindheit an in die Gehirne einzupflanzen. Was dabei nicht unmittelbar erreicht werden konnte, das sollte durch die bereitstehenden und demonstrativ angewendeten Mittel brutalsten politischen Terrors erzwungen werden.

Die verschiedensten Urteile über das faschistische Erziehungssystem lassen sich in der allgemeinen Bestimmung seiner negativen Züge ohne größere Schwierigkeiten auf einen gemeinsamen Nenner bringen. So wird gesagt, es sei antisozial, antihumanistisch, destruktiv und antirational gewesen, weit mehr als jedes andere vergleichbare Erziehungssystem. Ein antidemokratischer Zug, verbunden mit Antisozialismus und Antikommunismus, ist kennzeichnend für die Stoßrichtung des Faschismus gegen die Arbeiter- und Gewerkschaftsbewegung. Neben der nachweisbaren Verführung zum Rassismus, Nihilismus, Nationalismus und Chauvinismus verdient auch die Aufnahme restaurativer Elemente aus der Tradition der deutschen Pädagogik in das faschistische Erziehungssystem Beachtung.

Eine kritiklose Verherrlichung von Krieg und Militär findet sich schon in der Kindererziehung der preußischen Bourgeoisie. Bald nach der Machtergreifung des Faschismus wurde Kriegsspielzeug weit über den schon früher in Preußen vorhandenen Liebhaberkreis von Zinnsoldaten hinaus zum verbreitetsten Inventar des deutschen Kinderzimmers, ja zu einer Art Statussymbol der Kinder untereinander. Auch hier wurden Grundlagen gelegt für törichte Verharmlosung des Charakters, der Bedeutung und der Folgen des Krieges. Im Geschichtsunterricht wurde der Krieg nahezu ausschließlich aus nationalem Blickwinkel betrachtet. Vor 1933, in der Weimarer Zeit, erfuhren die Kinder nicht genug, nach 1933 überhaupt nichts mehr über den Zusammenhang zwischen Krieg und Klassenauseinandersetzungen, nichts über den unterschiedlichen Charakter berechtigter Befreiung aus Abhängigkeit, Knechtschaft und kolonialer Unterdrückung einerseits und den Formen und Zielen einer Kriegsführung, die der Vergewaltigung und Unterwerfung dienen andererseits. Der kleine „Ranzenträger" sollte nicht nur zum „Waffenträger" vorbereitet werden, sondern der Unterricht stand von Anfang an im Zeichen deutscher Großmachtansprüche. Der Mißbrauch pädagogischer Autorität nahm in der faschistischen Schule immer groteskere Züge an. Es kam vor, daß Lehrer in der Klasse das Kommando verkündeten: „In die Schützengräben!", woraufhin die Kinder unter die Bänke zu kriechen hatten.[15] Überliefert ist auch der Ausspruch eines Lehrers gegenüber achtjährigen Kindern in Offenbach: „Die Juden sind lauter Schweine und Verbrecher, die muß man alle aufhängen und auf den Mist werfen."[16]

Ähnliches vollzog sich schon im Vorschulalter. Über eine Berliner Kindertagesstätte, in der Kinder im Vorschulalter untergebracht waren, berichtete der damals in Berlin tätige Rektor der amerikanischen Schule, Gregor Ziemer:

„Diese Berliner Einrichtung war in einer umgewandelten Fabrik, die früher einem Juden gehört hatte, untergebracht. Eindeutige Organisationsform der Nazis war überall deutlich sichtbar. Die Kinder waren sorgfältig klassifiziert: Die Kleinkinder waren in den unteren Fluren untergebracht, die älteren in den höheren Etagen. Ausgebildete Nazierzieher betreuten die Kinder...

An dieser Vorschul-Kindertagesstätte hörte ich eine Gruppe von Jungen, noch kaum richtig sprechfähig, ein Lied wiederholen, das der Lehrer ihnen mit Enthusiasmus einzupauken trachtete:

Unseren Führer lieben wir,
unseren Führer ehren wir,
unserem Führer folgen wir,
bis wir Männer werden;

An unseren Führer glauben wir,
für unseren Führer leben wir,
für unseren Führer sterben wir,
bis wir Helden werden."[17]

Nicht nur in NS-Schulungsstätten oder „völkischen" Kindertagesstätten ging es so zu. In den Schulen der NS-Zeit, insbesondere im Sportunterricht, war allenthalben militärischer Drill eingeführt worden. Es war zum Beispiel üblich, zur Begrüßung des Lehrers „strammzustehen" und die Hacken zusammenzuschlagen. Dem körperlichen Drill entsprach die charakterliche Erziehung zur Anpassung, zum ehrerbietigen Zustimmen, zum bedingungslosen Gehorsam. Nicht nur äußerlich, sondern auch innerlich sollten die Kinder sozusagen „strammstehen". Die Bereitschaft zur gedankenlosen Unterwerfung wurde, wie sich mancher Erwachsene, der diese Zeit erlebt hat, erinnert, durch brutale und demütigende sogenannte „Mutproben" erzwungen, bei denen man z. B. Kinder

15 „Neue Erziehung", 9. Jahrgang, Folge 7/8, November/Dezember 1936, S. 73, zitiert nach: Geschichte der Erziehung, Berlin 1976.

16 „Neue Erziehung", 1936, S. 59.

17 Dokument 2441 PS Nürnberger Prozeß. „Erziehung zum Tode" nannte Ziemer später diese Erziehung in einer Publikation über das Bildungswesen im faschistischen Vorkriegsdeutschland („Education for death", Oxford University Press 1941).

Mut! ruft der Hauptmann hoch zu Roß.
Vorwärts, ihr tapfern Krieger!
Im Sturme gegen Burg und Schloß!
Hurra! Wir bleiben Sieger!

Zinnsoldaten-Schlacht.

Holla, die Schachteln aufgemacht! Ihr Zinnsoldaten, 'raus zur Schlacht!
Seid ihr auch alle nur von Blei, die Trommel ruft — 's ist einerlei,
„rrr — um — perum — pumpum!"

Hat auch der Gaul vom General drei Beine nur, das ist egal,
die Flinte fehlt manch' armem Tropf, und einer schießt gar ohne Kopf,
„piff — paff — puff!"

Schon tobt der Kampf in allen Reih'n. Die Erbsenkugeln prasseln drein.
Wer fällt, der liegt. Wir halten Stand. Mit Gott für Volk und Vaterland!
„tetere — tetä!"

Die Feinde fliehn! Ruft all' Hurra! Der Hauptmann hoch! Viktoria!
Und nun marschiert mir hübsch und fein ins Schachtel-Nachtobdach hinein!
Aus ist der Krieg! (Ad. Holst. Orig.)

Höre, Rolf!

Ein schneidiges Lied haben wir in der Jungschar gelernt. Unser Reichsjugendführer Baldur von Schirach hat es gedichtet. Es beginnt:

Vorwärts! Vorwärts! schmettern die hellen Fanfaren.
Vorwärts! Vorwärts! Jugend kennt keine Gefahren.
Deutschland, du wirst leuchtend stehn, mögen wir auch untergehn.

„Zinnsoldatenschlacht" (Das Jahr voller Freude. Fibel für das erste Schuljahr, S. 113)

Auf dem Schulhof (Das Jahr voller Freude, Fibel für das erste Schuljahr, S. 6)

dazu anhielt, mit verbundenen Augen aus ihnen unbekannter Höhe vom Sprungturm ins Wasser zu springen.

Schon vor 1933 waren die Erziehungsideale des „völkischen Staates" folgendermaßen präzisiert worden: „Der völkische Staat muß dabei von der Voraussetzung ausgehen, daß ein zwar wissenschaftlich wenig gebildeter, aber körperlich gesunder Mensch mit gutem, festem Charakter, erfüllt von Entschlußfreudigkeit und Willenskraft, für die Volksgemeinschaft wertvoller ist als ein geistreicher Schwächling."[18] Die in den Schulen des faschistischen Deutschlands häufig gebrauchte, bis heute noch nicht ausgestorbene Redewendung: „Das Denken könnt ihr den Pferden überlassen!" war unwillkürlicher Ausdruck der dominierenden antipädagogischen Auffassungen. „In dieser Schule soll der Knabe zum Mann gewandelt werden; und in dieser Schule soll er nicht nur gehorchen lernen, sondern dadurch auch die Voraussetzungen zum späteren Befehlen erwerben. Er soll lernen zu schweigen, nicht nur, wenn er mit Recht getadelt, soll auch lernen, wenn nötig Unrecht schweigend zu ertragen!"[19]

Unrecht schweigend zu ertragen haben damals viele gelernt. Als sie es lernten, wußten sie noch nicht, daß es nicht darum ging, erzieherischen Tadel und Kritik, wenn auch einmal unberechtigt, angemessen zu verarbeiten, sondern daß man sie an die Fronten des faschistischen Krieges kommandieren würde, daß man sie zwingen würde, das Niedermetzeln der Zivilbevölkerung in den besetzten Ländern West- und Osteuropas widerspruchslos mit anzusehen, daß man sie zwingen würde, Verletzungen des Völkerrechts und niedrigste Verbrechen ohne Widerstand anzusehen oder sogar daran mitzuwirken. Wohin die Bereitschaft zu gedankenlosem Gehorsam führen kann, haben manche erst erkennen müssen, als sie vor den Verbrennungsöfen der Vernichtungslager anlangten und ihnen befohlen wurde, bei diesen Untaten mitzuwirken. Nicht klein ist die Zahl derjenigen, denen es dann nicht wieder gelang, sich aus einer Einbeziehung in Schuld und Verbrechen wieder zu befreien, eine Bindung wieder abzuwerfen, deren Fesseln man ihnen schon in Kindheit und Jugend angelegt hatte.

Zum Kernbestand faschistischer Kindererziehung gehörte die hinter der Vorrangigkeit körperlicher Ertüchtigung, die von allen NS-Erziehern betont wurde, zu Tage tretende Geringschätzung des Denkens, der wissenschaftlichen Arbeit, des lernbereiten Fleißes und der Ausbildung rationaler Fähigkeiten in Schule und Erziehung. Nur noch Funktion der Umsetzung und Ausführung der Ziele des Nazitums sollte die begrenzte Denkfähigkeit sein. Die unbelegbaren Behauptungen faschistischer Natur-, Geschichts- und Gesellschaftsdeutung

18 Hitler: Mein Kampf, München 1930, S. 452.
19 Hitler: Mein Kampf, München 1930, S. 459.

sollten für sie nicht durchschaubar und widerlegbar sein. Die Denkfähigkeit sollte so begrenzt werden, daß sie sich mit den Mythen von Rasse, Blut und Boden und dem darauf fundierten Weltherrschaftsanspruch eines deutschen Imperiums abfinden ließ.

Ein hoher Grad von Verblendung mußte schon in der Erziehung erreicht werden, um Reinrassigkeit als „heiligstes Menschenrecht"[20] verkünden lassen zu können, ohne entschiedene Ablehnung und offene Empörung zu ernten. Es überrascht nicht, daß unter diesen Vorzeichen selbst in der Spracherziehung beschränkter Provinzialismus einziehen konnte: „Es ist z. B. nicht einzusehen, warum Millionen von Menschen im Laufe der Jahre zwei oder drei fremde Sprachen lernen müssen, die sie dann nur zu einem Bruchteil verwerten und deshalb auch in der Mehrzahl wieder vollkommen vergessen, ..."[21]

Kein anderes weltanschauliches oder politisches Programm bekennt sich so unbefangen und eindeutig zur Unterdrückung der Denk- und Kritikfähigkeit in der Erziehung und zur Abschaffung grundlegender Erkenntnisse der pädagogischen Wissenschaft und der Resultate der Geschichte der Entwicklung von Erziehungsmethoden und Erziehungsinhalten wie der Faschismus durch den Mund seiner führenden Repräsentanten. Und doch setzt der Faschismus hier eine Tendenz fort, die in abgeschwächter und verschleierter Form auch in Strömungen restaurativer Erziehung nichtfaschistischer Natur nachweisbar ist: eine Tendenz, die Erkennbarkeit von Gesetzmäßigkeiten in Natur, Geschichte und Gesellschaft prinzipiell in Frage zu stellen, mit der Ableugnung der Erkennbarkeit der Welt auch die Fähigkeit und Bereitschaft zur Veränderung der gesellschaftlichen Wirklichkeit zu verschütten.

In den dokumentarischen Aussagen über die Ziele und Inhalte faschistischer Kindererziehung stößt man immer wieder auf die Forderung vom Vorrang der körperlichen Ertüchtigung vor der geistigen und wissenschaftlichen Ausbildung. In dieser Disproportion ist der Kern des faschistischen Erziehungszieles enthalten. Nicht nur die Denkfähigkeit, sondern auch die Handlungsfähigkeit im eigenen Interesse soll zurückgedrängt und zum Erlöschen gebracht werden. Ein Hauptziel der faschistischen Erziehung liegt in der Betäubung der Denkfähigkeit und der Anpassung der verbleibenden Leistungsfähigkeit und „Tüchtigkeit" an die Systemabsichten. Zugleich soll der „neue Mensch" des deutschen Faschismus nicht so sehr erzogen, als vielmehr biologisch gezüchtet werden. Abgesehen davon, daß diese Züchtungsvorstellungen durch die Erkenntnisse der biologischen Wissenschaft ad absurdum geführt werden, enthüllt sich in ihnen der antihumanistische und antisoziale Charakter faschistischer Erziehung, der Versuch der Zerstörung der überlieferten fortschrittlich bürgerlichen und demo-

20 Hitler: Mein Kampf, München 1930, S. 444.
21 Hitler: Mein Kampf, München 1930, S. 465.

kratischen Erziehungsinhalte. „Was erhalten bleiben muß, ist nicht zunächst die erarbeitete Erkenntnis, sondern die blutsmäßige Substanz, aus der die Erkenntnisse kommen!" „Was für ein Glück für die Regierungen, daß die Menschen nicht denken. Denken gibt es nur in der Erteilung oder im Vollzug eines Befehls. Wäre es anders, so könnte die menschliche Gesellschaft nicht bestehen," verkündete Hitler 1942 in der Wolfsschanze im Kreise seiner Vasallen.[22]

Nun könnte man die Geschichte der Erziehung als eine Geschichte vor allem der Bemühungen um die Entwicklung der Denkfähigkeit des Menschen schreiben. Wie die Denkfähigkeit des Kindes anzuregen und zu fördern sei, hat die Pädagogen vom Altertum bis zur Neuzeit, insbesondere in den letzten Jahrhunderten der bürgerlichen Epoche immer wieder beschäftigt. Bedeutende bürgerliche pädagogische Denker wie Comenius, Rousseau, Pestalozzi, Herder und Lessing haben übereinstimmend, und das gehört zum zeitlosen Kernbestand ihrer Erkenntnis, die Entwicklung eigener Denkfähigkeit in Kindheit und Jugend als das Hauptziel der Erziehung herausgearbeitet. In seiner berühmten Schulrede aus dem Jahre 1800 sagt Herder: „Was heißt lernen? Man hat davon falsche Begriffe, wenn man glaubt, es heiße: Fremde Worte sich einprägen. Worte sind Schälle; ohne Gedanken drücken sie sich zuweilen zumal in der Jugend mit großer Kraft ein; ohne Gedanken aber hat man sie nur als Papagei gelernt: Denn bekanntermaßen lernt auch der Rabe, der Papagei Wortschälle und sagt sie zu rechter oder unrechter Zeit wieder."

Der Aufklärer Lessing hat seine humanistischen Erziehungsauffassungen in folgenden Sätzen zusammengefaßt: „Der größte Fehler, den man bei der Erziehung zu begehen pflegt, ist dieser, daß man die Jugend nicht zum eigenen Nachdenken gewöhnt." „Lange leben ist nicht viel leben; viel denken ist viel leben."

Seit Thomas Morus, seit dem Auftreten der utopischen Sozialisten, bald darauf getragen von den Anfängen der Arbeiter- und Gewerkschaftsbewegung, ist die Forderung nach der Erziehung zum Denken auch auf die bis dahin von der Erziehung vernachlässigten Bevölkerungsschichten, die unteren Klassen, ausgedehnt worden.

Seit dieser Zeit wird an der Verwirklichung der Anspruchs- und Chancengleichheit aller Menschen auf Erziehung gearbeitet. Unverkennbar hat die Arbeiterbewegung, haben die Denker des Sozialismus die bürgerlichen Erziehungsideale als wertvolles Gut in ihre eigenen Erziehungsforderungen eingearbeitet und sich bemüht, die wertvollsten Einsichten bürgerlicher Pädagogik, den ganzen Schatz aus der Geschichte bekannter pädagogischer Erkenntnisse auf einer neuen Wirkungsebene weiterzuentwickeln. Der Charakter des Lernens und der Inhalt der Erkenntnisziele ist dabei über die Horizonte der bürgerlichen

22 H. Picker: Hitlers Tischgespräche, Stuttgart 1965, S. 153, 159.

„Ära hinaus erweitert worden: Seitdem. so könnte man in einfachen Worten sagen, ist im Lernen und im Denkenlernen über die Fähigkeit zur Erkenntnis der Welt hinaus als notwendige Ergänzung die Erziehung zur Fähigkeit. die Welt auch zu verändern. miteinbegriffen.

Dieser Erkenntnisschatz der bürgerlichen. humanistischen. demokratischen und sozialistischen Erziehungsideale wurde vom deutschen Faschismus verzerrt. widerrufen. der Zerstörung überantwortet. Menschliche Arbeit. menschliche Schöpfungskraft. menschlicher Gedankenreichtum sollten nur noch in verstümmelter Form überleben dürfen. in einer Form. die das Durchpeitschen der Herrschaftsansprüche des Faschismus erleichterte. mit Inhalten. die den Herrschaftsanspruch des Faschismus nicht gefährden konnten.

Die Hauptinhalte der faschistischen Kindererziehung. Weckung nationalistischer Überheblichkeit. chauvinistische Verherrlichung von Militär und Krieg. Anerziehung von Untertanengesinnung und Dressur zum Kadavergehorsam. rassistische Desorientierung. Förderung von Rivalität und Konkurrenzverhalten, Denk- und Erkenntnisfeindlichkeit. sind alles andere als ein Ausdruck unbegreiflicher Irrationalität des dahinterstehenden Erziehungsvorhabens. Es handelt sich um das unverhüllte und ohne Umschweife ausgedrückte Erziehungs- und Formierungsinteresse der den Faschismus herbeiführenden. kontrollierenden, tragenden Mächte. Gruppierungen der Rüstungsindustrie. des Militarismus, der zu Monopolen zusammenwachsenden Großindustrie und Hochfinanz, die über ihren Staat gemeinsam die Aufgaben von Bildung und Erziehung bestimmen.

Die faschistische Kindererziehung ist nur ein Teilaspekt eines Gesamterziehungsmodells, das der Abwehr der Erstarkung des von der Arbeiterbewegung und ihren Bündnispartnern vorangetragenen demokratischen Fortschritts Dienste leisten soll.

Der Zweck dieser Erziehung war, die gesamte Bevölkerung, mit der Kindheit beginnend, zur Unterstützung und Komplicenschaft sowie als Ausführende für die Ziele der NS-Herrschaft zu gewinnen. Diesem Zweck wurde das gesamte mehrgliedrige Bildungssystem von den Kindergärten über die Volksschulen bis zu den Universitäten unterworfen. Darüber hinaus existierte für die Kaderbildung und Elitebildung des Faschismus ein begleitendes System spezieller NS-Schulungsstätten. Dazu gehörten z. B. folgende Einrichtungen:

1. Die Deutschen Heimschulen, Internatsschulen unter dem Einfluß der SS.
2. Die NS-Eliteschulen: Adolf-Hitler-Schulen (12 bis 18 Jahre) und Napolas (Nationalpolitische Erziehungsanstalten, 10 bis 18 Jahre), auf denen sogar die Reifeprüfung abgelegt werden konnte.
3. Die NS-Ordensburgen (ab 25 Jahre), Schulungsanstalten für höhere NS-Parteifunktionäre, sowie die SS-Junkerschulen. die zum Eintritt in die SS-Führung befähigten.

Wer dieses Erziehungssystem von der Kindheit bis zum Erwachsenenalter durchlaufen hatte, auf den glaubte die NS-Führung bauen zu können. Geplant war die geistige Unterwerfung und die inhaltliche Desorientierung der Betroffenen. Soweit das gelang, war unzweifelhaft das deutsche Kind das erste Opfer faschistischer Erziehung.

Völlig andere Ziele wurden bei der Erziehung der Kinder jüdischer Herkunft und der unterworfenen Völker in den besetzten Territorien verfolgt:

Jüdischen Kindern wurde ebenso wie jüdischen Lehrern der Zugang zum Schul- und Erziehungssystem versperrt. Dies war Bestandteil der antisemitischen Entrechtungspolitik des Faschismus.

Germanisierung war das Ziel der Erziehung in einigen Territorien an den Westgrenzen des Deutschen Reiches, die den Nachbarländern Frankreich und Belgien geraubt wurden (Elsaß-Lothringen und Eupen/Malmedy), sowie für ganz Luxemburg.

In Osteuropa dagegen sollten Arbeitssklaven mit niedrigem Bildungsstand für den deutschen Faschismus Zwangsarbeit leisten. In Heinrich Himmlers Denkschrift über die Behandlung der Fremdvölkischen im Osten vom Mai 1940 findet sich folgende Anweisung für die Erziehung der Kinder der osteuropäischen Völker:

„Für die nichtdeutsche Bevölkerung des Ostens darf es keine höhere Schule geben als die vierklassige Volksschule. Das Ziel dieser Volksschule hat lediglich zu sein: Einfaches Rechnen bis 500, Schreiben des Namens, eine Lehre, daß es ein göttliches Gebot ist, den Deutschen gehorsam zu sein und ehrlich, fleißig, brav zu sein. Lesen halte ich nicht für erforderlich. Außer dieser Schule darf es im Osten überhaupt keine Schulen geben."[23]

Widerstand von Eltern, Lehrern und Kindern

Wie stark auch der Druck des Faschismus auf der deutschen Lehrerschaft lastete, es gelang nicht, den fortschrittlichen Humanismus in ihren Reihen ganz zu ersticken. Deutsche Lehrer haben im antifaschistischen Widerstand eine wichtige Rolle gespielt. Der sozialdemokratische Pädagoge Professor Dr. Adolf Reichwein nahm im antifaschistischen Widerstandskampf eine führende Stelle ein. Im Juli 1944 wurde er verhaftet, nach Folterungen vor den sogenannten „Volksgerichtshof" gestellt und am 20. Oktober 1944 hingerichtet. Die Lehrer Theodor Neubauer und Martin Schwantes gehörten zur Leitung des illegalen kommunistischen Widerstandes. Auch die Lehrer Ernst Schneller und Franz Bobzien haben ihr Leben im Kampf gegen den Faschismus geopfert. Neben

23 Vgl. die Denkschrift Himmlers auf S. 50.

vielen anderen sind weiter zu nennen:

Dr. Kurt Adams. Studienrat in Hamburg. Mitglied der SPD in der Hamburger Bürgerschaft. am 7. Oktober 1944 in Buchenwald verstorben.

Rudolf Klug. Hamburger Lehrer. Mitglied der Widerstandsorganisation Bästlein – Jacob – Abshagen. im KZ Sachsenhausen inhaftiert, am 28. März 1944 erschossen.

Alfred Schmidt-Sas. Leipziger Lehrer. wurde wegen seines Widerstandes gegen den Faschismus am 5. April 1943 hingerichtet.

Kurt Steffelbauer. Leiter einer antifaschistischen Lehrergruppe in Berlin, am 21. Mai 1942 in Plötzensee ermordet.[24]

Diese Lehrer. die den Geist des Humanismus. des sozialen und demokratischen Fortschritts im Widerstand gegen den Faschismus verteidigt haben und dafür ihr Leben eingesetzt haben. sind Vorbilder für demokratisches Lehren heute und für die Zukunft der Erziehung.

In der faschistischen Kindererziehung hatten die Gedanken der Humanität und der Friedensliebe keinen Platz. Dies aber war die Gedankenwelt, in der viele fortschrittliche Eltern ihre Kinder erzogen hatten, allen voran solche Menschen. die nach 1933 in den Widerstand gingen. 800000 deutsche Männer und Frauen waren in der Zeit zwischen 1933 und 1945 kürzere oder längere Zeit in Gefängnissen. Zuchthäusern und Konzentrationslagern inhaftiert. Viele von ihnen waren Väter und Mütter, und ihr Leiden in Haft und KZ wurde vermehrt durch die quälenden Gedanken an ihre zurückgelassenen Kinder, die nun nicht nur schutzlos der Not und Einsamkeit überlassen waren, sondern auch dem Einfluß der nationalsozialistischen Erziehung. Diese Kinder mußten in Schule und Kindergarten alles verschweigen und in sich verbergen, was ihnen ihre Eltern an Idealen vorgelebt und nahegebracht hatten. Sie mußten sich in Konspiration üben, um ihre Eltern nicht zu gefährden oder zu verraten. Beim Spielen und in der Schule durften sie kein unbedachtes Wort sagen, um nicht einer Denunziation durch Mitschüler oder Lehrer zum Opfer zu fallen.

Manche dieser Kinder fanden eine völlig verwüstete und zerstörte Wohnung vor, als sie eines Tages von der Schule nach Hause kamen. Ihre Mutter war von der Gestapo abgeholt worden und wurde später in ein Konzentrationslager eingewiesen. Dies widerfuhr z. B. den Kindern von Maria Krüger aus Bremen, die 1942 von der Gestapo verhaftet und in das Gefängnis Hamburg-Fuhlsbüttel gebracht wurde. Ihre Kinder, damals im ersten und dritten Schuljahr, erlebten, daß nach der Verhaftung des Vaters nun auch die Mutter nicht wiederkam.

Selbst in der Emigration, in die sie mit ihren Eltern geflohen waren, erlebten Kinder die Verhaftung ihrer Eltern und mußten, wie der Sohn von Toni und Phi-

24 Vgl.: Einzeldarstellungen des antifaschistischen Widerstandskampfes sowie das Kapitel: Deutsche Lehrer im antifaschistischen Widerstand, in: Geschichte der Erziehung, Berlin 1976.

lipp Pleß aus Frankfurt am Main, auf dem Schulhof des kleinen französischen Ortes Fumel vor versammelten Schülern und Lehrern ein Verhör der Gestapo über sich ergehen lassen.[25]

Lore Wolf schildert, wie sie nach ihrer Verhaftung in Paris zum letzten Mal ihre Tochter sehen konnte: „Die Tür wurde geöffnet und Hannelore in den Raum gebracht. Da brach ich zusammen. Mein Kopf fiel auf den Tisch, ich begann hemmungslos zu schluchzen. Ich wußte genau, daß ich in diesem Moment mein Kind zum letzten Mal sehen würde. Hannelore kam auf mich zu. Sie weinte nicht, aber sie war sehr blaß. ‚Mama, vor denen da wirst du doch nicht weinen!‘ war alles, was sie sagen konnte. ‚Sie haben Ihre Tochter ja gut erzogen!‘ brüllte ein Gestapo-Beamter. ‚Raus, aber schnell!‘ ...“[26]

Kinder von Widerstandskämpfern erlebten nicht nur eine längere oder kürzere Trennung von ihren Eltern, sie wurden auch durch die deutschen Faschisten zu Waisen. In ihrem Abschiedsbrief bittet Rose Schlösinger (geb. Ennenbach), als Mitglied der Widerstandsorganisation Schulze-Boysen/Harnack zum Tode verurteilt und am 5. August 1943 in Plötzensee hingerichtet, ihre Schwester, für ihr Kind Marianne zu sorgen: „Mein liebes Annchen! Es ist eine schwere Bürde, die ich Dir auferlegen muß mit diesem Brief. Ich habe Dir ja schon andeutungsweise geschrieben. – Jetzt hilft aber keine Andeutung mehr, denn ich muß mich von Euch verabschieden. Du bist Mutter und mußt deshalb stark sein. Du hast zwei Kinder, meine liebe Änne, eines davon ist Marianne ... Mein Mariannchen soll glauben, daß ich an einer Krankheit – aber ohne Schmerzen – gestorben bin. Du wirst ihr eine gute Mutter sein, das weiß ich. Deshalb sterbe ich ganz ruhig, was das Kind betrifft.“[27]

Wie ein Kind aus einer antifaschistischen Familie den Schulalltag erlebte, welche Erlebnisse prägend wirkten, schildert Artur Roth:

„Der Beginn des Faschismus in Deutschland fiel in meinem Leben zusammen mit der Aufnahme in die Volksschule. Wir wohnten in der Friedrich-Ebert-Siedlung im Frankfurter Stadtteil ‚Industrie‘. Ich war in einem Alter, in dem man normalerweise von seiner politischen Umwelt und von politischen Veränderungen noch wenig versteht.

Anders war dies in unserer Familie. Meine Eltern standen als Mitglieder der KPD voll im politischen Leben. Dies führte dazu, daß meine Mutter bereits im März oder April 1933 verhaftet wurde. In einem politischen Prozeß wurde sie zu zwei Jahren Gefängnis verurteilt. Sie verbüßte diese Strafe in der Frauenhaftanstalt Frankfurt-Preungesheim. Mein Vater wurde auch mehrmals verhaftet.

25 Toni Pleß, In der Emigration, in: Arbeiterjugendbewegung in Frankfurt 1903–1945, Frankfurt 1978, S. 189.
26 Lore Wolf, Ein Leben ist viel zuwenig, Berlin 1973, S. 93.
27 Arbeiterjugendbewegung in Frankfurt 1903–1945, Frankfurt 1978, S. 181.

Seine Verhaftungen dauerten von einigen Tagen bis zu wenigen Wochen. Meistens gingen diesen Verhaftungen Haussuchungen voraus. Während der Inhaftierung meiner Mutter wohnte ich bei den Großeltern.

Meinem Vater war ein Familienunterhalt wegen der Arbeitslosigkeit und der geringen Arbeitslosenunterstützung fast nicht möglich.

Für mich war diese Zeit in der Schule nicht einfach. Wenn Mitschüler und Freunde vom Elternhaus und ihren Eltern erzählten, hüllte ich mich in Schweigen. Konnte ich erzählen, daß meine Mutter aus politischen Gründen im Gefängnis saß? War dafür Verständnis zu erwarten? Diese Fragen wußte ich nicht zu beantworten. Eine etwas ältere Verwandte war im gleichen Schulkomplex in der Berufsschule und erzählte, daß ich mich immer sehr isoliert im Schulhof bewegte.

1937 sind wir nach Frankfurt-Praunheim gezogen. Dieser Umzug war für mich insoweit schmerzlich, weil ich meine gewohnte Umgebung verlassen mußte. Der Abschied von Klassenkameraden und Freunden fiel nicht leicht. Andererseits war aber die neue Umgebung für mich eine Erleichterung, weil niemand über unsere Familie und unsere häuslichen Verhältnisse Bescheid wußte.

Von 1937 bis 1939 besuchte ich die Römerstadtschule. Dort wurden mir erstmals ‚Erziehungsmethoden' bewußt. Bei geringsten Verfehlungen mußten wir mit einem Stuhl in Vorhalte in Kniebeugen verharren bis wir umfielen. Eine andere Bestrafung bestand in Schlägen mit einem Holzstock auf die Fingerspitzen. Ziehen und drehen an den Schläfenhaaren waren dagegen noch harmlose Ermahnungen.

Am Rande sei vermerkt, daß dieser Lehrer – bei dem wir die meisten Unterrichtsstunden hatten – nach 1945 Rektor an einer anderen Frankfurter Schule wurde.

Mit Abschluß der vierten Volksschulklasse stand die Frage des Besuches eines Gymnasiums. Dies war aus verschiedenen Gründen nicht möglich. Nachdem meine Mutter aus dem Gefängnis entlassen war, erhielt sie keine Arbeit. Mein Vater war oft arbeitslos. Wenn er eine Arbeit gefunden hatte, wurde er wegen Verhaftung wieder entlassen. Meine Eltern konnten dadurch das Schulgeld für ein Gymnasium nicht aufbringen. Eine Aufnahme ins Gymnasium war auch nicht möglich, weil wir anstehende Prüfungsfragen nicht im Sinne des Systems beantworten konnten. Aus diesen Gründen blieb mir nur die Möglichkeit, 1939 die Aufbauschule in Frankfurt-Griesheim zu besuchen. Dies war ein Schultyp, der es begabten Schülern ermöglichte, ohne Schulgeld den Schulabschluß der mittleren Reife zu erreichen.

Mit Kriegsausbruch am 1. September 1939 erlebte ich schon viel bewußter den Terror des Faschismus. Mein Vater wurde am 27. oder 28. August in der Klingerschule eingezogen und kam an den Westwall. Ich war mit meiner Mutter alleine. Am 1. September um sieben Uhr hörten wir in den Nachrichten, daß Polen den Sender Gleiwitz überfallen hätten[28] und die deutsche Wehrmacht in Polen einmarschiert sei. Für meine Mutter und mich war in diesem Moment klar, daß dies Krieg bedeutet. Ein Krieg, der nicht auf Polen begrenzt bleiben würde. Das tatsächliche Ausmaß des Krieges konnten wir aber damals auch nicht erkennen. Kurz nach sieben Uhr klingelte es, und drei Gestapobeamte verhafteten meine Mutter. Als sie das Haus verließen, bin ich ihnen nachgerannt und habe geschrien: ‚Die holen meine Mutter'. Ein Gestapobeamter schnauzte mich an, ich solle mich nicht so anstellen, meine Mutter sei nachmittags wieder zu Hause. Diesen Worten schenkte ich wenig Glauben, wie sich bald herausstellte, sehr zu Recht.

Wenige Tage später kam erneut ein Gestapobeamter und holte Zivilkleider für meinen Vater. Also war mein Vater auch verhaftet. Für mich war in diesem Moment klar, daß ich meine Eltern so schnell nicht mehr sehen würde. Ich war alleine in der Wohnung, hatte keinerlei Einkommen und mußte mich selbst versorgen. Dabei kam mir zugute, daß meine Großeltern im Haus wohnten und sich um mich kümmerten.

Nach drei bis vier Wochen erhielt ich eine erste Nachricht von meinem Vater aus dem Konzentrationslager Buchenwald. Von meiner Mutter gab es keinerlei Lebenszeichen. Trotz mehrmaliger Nachfragen bei Gestapo und anderen Polizeistellen von meinen Großeltern und von mir konnten wir nichts über den Aufenthalt meiner Mutter erfahren. Dies war für mich eine schreckliche Zeit. Eine letzte Nachfrage meines Großvaters bei der Gestapo im November 1939 hatte die Entlassung meiner Mutter aus dem Konzentrationslager Ravensbrück zur Folge. Wir konnten uns dies später nur so erklären, daß die Entlassung meiner Mutter darauf zurückzuführen war, daß bei weiterer Inhaftierung der Staat für meinen Unterhalt und die Miete aufkommen mußte.

Für mich war dies – mit zwölf Jahren – erneut eine Zeit, in der ich mit niemandem über den Verbleib meiner Mutter sprechen konnte. Aber nicht nur das. Ich stand ständig vor der Frage, ob ich meine Eltern jemals wiedersehen würde. Über die Situation in den Konzentrationslagern gingen genügend Gerüchte um, und man hörte auch immer wieder von ominösen Todesfällen oder: auf der Flucht erschossen.

Wenn also Menschen nach 1945 erklärten, sie hätten nichts von und über Konzentrationslager gewußt, dann möchte ich dies schlicht als Lüge bezeichnen.

Verständlicherweise hat sich diese Situation auf meine schulischen Leistungen ausgewirkt. Die Fortsetzung meines Schulbesuches an der Aufbauschule

28 Am 31. August 1939 wurde auf Veranlassung der deutschen faschistischen Führung, im Auftrag Heydrichs unter Leitung des SD-Angehörigen A. H. Naujocks ein polnischer Überfall auf die Radiostation Gleiwitz vorgetäuscht.

geriet in Gefahr. Nachdem meine Mutter wieder zu Hause war, nahm sie Kontakt zu meiner Klassenlehrerin auf und fand Verständnis. Mit Verständnis und Hilfe dieser Lehrerin konnte ich die Schule erfolgreich abschließen. Unser vorgesehener Schulabschluß im April 1943 wurde vorgezogen. Bereits im Januar und Februar fanden die Abschlußprüfungen statt. Anschließend wurden wir alle als Luftwaffenhelfer zur 8,8-cm-Flak (Flugabwehrkanonen) eingezogen. Die meisten von uns waren erst 15 Jahre alt.

Für mich und meine Mutter trat der Konflikt in den Vordergrund, daß ich für ein System kämpfen mußte, das meine Eltern und ich immer abgelehnt hatten. Ja, mein Vater wurde für seine politische Überzeugung nun schon fast vier Jahre im KZ Buchenwald inhaftiert. Mit diesem Konflikt befand ich mich im Gegensatz zu allen Kameraden, die aufgrund ihrer Erziehung für Führer, Volk und Vaterland kämpfen wollten. In der Nachbarschaft war das Verhalten uns gegenüber recht unterschiedlich. Es wohnten vorwiegend kleinbürgerliche Familien in unserer Umgebung, von denen sich die meisten aus Angst sehr distanziert verhielten. Darüber hinaus gab es aber auch solidarische Sympathie. Wohltuend war für uns, wenn wir in der Metzgerei öfter mal ein Stück Wurst ohne Lebensmittelkarten bekamen. Diese kleine Zugabe war auch öfter mit der Bemerkung verbunden, die Wurst meinem Vater zu schicken. Nachdem ich als Luftwaffenhelfer wieder entlassen war, trat ich meine Lehrstelle in den Farbwerken Hoechst an. Die Lehrstelle erhielt ich durch die Vermittlung eines aktiven RAD-Mannes (Reichsarbeitsdienst).

Erneut tauchte nun bei mir die Unsicherheit einer neuen Umgebung auf. Wann wird bekannt sein, wo mein Vater ist? Wie werden die Arbeitskollegen reagieren? Kommen Schikanen auf mich zu?

Den deutschen Gruß „Heil Hitler" brachte ich aus verständlichen Gründen nicht über die Lippen. Aus diesem Grunde wurde ich von dem Betriebsleiter – einem engagierten Nazi – immer wieder angebrüllt. Dies wirkte sich auch bei meiner Einberufung zum RAD im November 1944 aus. Auf meine Vorsprache zwecks Zurückstellung erklärte mir dieser Betriebsleiter, daß der Abschluß der Lehre nicht so wichtig sei. Es ginge jetzt vorrangig um die Verteidigung des Vaterlandes. Es sei nun an der Zeit, daß auch ich meinen Beitrag zu leisten hätte.

Ein weiteres nachhaltiges Erlebnis in den Farbwerken Hoechst war das Zusammentreffen mit Deportierten und Verschleppten aus der Sowjetunion und anderen osteuropäischen Ländern. Viele waren in meinem Alter oder noch jünger. Mir war aus eigenem Erleben klar, was es in diesem Alter bedeutet, ohne Eltern und noch in einem fremden Land und einer feindlichen Umgebung leben zu müssen.

Obwohl jegliche privaten Gespräche mit diesen jungen Menschen streng verboten waren, entwickelte sich manches Gespräch. Zu ihnen fühlte ich mich hingezogen.

Mein politisches Interesse zeigte sich in den Jahren 1943/1944 auch darin, daß ich sehr viel ausländische Sender abhörte. Meine Mutter hatte deswegen immer große Angst. Wir hatten aber dadurch die Möglichkeit, zu erfahren, was außerhalb Deutschlands geschah.

Meine persönlichen Erlebnisse machen deutlich, wie sich der Faschismus auf Kinder und Jugendliche ausgewirkt hat. Rückblickend kann ich feststellen, daß die Ängste in diesen Kinder- und Jugendjahren, auf der Hut sein, kein falsches Wort zu wählen und seine Umgebung aufmerksam zu beobachten, deutlich im Vordergrund standen. Als herausragendes Erlebnis ist mir das Verständnis meiner Klassenlehrerin in der Eichendorffschule im Gedächtnis geblieben. Ihr hatte ich in meiner Schulzeit viel zu verdanken."[29]

★

Dokument 1

Die Kindergruppen der NS-Frauenschaft

Aus: Organisationsbuch der NSDAP. München 1937. S. 267f.

Die Kindergruppen der NS-Frauenschaft und des Deutschen Frauenwerkes erfassen alle deutschen Jungen und Mädel im Alter von 6 bis 10 Jahren.

Die Erfassung der Kinder erfolgt karteimäßig. Die Kinder erhalten Mitgliedskarten.

Die Kindergruppen stellen die erste nationalsozialistische Gemeinschaft dar, in der der junge Mensch Kameradschaft und Einordnung lernt. Ehe das Kind „Volksgemeinschaft" verstandesmäßig aufnehmen kann, lernt es auf diese Weise seinen Inhalt durch die eigene kleine Tat ermessen. Bevor es von der Schicksalsverbundenheit aller Deutschen weiß, lernt es hier, sich freiwillig einzufügen in eine kleine Kameradschaft. Nicht politische Ideen sollen den Kindern beigebracht werden, wichtiger ist es, daß die charakterlichen Werte, die gefühlsmäßigen Impulse in ihnen angesprochen werden, auf denen der Nationalsozialismus allein aufbauen kann. Ebenso wie körperliche Vernachlässigung in den ersten zehn Jahren später kaum je wieder ganz aufgeholt werden kann, ist es auch ein schweres Beginnen, Fehler in der Erziehung dieser Altersstufe wiedergutzumachen. So will die Kindergruppe neben Schule und Elternhaus dem Kinde helfen, den Weg in die Gemeinschaft zu finden, für die es geboren ist und der es dereinst seine Kräfte zu geben hat.

29 Interview mit Artur Roth, Dokumentationsarchiv des deutschen Widerstandes, Frankfurt am Main.

Der Führer selbst hat mit seinem Wort: „Nicht früh genug kann die Jugend dazu erzogen werden, sich zuallererst als Deutsche zu fühlen", die gesamte Kindererziehung im nationalsozialistischen Reich ausgerichtet.

Die Kinder tragen einheitliche, gaugebundene Spielkleidung.

Die Kinder, die das zehnte Lebensjahr vollendet haben, werden in Form einer Feierstunde an das Jungvolk oder an die Jungmädel abgegeben.

(Zitiert nach: Hans-Jochen Gamm, Führung und Verführung. Pädagogik des Nationalsozialismus. München 1964, S. 324)

Dokument 2

Baldur von Schirach: Kinder sind nicht uniformierte Wesen (1934)

Das Jungvolk erklärt dem Muttersöhnchen den Krieg. *Jungvolkerziehung ist Erziehung zur Selbständigkeit.* Noch nie gab es eine so große Zahl selbständiger Jungen. Sie sehen mit einer gewissen Verachtung auf das herab, was man landläufig „*Kinder*" nennt, und ärgern sich maßlos, wenn sie von Erwachsenen selbst so bezeichnet werden. Nach ihrer (und auch meiner) Meinung sind Jungvolkjungen eine Sache für sich. Mit „Kinder" bezeichnen wir die nichtuniformierten Wesen niedriger Altersstufen, die noch nie einen Heimabend oder einen Ausmarsch mitgemacht haben. Wir wollen nicht falsch verstanden werden: Jungvolkpimpfe bilden sich nicht etwa ein, Männer zu sein. Sie wollen nichts anderes sein als Jungvolk, als Buben, die die Kinderschuhe ausgetreten haben und schon wissen, wie man Zelte baut und im Kochgeschirr die Erbsensuppe bereitet. Oh, ein Pimpf versteht schon etwas von der Welt! Wenn er unterwegs seine Hosen zerrissen hat, näht er sie selbst wieder zusammen. Geht es nicht anders, dann mit Bindfaden. Kinder pflegen in ähnlichen Situationen zu heulen und nach der Mutter zu schreien. Pimpfe sind auf sich selbst gestellt. Kinder verreisen nur in Begleitung Erwachsener. Pimpfe gehen mit ihrem Führer auf Fahrt. Andere Eltern sprechen von ihrem Kinde, die Pimpfeneltern aber reden von ihrem *Sohn.* „Mein Sohn, der Pimpf!" In diesem Satz liegt diese tiefe Wandlung unserer Jugend...

(Zitiert nach: Hans-Jochen Gamm, Führung und Verführung, München 1964, S. 322)

Dein Volk
Dein Staat
Dein Führer

„Das deutsche Volk ist nicht mehr das Volk der Ehrlosigkeit, der Schande, der Selbstzerfleischung, der Kleinmütigkeit und der Kleingläubigkeit."

Adolf Hitler (1. Mai 1933)

Das deutsche Volk, die große Gemeinschaft der Menschen deutschen Blutes, deutscher Muttersprache und Kultur, hat eine alte, wechselvolle Geschichte. Kurze glückliche Zeiten der Einigkeit, der Kraft und des Erfolges wechselten mit langen Zeiten der Zersplitterung, der Ohnmacht und des Niederganges ab. Jahrtausende währte dieses Auf und Nieder. Deutsche Stämme in Nord und Süd, in Ost und West standen oft mit der Waffe in der Hand einander gegenüber. Fremde Mächte hatten Einfluß auf die Politik deutscher Stammesfürsten. In einem furchtbaren Glaubenskriege zerfleischte sich das Volk. Zehntausende Deutsche starben als Söldner in fast allen Ländern der Welt. Durch dynastische Interessen wurde deutsches Land zerrissen und verschachert. Soziale Kämpfe erschütterten den Volkskörper. Und auch nach der ungeheuren Anstrengung des Weltkrieges, in dem die deutsche Einigkeit durch den Druck des äußeren Feindes schon erreicht schien, brachen die alten Erbübel wieder durch. Jahre jähen Niederbruches folgten.

Da erstand dem deutschen Volke der Retter. Die Jahrtausende deutscher Geschichte waren sein Lehrmeister. Die Stimme seines deutschen Blutes lenkte ihn, und das deutsche Volk erkannte die Reinheit seines Wollens, es verstand ihn und folgte ihm. Mit unbeugsamem Ernst ging er an das große Werk, setzte Stein auf Stein, und unter seinen Händen erstand das herrliche Bauwerk deutscher Einigkeit. Das, nach dem sich die Besten unseres Volkes zu allen Zeiten gesehnt hatten, wurde Wirklichkeit; die Geschichte wird es einst das deutsche Wunder nennen.

Die nationalsozialistische Bewegung und ihr Führer weckten die Stimme des deutschen Blutes, sie schufen eine wahrhaft deutsche Weltanschauung und einigten durch sie das ganze Volk. Die Schranken, die es bisher in Stämme, Klassen und Konfessionen getrennt hatten, fielen. Deutschland ist erwacht.

Wir alle, die wir diese Zeit erleben dürfen, danken unserem Schöpfer dafür und geloben dem Führer treue Mitarbeit an seinem Werk. Dann werden unsere Kinder eine bessere und glücklichere Zukunft haben, als jemals früher Kinder deutscher Eltern sie gehabt haben.

Auch in ihre Herzen wollen wir die Leitworte des sieghaften neuen Deutschland pflanzen:

Ein Volk! Ein Reich! Ein Führer!

Das Buch der Kindheit, S. 7

Dokument 3

Aus der Bekanntmachung des Unterrichtsministeriums vom 20. Februar 1937

Aus: Amtlicher Schulanzeiger für Oberfranken und Mittelfranken. (Ausgabe Ansbach), 5. Jahrgang, Nr. 5, Ansbach, 16. April 1937
– Seite 65 –

...

Bek. d. Staatsmin. f. Unt. u. Kult. v. 20. 2. 37 Nr. VIII 9305
über die außerschulischen Aufgaben der
Lehrer(innen) und Erzieher(innen).

...

... Es darf im Dritten Reich keinen Volksgenossen, insbesondere keinen Staats- oder Gemeindebeamten und erst recht keinen Erzieher mehr geben, der sich nicht an irgendeiner Gemeinschaftsarbeit, in irgendeiner Organisation der Gemeinschaft in Partei oder Staat beteiligt. – ...

...

Am 15. Mai d. J. melden mir die Schulleiter – für die Volksschulen die Bezirks- und Stadtschulbehörden – auf dem Dienstweg in Sammelübersichten den Erfolg dieses Aufrufs. Lehrkräfte, die unangenehm auffallen, sind namentlich zu benennen...

...

Adolf Wagner

(Internationaler Militärgerichtshof Nürnberg 1948, Doc. Politische Leiter – 69)

Dokument 4

„Der Giftpilz". Vom Stürmerverlag 1938 herausgegebene antisemitische Erzählungen in Form eines Buches für Kinder

Der Giftpilz
Ein Stürmerbuch für Jung u. Alt
Erzählungen von Ernst Hiemer
Bilder von Fips
Verlag Der Stürmer – Nürnberg
1938

Der Giftpilz

Der kleine Franz ist mit seiner Mutter zum Pilzesuchen in den Wald gegangen. Franz, der sonst ein stiller Junge ist, ist heute wie umgewandelt. Lachend hüpft er über Büsche und Gräben und jauchzt in tollem Übermut.

Beglückt schaut ihm die Mutter zu und freut sich über den Frohsinn ihres Kindes. Dann aber tadelt sie:

„Ja, was ist denn, Franz? Ich hab' meinen Korb schon ganz voll. Und du hast noch nicht einen einzigen Pilz gefunden! Du mußt eben fleißiger suchen und mehr auf den Boden schauen als in die Luft!"

So mahnt die Mutter.

Franz erschrickt.

„Du hast recht, Mutter. Ich hab' das Suchen ganz vergessen, so schön ist's hier im Wald. Aber jetzt werde ich dafür um so fleißiger sein!"

Nach einer halben Stunde kommt er jubelnd zur Mutter zurück.

„Hurra! Nun hab' ich auch so viel Pilze wie du, Mutter!" ruft er. Und ein bißchen leiser fügt er hinzu: „Ich glaub' aber, da sind auch einige – giftige dabei!"

Die Mutter lächelt.

„Das kann ich mir denken! Aber das ist ja nicht schlimm. Wir werden eben die giftigen Pilze heraussuchen und fortwerfen."

Franz nimmt einen Pilz aus seinem Korbe.

„Du, Mutter, dieser Pilz will mir gar nicht gefallen. Der ist sicher giftig!"

Die Mutter nickt.

„Da hast du recht! Das ist ein Satanspilz. Er ist sehr giftig. Man kennt ihn gleich an seiner Farbe und seinem scheußlichen Geruch."

Franz wirft den Giftpilz zu Boden und zertritt ihn. Dann nimmt er einen anderen Pilz aus seinem Korb. Er ist groß, hat einen langen, weißgrauen Stiel und einen breiten roten Hut mit vielen weißen Tupfen.

„Du, Mutter, diesem Pilz trau' ich auch nicht. Der hat mir eine viel zu grelle Farbe. Der ist sicher auch giftig!"

„Das will ich glauben", bestätigt die Mutter, „es ist ein Fliegenpilz. Weg mit ihm!"

Dann bringt Franz gleich zwei Pilze zum Vorschein.

„Aber diese beiden sind nicht giftig. Die kenne ich. Der eine ist ein Steinpilz und der andere ein Champignon. Die kann man essen. Sie schmecken sogar sehr gut."

Die Mutter betrachtet die Pilze ganz genau.

„Stimmt! Die zwei nehmen wir mit heim."

Und sie legt die Pilze in ihren Korb.

„Da hab' ich noch einen Champignon!" ruft Franz und nimmt wieder einen Pilz heraus.

Die Mutter erschrickt.

,,Um Gottes willen, Franz! Das ist kein Champignon! Das ist ein Knollenblätterpilz. Er ist der schlimmste Giftpilz, den es gibt. Und er ist doppelt gefährlich, weil man ihn sehr leicht verwechseln kann.“

Die Mutter greift nach dem Korbe ihres Kindes und nimmt die Pilze einzeln heraus. ,,Das ist ein Pfifferling, der ist eßbar. Aber dieser da ist ein Schwefelkopf. Der ist giftig. Weg damit! Und das ist eine Rotkappe. Die kann man essen. Aber der andere Pilz ist ein giftiger Reizker. Den dürfen wir nicht mit heimnehmen...“

So erklärt die Mutter ihrem Kinde die verschiedenen Pilze.

Dann aber nehmen die beiden ihre Körbe wieder zur Hand und machen sich langsam auf den Heimweg.

Unterwegs sagt die Mutter:

,,Schau, Franz, genauso, wie es bei den Pilzen im Walde ist, so ist es bei den Menschen auf der Erde. Es gibt gute Pilze, und es gibt gute Menschen. Es gibt giftige, also schlechte Pilze, und es gibt schlechte Menschen. Und vor diesen schlechten Menschen muß man sich ebenso in acht nehmen wie vor Giftpilzen. Verstehst du das?“

,,Ja, Mutter, das verstehe ich“, sagt der Franz, ,,wenn man sich mit schlechten Menschen einläßt, so kann das ein Unglück geben, wie wenn man einen Giftpilz ißt. Man kann daran zugrunde gehen!“

,,Und weißt du auch, wer nun diese schlechten Menschen, diese Giftpilze der Menschheit sind?“ fragte die Mutter weiter.

Franz wirft sich stolz in die Brust.

,,Jawohl, Mutter! Das weiß ich. Es sind die – Juden. Unser Lehrer hat das schon oft in der Schule gesagt.“

Lachend klopft die Mutter ihrem Franz auf die Schulter.

,,Donnerwetter, du bist ja ein ganz gescheiter Junge! Aber nun paß einmal recht gut auf, damit du auch das verstehst, was ich dir jetzt sage. Ich wiederhole noch einmal: Es gibt gute Pilze, und es gibt schlechte Pilze. Es gibt gute Menschen, und es gibt schlechte Menschen. Die schlechten Menschen sind die Juden. Aber es ist oft recht schwer, die schlechten Menschen von den guten zu unterscheiden.“

,,Das glaub' ich“, sagt Franz, ,,das ist oft genauso schwer, wie die giftigen von den eßbaren Pilzen auseinanderzukennen.“

,,Recht so!“ lobt die Mutter. Und dann spricht sie weiter. Ganz ernst ist sie geworden. ,,Die Juden sind schlechte Menschen. Sie sind wie Giftpilze. Und wie Giftpilze oft schwer von den guten Pilzen zu unterscheiden sind, so ist es oft sehr schwer, die Juden als Gauner und Verbrecher zu erkennen. Wie die Giftpilze in den verschiedensten Farben auftreten, so verstehen es auch die Juden, sich unkenntlich zu machen, indem sie die verschiedensten Gestalten annehmen.“

1778-PS

Der Giftpilz

Ein Stürmerbuch für Jung u. Alt

Erzählungen von Ernst Hiemer

Bilder von Fips

Verlag Der Stürmer - Nürnberg

(Dokument 1778–PS, Nürnberger Hauptkriegsverbrecherprozeß

„Was für verschiedene Gestalten meinst du da?“ fragt der kleine Franz.

Die Mutter merkt, daß ihr Kind die Sache doch noch nicht ganz verstanden hat. Aber unverdrossen erklärt sie weiter.

„Also hör zu! Da gibt es zum Beispiel den Hausierjuden. Mit Stoffen und allem möglichen anderen Kram zieht er von Dorf zu Dorf. Er sagt, seine Ware wäre die beste und billigste. In Wirklichkeit ist sie die schlechteste und teuerste. Ihm darf man nicht trauen!“

„Grad wie einem Giftpilz! Dem darf man auch nicht trauen!“

„Und genauso ist es bei den Viehjuden, bei den Warenhausjuden, bei den Schächtjuden, bei den Judenärzten, bei den getauften Juden und so weiter. Wenn sie sich auch noch so verstellen, wenn sie auch noch so freundlich zu uns tun, und wenn sie tausendmal sagen, sie würden es gut mit uns meinen, so dürfen wir das nicht glauben. Sie sind nun einmal Juden und bleiben Juden. Sie sind giftig für unser Volk!“

„Wie die Giftpilze!“ sagt Franz.

„Ja, mein Kind! Wie ein einziger Giftpilz eine ganze Familie töten kann, so kann ein einziger Jude ein ganzes Dorf, eine ganze Stadt, ja sogar ein ganzes Volk vernichten.“

Franz hat die Mutter verstanden.

„Du, Mutter, wissen das alle Nichtjuden, daß der Jude so gefährlich ist wie der Giftpilz?“

Die Mutter schüttelt den Kopf.

„Leider nicht, mein Kind. Es gibt viele Millionen von Nichtjuden, die den Juden noch nicht kennengelernt haben. Und darum müssen wir die Menschen aufklären und müssen sie warnen vor dem Juden. Warnen vor dem Juden müssen wir aber auch schon unsere Jugend. Schon unsere Buben und Mädels müssen den Juden kennenlernen. Sie müssen erfahren, daß der Jude der gefährlichste Giftpilz ist, den es überhaupt gibt. Wie die Giftpilze überall aus dem Boden schießen, so ist der Jude in allen Ländern der Welt zu finden. Wie die Giftpilze oft das schrecklichste Unglück mit sich bringen, so ist der Jude die Ursache von Elend und Not, von Siechtum und Tod.“

Die deutsche Jugend muß den jüdischen Giftpilz kennenlernen. Sie muß wissen, welche Gefahr der Jude für das deutsche Volk und die ganze Welt bedeutet. Sie muß wissen, daß die Judenfrage eine Schicksalsfrage für uns alle ist.

Die nachstehenden Kurzgeschichten künden die Wahrheit über den jüdischen Giftpilz. Sie zeigen uns die verschiedenartigsten Gestalten, in denen der

Jude auftritt. Sie zeigen uns die Verkommenheit und Niedertracht der jüdischen Rasse. Sie zeigen uns den Juden als das, was er in Wirklichkeit ist, als

Teufel in Menschengestalt.

(„Der Giftpilz", Internationaler Militärgerichtshof Nürnberg 1948, Doc. 1778 – PS)

Dokument 5

Hans Schemm: Zehn Kalorien mehr Charakter

Das Ziel unserer Erziehung ist die Charakterschulung... Wir wollen unsere Kinder nicht zu Miniaturgelehrten erziehen... Bisher wurde zuviel Wissen und zuwenig Menschentum vermittelt... Die wirklichen, in dem deutschen Kinde ruhenden Werte werden nicht dadurch geweckt, daß wir eine große Menge von Kenntnissen in das Kind hineinstopfen... Deshalb sage ich lieber: lieber zehn Pfund Wissen weniger und zehn Kalorien an Charakter mehr!

(G. Kahl-Furthmann, Hans Schemm spricht. Seine Reden und sein Werk. Bayreuth 1941. S. 243–247. Zitiert nach: George L. Mosse, Der nationalsozialistische Alltag, Königstein 1978, S. 299)

Dokument 6

Baldur von Schirach: Der Kinderfreund

Weit weg von unserer Heimat hat unser Führer Adolf Hitler ein schönes Landhaus. Es liegt hoch oben in den Bergen und ist von einem Gitter umschlossen. Davor stehen oft viele Menschen, die den Führer gern sehen und begrüßen möchten.

Als der Führer eines Tages wieder einmal herauskam und die Leute freundlich grüßte, waren alle voll Jubel und Freude und streckten ihm die Hände entgegen.

Ganz vorn stand ein kleines Mädchen mit Blumen in der Hand, das sagte mit seiner hellen Kinderstimme: „Ich habe heute Geburtstag!"

Da nahm der Führer das blonde Mädelchen bei der Hand und ging langsam mit ihm durch das Gitter hinein in sein Haus. Hier bekam es Kuchen und Erdbeeren mit dicker, süßer Sahne.

Und die Kleine aß und aß, bis sie nicht mehr konnte. Darauf sagte sie artig: „Ich danke auch schön!" und „Auf Wiedersehen!" Und dann machte sie sich auf einmal ganz groß, schlang ihre Ärmchen um den Hals des Führers und – nun gab das kleine Mädchen dem großen Führer einen langen Kuß.

(Aus: Wilhelm Brinkmann/Paul Rössing, Fibel für die Grundschule im Bezirk Düsseldorf. Gütersloh 1935, S. 67–68. Zitiert nach: George L. Mosse, Der nationalsozialistische Alltag, Königstein 1978, S. 303 f.)

Dokument 7

Schulbesuch polnischer Kinder

Der Regierungspräsident — Hohensalza, den 27. Juni 1942
II 2 C: 57/42. II 3 G.
An die Herren Landräte – Schulamt.
An die Herren Oberbürgermeister.
An die Herren Schulräte in Hohensalza, Gnesen und Leslau.

Betrifft: Schulbesuch polnischer Kinder

Aus mancherlei Erwägungen heraus ergibt sich die Notwendigkeit, die Kinder des polnischen Volkstums mit Beginn des neuen Schuljahrs allgemein zu beschulen. Für die zu ergreifenden Maßnahmen sind die nachstehenden Richtlinien zu beachten:

I. Allgemeines, insbesondere Schulpflicht.

1. Für Kinder polnischer Volkszugehörigkeit (Polenkinder) sind besondere Schulen einzurichten (Polenschulen).

2. Eingeschult werden zum jeweiligen Schuljahrsbeginn die Kinder, die im laufenden Kalenderjahr das 9. Lebensjahr vollendet haben oder vollenden. Zur Entlassung kommen zum jeweiligen Schuljahrsschluß die Kinder, die im laufenden Kalenderjahr das 14. Lebensjahr vollendet haben oder vollenden.

Wenn der Arbeits- und berufsmäßige Einsatz der polnischen Jugendlichen erforderlich ist, können sie mit Vollendung des 12. Lebensjahres zur Arbeitsaufnahme beurlaubt werden. Sie haben jedoch in die Schule zurückzukehren, sobald sie aus der Arbeit entlassen sind. Eine Schulentlassung *vor* vollendetem 14. Lebensjahre scheint untunlich.

3. Die unter 2. genannten Jahrgänge sind zum Schulbesuch verpflichtet.

II. Lehrkräfte.

„Die Judennase ist an ihrer Spitze gebogen. Sie sieht aus wie ein Sechser...“

An der Schultafel (Dokument 1778–PS, a. a. O.)

1. Als Lehrkräfte sind in den Polenschulen deutsche Laienlehrkräfte tätig (Schulhalter). Für deutsche Schulen fachlich vorgebildete Lehrkräfte dürfen an Polenschulen im allgemeinen keine Verwendung finden. Ausnahmen bedürfen meiner ausdrücklichen Genehmigung.

2. In einem größeren Schulsystem ist die Leitung der Schule einem geeigneten Schulhalter zu übertragen. Es ist anzustreben, daß dem Schulrat für jeden Kreis ein volksdeutscher Lehrer als Hilfskraft für die Beaufsichtigung der im Kreise vorhandenen Polenschulen beigegeben wird. Dahingehende Vorschläge sind mir vorzulegen.

3. Die Schulhalter an Polenschulen sind ins Angestelltenverhältnis zu übernehmen und nach TO. A VIII zu bezahlen.

III. Lehrplan.

1. Ziel der Beschulung der Polenkinder ist in erster Linie die Erziehung zur Sauberkeit und Ordnung, zum anständigen Benehmen und zum Gehorsam gegenüber den Deutschen.

2. Die Unterrichtssprache in den Polenschulen ist Deutsch.

3. Die Schule übermittelt den Kindern ein genau umrissenes Wissen, das auf die spätere Arbeitskraftnutzung abgestimmt ist.

4. Ein genauer Stoffplan ist in Bearbeitung und wird zu gegebener Zeit bekanntgegeben.

5. Über die zu benutzenden Lehrbücher ergeht eine besondere Anordnung, sobald die Bücher fertiggestellt sind.

IV. Unterrichtszeit.

Die Unterrichtszeit in den Polenschulen beträgt bis zu 2 Stunden täglich.

V. Ferien.

IV. Unterrichtszeit.

Die Unterrichtszeit in den Polenschulen beträgt bis zu zwei Stunden täglich.

V. Ferien.

Die Ferien der Polenschulen sind so zu legen, wie es die Wirtschaft notwendig macht. In den Sommermonaten müssen die älteren Schüler weitgehend zugunsten unserer Wirtschaft arbeitsmäßig eingesetzt werden.

VI. Unterbringung.

Die Einrichtung von Polenschulen kann nur erfolgen, soweit leerstehende Schulgebäude oder andere geeignete Räumlichkeiten vorhanden sind und in absehbarer Zeit für Zwecke der deutschen Schule nicht benötigt werden.

Die Beschulung der Polenkinder in einem Schulgebäude, in dem auch deutsche Kinder unterrichtet werden, ist unzulässig, es sei denn, daß sowohl die Schulräume als auch die Hoffläche und die Abortanlagen so restlos abgetrennt werden können, daß die Polenkinder mit den deutschen Kindern auf keine Weise in Berührung kommen.

Instandsetzungsarbeiten an Polenschulen in dem Umfange, wie sie für deutsche Schulen erforderlich sind, kommen grundsätzlich nicht in Frage. Kleinere Ausbesserungen, die zur Inbetriebnahme der Schulen erforderlich sind, müssen bis zur Eröffnung auf Kosten der Gemeinde durchgeführt werden. Anträge auf Baubeihilfen für Polenschulen sind zwecklos, da mir Mittel dafür nicht zur Verfügung stehen. Größere Instandsetzungsarbeiten kommen nur in Frage, soweit sie für die Erhaltung des Baukörpers unumgänglich notwendig sind; sie bedürfen meiner ausdrücklichen Genehmigung.

Ergänzungszuschüsse für die Beschaffung der Einrichtung können nicht gewährt werden. Die notwendigen Einrichtungsgegenstände, wie Bänke usw., sind aus den Beständen der früheren polnischen Schulen zu entnehmen. Diese Gegenstände sind ordnungsgemäß in ein Geräteverzeichnis einzutragen.

VII. Arbeitseinsatz der Polenkinder.

Die Arbeitsämter sind zu ersuchen, daß bei Arbeitseinsatz von einzelnen Schülern oder ganzen Jahrgängen der Polenschulen der Schulrat beteiligt wird.

Die Beschulung der deutschen Kinder darf in keinem Falle unter diesen Maßnahmen leiden.

In den Fällen, in denen die Einrichtung einer Polenschule z. Z. nicht durchführbar ist, sind die Maßnahmen zurückzustellen, jedoch im Auge zu behalten.

Über das Veranlaßte ist mir bis zum 1. 10. 1942 eingehend zu berichten.

Im Auftrage
gez. v. Lahrbusch.

Reg.-Präs. vom 16. 12. 1943 – II 2 C: 330/15

Lehrplan zur Beschulung der polnischen Kinder.

1. Die Unterrichtssprache in den Schulen mit poln. K. ist Deutsch.

2. Ziel der Beschulung d. poln. K. ist in erster Linie die Erziehung zur Sauberkeit und Ordnung, zum anständigen Benehmen und zum Gehorsam gegenüber d. Deutschen.

3. Gemüts- und gesinnungsbildende Fächer und Leibeserziehung dürfen in den Plan der Schule nicht aufgenommen werden.

4. Die Schule übermittelt d. poln. K. bestimmte Kenntnisse und Fertigkeiten, die auf spätere Arbeitskraftnutzung abgestimmt sind.

I. Kenntnisse im Sprechen, Lesen und Schreiben d. dtsch. Sprache. Kenntnisse im Rechnen, gewisse Kenntnisse in Erdk., Naturkd. und Zeichnen.

a) Erlernung d. dtsch. Sprache in Wort und Schrift nur so weit, daß mündl. Anweisungen in d. Arbeitsstelle ohne besondere Schwierigkeiten verstanden werden u. kz. Anweisungen über Arbeitsvorgänge, Maschinenbedienung usw. in Druck und Schrift gelesen werden können. D. Unterr. im Deutschen muß sich auf ein bloßes Verständlichmachen beschränken. Es darf keine Mühe verwandt werden, durch systematische Rechtschreibe- und Leseübg. ein fehlerfreies

Deutsch zu vermitteln. Ebenso fallen sämtliche planmäßige Grammatikübg. weg.

b) die vier Grundrechnungsarten u. d. Kenntnisse der Münzen, Maße u. Gewichte u. ihrer Schreibweise, einfache u. Zehntelbruchrechnung.

c) In d. beiden letzten Kl. einen Überblick über Europa, Dtschl. als das Herz Europas, die dtsch. Ostgaue, Gau Wartheland.

d) D. Nutztiere, ihre Pflege u. Behandl. – D. Nutzpflanzen, ihre Pflege u. Behandlung. – Schädlinge u. deren Bekämpfung. – D. menschl. Körper, Erziehung zur Sauberkeit u. Gesunderhaltung.

c) Zeichenunterr. so weit, daß d. Schüler einfache Gegenstände bildlich darstellen können.

II. Disziplin- und Ordnungsübungen.

Übg., um d. Kd. zu Ordnung u. Sauberkeit, zu Gehorsam u. diszipliniertem Verhalten zu erziehen, sind vom ersten bis zum letzten Tage d. Schulzeit stetig u. in straffer Form durchzuführen. Sie umfassen im einzelnen: Grüßen, geraden und ausgerichteten Sitz während d. Unterr., schnelles u. straffes Aufstehen beim Aufruf, ordtl. Stehen, lautes Sprechen, Antreten in d. Kl. u. auf d. Hofe, Ordg. u. Schweigen während des Hinausgehens u. Hineinkommens. Aufmachen d. Tür u. Zurseitetreten für d. Durchgang d. Lehrers oder eines a. Erwachsenen, Ordnungsdienst i. d. Kl. (auf d. Platz, in den Gängen, für Öfen, Fenster, Schrank), Ordgdienst im Hof (Papieraufheben, Schließen d. Aborttüren), Kontrolle d. Lehrmittel (Hefte, Tafel, Schwamm, Stift), Kontr. d. Ordnung u. Sauberkt. an d. Kleidg., an Händen, Hals, Ohren, Frisur, Wiederholen eines mdl. Auftrages, Zurückmelden, Entschuldigung bei Versäumnis, Mitbringen eines Entschuldigungszettels, korrektes und höfl. Verhalten gegenüber Erwachsenen, Disz. auf der Straße u. im Straßenverkehr.

III. Arbeitsübungen.

Folgende Übg. nach Möglichkeit d. Verhältnisse, Gruppen, Klassen, schulw. Bastel-, Klebe-, Pap.-, Schnitz-, Strick-, Flick- u. Näharbeiten; besonders für gemeinnützige dtsch. Einrichtungen: Flicken für NSV –. Strümpfestopfen für d. Wehrmacht. Sammelarbeiten (Beeren, Heilkr., Pilze, Waldfrüchte), Sammeln u. Sortieren v. Altmaterial, leichte Arbeiten im Wald u. Feld (Entsteinung von Äkkern, Bekämpfung von Unkraut, Pflanzenschädlingen). Einsatz bei der Getreide- und Hackfruchternte, Seidenraupenzucht...

(Zitiert nach: Hans-Jochen Gamm, Führung und Verführung, München 1964, S. 440 ff.)

Dokument 8

Heinrich Himmlers Denkschrift über die Behandlung der Fremdvölkischen im Osten (Mai 1940)

Geheime Reichssache

Bei der Behandlung der Fremdvölkischen im Osten müssen wir darauf sehen, soviel wie möglich einzelne Völkerschaften anzuerkennen und zu pflegen, also neben den Polen und Juden die Ukrainer, die Weißrussen, die Goralen, die Lemken und die Kaschuben. Wenn sonst noch irgendwo Volkssplitter zu finden sind, auch diese.

Ich will damit sagen, daß wir nicht nur das größte Interesse daran haben, die Bevölkerung des Ostens nicht zu einen, sondern im Gegenteil in möglichst viele Teile und Splitter zu zergliedern.

Aber auch innerhalb der Völkerschaften selbst haben wir nicht das Interesse, diese zu Einheit und Größe zu führen, ihnen vielleicht allmählich Nationalbewußtsein und nationale Kultur beizubringen, sondern sie in unzählige kleine Splitter und Partikel aufzulösen. Die Angehörigen aller dieser Völkerschaften, insbesondere der kleinen, wollen wir selbstverständlich in den Stellen von Polizeibeamten und Bürgermeistern verwenden.

Spitzen in solchen Völkerschaften dürfen nur die Bürgermeister und die örtlichen Polizeibehörden sein; bei den Goralen die einzelnen, sich ohnedies schon befehdenden Häuptlinge und Sippenältesten. Eine Zusammenfassung nach oben darf es nicht geben, denn nur dadurch, daß wir diesen ganzen Völkerbrei des Generalgouvernements von 15 Millionen und die acht Millionen der Ostprovinzen auflösen, wird es uns möglich sein, die rassische Siebung durchzuführen, die das Fundament in unseren Erwägungen sein muß, die rassisch Wertvollen aus diesem Brei herauszufischen, nach Deutschland zu tun, um sie dort zu assimilieren.

Schon in ganz wenigen Jahren – ich stelle mir vor, in vier bis fünf Jahren – muß beispielsweise der Begriff der Kaschuben unbekannt sein, da es dann ein kaschubisches Volk nicht mehr gibt (das trifft besonders auch für die Westpreußen zu). Den Begriff Juden hoffe ich, durch die Möglichkeit einer großen Auswanderung sämtlicher Juden nach Afrika oder sonst in eine Kolonie völlig auslöschen zu sehen. Es muß in einer etwas längeren Zeit auch möglich sein, in unserem Gebiet die Volksbegriffe der Ukrainer, Goralen und Lemken verschwinden zu lassen. Dasselbe, was für diese Splittervölker gesagt ist, gilt in dem entsprechend größeren Rahmen für die Polen. Eine grundsätzliche Frage bei der Lösung aller dieser Probleme ist die Schulfrage und damit die Frage der Sichtung und Siebung der Jugend. Für die nichtdeutsche Bevölkerung des Ostens darf es keine höhere Schule geben als die vierklassige Volksschule. Das Ziel dieser Volksschule hat lediglich zu sein:

Einfaches Rechnen bis höchstens 500, Schreiben des Namens, eine Lehre, daß es ein göttliches Gebot ist, den Deutschen gehorsam zu sein und ehrlich, fleißig und brav zu sein. Lesen halte ich nicht für erforderlich.

Außer dieser Schule darf es im Osten überhaupt keine Schulen geben. Eltern, die ihren Kindern von vornherein eine bessere Schulbildung sowohl in der Volksschule als später auch an einer höheren Schule vermitteln wollen, müssen dazu einen Antrag bei den Höheren SS- und Polizeiführern stellen. Der Antrag wird in erster Linie danach entschieden, ob das Kind rassisch tadellos und unseren Bedingungen entsprechend ist. Erkennen wir ein solches Kind als unser Blut an, so wird den Eltern eröffnet, daß das Kind auf eine Schule nach Deutschland kommt und für Dauer in Deutschland bleibt.

So grausam und tragisch jeder einzelne Fall sein mag, so ist diese Methode, wenn man die bolschewistische Methode der physischen Ausrottung eines Volkes aus innerer Überzeugung als ungermanisch und unmöglich ablehnt, doch die mildeste und beste.

Die Eltern dieser Kinder guten Blutes werden vor die Wahl gestellt, entweder das Kind herzugeben – sie werden dann wahrscheinlich keine weiteren Kinder mehr erzeugen, so daß die Gefahr, daß dieses Untermenschenvolk des Ostens durch solche Menschen guten Blutes eine für uns gefährliche, da ebenbürtige Führerschicht erhält, erlischt –, oder die Eltern verpflichten sich, nach Deutschland zu gehen und dort loyale Staatsbürger zu werden. Eine starke Handhabe, die man ihnen gegenüber hat, ist die Liebe zu ihrem Kind, dessen Zukunft und dessen Ausbildung von der Loyalität der Eltern abhängt.

Abgesehen von der Prüfung der Gesuche, die die Eltern um eine bessere Schulbildung stellen, erfolgt jährlich insgesamt bei allen 6- bis 10jährigen eine Siebung aller Kinder des Generalgouvernements nach blutlich wertvollen und nichtwertvollen. Die als wertvoll Ausgesiebten werden in der gleichen Weise behandelt wie die Kinder, die auf Grund des genehmigten Gesuches ihrer Eltern zugelassen werden.

Als gefühls- und verstandesmäßig selbstverständlich erachte ich es, daß die Kinder und die Eltern in dem Augenblick, wo sie nach Deutschland kommen, in den Schulen und im Leben nicht wie Aussätzige behandelt werden, sondern nach Änderung ihres Namens in das deutsche Leben – bei aller Aufmerksamkeit und Wachsamkeit, die man ihnen widmen muß – vertrauensvoll eingebaut werden. Es darf nicht so sein, daß die Kinder sich wie ausgestoßen fühlen, denn wir glauben doch an dieses unser eigenes Blut, das durch die Irrtümer deutscher Geschichte in eine fremde Nationalität hineingeflossen ist, und sind überzeugt, daß unsere Weltanschauung und unsere Ideale in der rassisch gleichen Seele dieser Kinder Widerhall finden werden. Hier muß aber dann vor allem von den

Lehrern und von den Führern in der HJ ein ganzer Strich gezogen werden, und es darf niemals wie in der Vergangenheit bei den Elsaß-Lothringern der Fehler gemacht werden, daß man einesteils die Menschen als Deutsche gewinnen will und sie andernteils bei jeder Gelegenheit durch Mißtrauen und Beschimpfung in ihrem menschlichen Wert, Stolz und Ehrgefühl kränkt und abstößt. Beschimpfungen wie „Polacke" oder „Ukrainer" oder ähnliches müssen unmöglich sein.

Die Erziehung hat in einer Vorschule zu erfolgen, nach deren vier Klassen man dann entscheiden kann, ob man die Kinder weiter in die deutsche Volksschule gehen läßt oder ob man sie einer Nationalpolitischen Erziehungsanstalt zuführt.

Die Bevölkerung des Generalgouvernements setzt sich dann zwangsläufig nach einer konsequenten Durchführung dieser Maßnahmen im Laufe der nächsten zehn Jahre aus einer verbleibenden minderwertigen Bevölkerung, die noch durch abgeschobene Bevölkerung der Ostprovinzen sowie all der Teile des Deutschen Reiches, die dieselbe rassische und menschliche Art haben (Teile z. B. der Sorben und Wenden), zusammen.

Diese Bevölkerung wird als führerloses Arbeitsvolk zur Verfügung stehen und Deutschland jährlich Wanderarbeiter und Arbeiter für besondere Arbeitsvorkommen (Straßen, Steinbrüche, Bauten) stellen; sie wird selbst dabei mehr zu essen und zu leben haben als unter der polnischen Herrschaft und bei eigener Kulturlosigkeit unter der strengen, konsequenten und gerechten Leitung des deutschen Volkes berufen sein, an dessen ewigen Kulturtaten und Bauwerken mitzuarbeiten und diese, was die Menge der groben Arbeit anlangt, vielleicht erst ermöglichen.

(Aus: Vierteljahreshefte für Zeitgeschichte, 5. Jg. 1957 – S. 194–198)

Lebensborn

Die nationalsozialistische Ideologie von Herrenmenschen und Untermenschen stützte sich auf pseudowissenschaftliche Behauptungen, die versuchten, die Überlegenheit der nordischen, der arischen Rasse über alle anderen Rassen zu belegen. Verbunden damit war die Forderung, diese bevorzugte Rasse auf Kosten der anderen zu fördern.

Diesen Gedanken widmete Hitler in seinem Buch „Mein Kampf" ausführliche Beachtung und führte u. a. aus: „Was auf diesem Gebiet heute von allen Seiten versäumt wird, hat der völkische Staat nachzuholen. Er hat die Rasse in den Mittelpunkt des allgemeinen Lebens zu setzen. Er hat für ihre Reinerhaltung zu sorgen. ... Er muß dafür Sorge tragen, daß nur wer gesund ist, Kinder zeugt. ... Der völkischen Weltanschauung muß es im völkischen Staat endlich gelingen, jenes edlere Zeitalter herbeizuführen, in dem die Menschen ihre Sorge nicht mehr in der Höherzüchtung von Hunden, Pferden und Katzen erblicken, sondern im Emporheben des Menschen selbst."[30]

Dieses Emporheben, das „Höherzüchten" der eigenen Rasse, wurde nun zum Programm erhoben. Parallel dazu lief die Diskriminierung und Ausschaltung aller derjenigen, die nicht zu dem bevorzugten Kreis gehörten, wie es in den Nürnberger Gesetzen von 1935 festgelegt wurde.

Damit die theoretischen Vorstellungen von der Züchtung der nordischen Rasse in die Praxis umgesetzt werden konnten, übernahm Himmler die Organisation des Vereins „Lebensborn".

Dieser Verein wurde am 13. September 1936 gegründet und hatte die Aufgabe:

„1. rassisch und erbbiologisch wertvolle, kinderreiche Familien zu unterstützen,

2. rassisch und erbbiologisch wertvolle, werdende Mütter, bei denen nach sorgfältiger Prüfung der eigenen Familie und der Familie des Erzeugers durch den Verein anzunehmen ist, daß gleich wertvolle Kinder zur Welt kommen."[31]

Außer diesen erwähnten „erbbiologischen" Ansprüchen, die der Verein an die Väter und Mütter der zukünftigen Lebensbornkinder stellte, wurden für die

30 A. Hitler, Mein Kampf, München 1930, S. 446 ff.
31 Internationaler Suchdienst Arolsen, Bestand „Lebensborn"

werdenden Mütter auch körperliche Merkmale beschrieben, die sie vorweisen sollten: Möglichst blond und blauäugig sollten sie sein, ein nordisches Aussehen haben und nicht kleiner sein als 1,60 m.

Zum Zeitpunkt der Lebensborngründung waren die Frauen und Mädchen in Deutschland ihrer gesellschaftlichen und politischen Rechte längst beraubt, sie waren von den Ausbildungs- und Arbeitsplätzen verjagt und an den „heimischen Herd" zurückgeschickt worden. Ihre wichtigste Aufgabe sollte jetzt darin bestehen, dem Führer jedes Jahr ein Kind zu schenken. Die einzige Anerkennung, die die Frau im Nationalsozialismus erfahren konnte, war die, daß ihr – sofern sie kinderreich war – das Mutterkreuz verliehen wurde, und zwar nach „Verdiensten" gestaffelt in Bronze, Silber und Gold.

Herausgehoben aus dem Gesamtkreis der deutschen Frauen waren die Frauen und Mädchen, die in den Lebensbornheimen u. a. in Steinhöring bei München, Wernigerode, Klosterheide und Bad Polzin betreut wurden. Diese Frauen mit ihren Kindern unterstanden dem Heimverwalter und Heimarzt sowie den Oberschwestern. Die oberste Verantwortung und Entscheidung in allen Fragen, die Lebensborn betrafen, hatte sich Himmler vorbehalten. Er begnügte sich nicht damit, Patenschaften für bevorzugte Kinder zu übernehmen, er griff auch in die unmittelbaren Belange der Heimführung ein. So ließ er sich einen Vorschlag unterbreiten, wie die alljährliche Körperuntersuchung der Lebensbornkinder vorgenommen werden sollte:

„1. Körpergröße (Nacktgröße)
2. Brustumfang (in Höhe der Brustwarzen gemessen, evtl. Schulterbreite mit Tasterzirkel messen)
3. größter Kopfumfang
4. Gewicht (Nacktgewicht)
5. derzeitiger Gesundheitszustand."

Den Kindern sollte bei dieser Untersuchung, die zum Zeitpunkt des Geburtstages angesetzt war, ein Geburtstagsleuchter überreicht werden, dem in jedem folgenden Jahr die entsprechende Anzahl Kerzen folgen sollte. Es wurde bei Himmler angefragt, „ob nicht ein Konzentrationslager mit der kostenlosen Herstellung von 10 000 Geburtstagsleuchtern aus Holz beauftragt werden kann".[32]

Zu den weiteren Absurditäten von Himmlers Ratschlägen gehörte, daß er an den Vorstand von Lebensborn Empfehlungen zur Ernährung der Mütter und Kinder gab:

„Wegen des Preiselbeersaftes und offenkundig auch den anderen Säften habe ich sofort an SS-Gruppenführer Pohl schreiben lassen...

Ich bitte darauf zu achten, daß der Haferbrei den Müttern wirklich in der genügend schmackhaften Form gegeben wird, also lediglich gekocht und dann die

32 Ebenda.

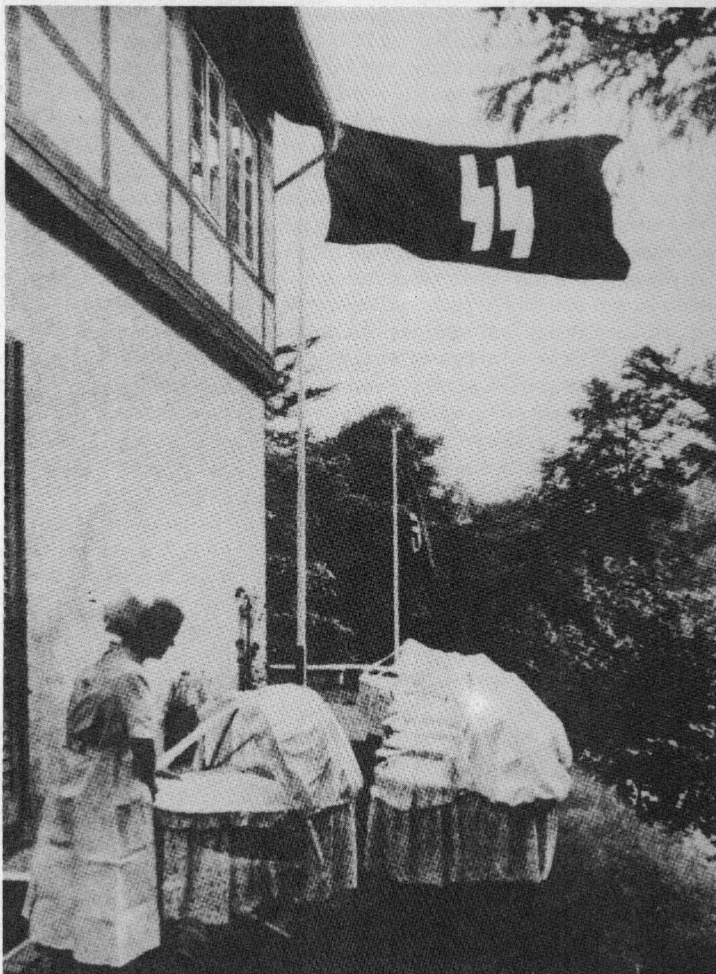

Lebensbornheim (Bundesarchiv Koblenz)

Zusätze, die die einzelne Mutter sich selbst dazu nimmt, also Zucker, Milch, Butter, roh geschabter Apfel, der besonders zu empfehlen ist, oder nach anderen geschmacklichen Richtungen hin, Maggi oder ähnliches, zugegeben werden. Die Befürchtung der Lebensbornmütter, daß sie dadurch dick würden und ihre nach der Geburt zu erreichende schlanke Linie wieder verlieren würden, ist töricht. Ich lasse darauf aufmerksam machen, daß die Engländer – gerade die Engländer der Oberschicht – sich von früher Jugend an nur mit diesen Haferflocken – dort Porridge genannt – (und dadurch vornehm) ernähren und dabei – ob Männer oder Frauen – für ihre dürre und überschlanke Linie bekannt sind. Hafer ist Nervennahrung und deswegen gut. Die Mütter wollen sich daran gewöhnen und vor allem es später ihren Kindern geben."[33]

Zu Kriegsbeginn sah sich Himmler veranlaßt, Appelle an die SS und die Polizei zu richten, um seine Züchtungsvorstellungen zu forcieren. In einem SS-Befehl vom 28. Oktober 1939, also kurz nach Kriegsausbruch, schrieb er:

„Jeder Krieg ist ein Aderlaß des besten Blutes. Mancher Sieg der Waffen war für ein Volk zugleich eine vernichtende Niederlage seiner Lebenskraft und seines Blutes. Hierbei ist der leider notwendige Tod der besten Männer, so betrauernswert er ist, noch nicht das Schlimmste. Viel schlimmer ist das Fehlen der nicht gezeugten Kinder... Das größte Geschenk für die Witwe eines Gefallenen ist immer das Kind des Mannes, den sie geliebt hat."[34]

Schon in diesem SS-Befehl behandelt Himmler die Frage der unehelichen Kinder „guten Blutes, deren Väter im Krieg gefallen sind".[35] Es wird hier an Frauen und Mädchen appelliert, auch außerhalb der Ehe „nicht aus Leichtsinn, sondern aus tiefstem sittlichen Ernst Mütter der Kinder ins Feld ziehender Soldaten" zu werden.[36] Für diese Kinder verpflichtet sich Himmler mit der SS zu sorgen. Da es offensichtlich in der Bevölkerung und auch unter SS-Angehörigen Unruhe über die Absichtserklärung der SS-Führung gab, uneheliche Kinder im Rahmen dieses Züchtungsprogramms zeugen zu lassen, ließ Himmler einem seiner weiteren Appelle einen Brief von Rudolf Heß, dem Stellvertreter Hitlers, beilegen.

In diesem Brief erklärt sich Heß bereit, die Patenschaft für ein Kind zu übernehmen, dessen Mutter ihm geschrieben hatte, daß ihr Verlobter im Krieg gefallen sei. Heß nimmt diese Patenschaft zum Anlaß, zu erklären, daß die nationalsozialistische Regierung, die die Familie als Keimzelle des Volkes ansehe, eine Regelung der Versorgung für Mütter mit unehelichen Kindern garantiere.

„Wenn daher rassisch einwandfreie junge Männer, die ins Feld rücken, Kinder hinterlassen, die ihr Blut weitertragen in kommende Geschlechter, Kinder

33 Ebenda.
34 Ebenda; vgl.: S. 57.
35 Ebenda.
36 Ebenda.

17/15

Der Reichsführer SS
und
Chef der Deutschen Polizei
im Reichsministerium des Innern

Berlin, den 28. Oktober 1939

56

SS-Befehl
für die gesamte SS und Polizei

Jeder Krieg ist ein Aderlaß des besten Blutes. Mancher Sieg der Waffen war für ein Volk zugleich eine vernichtende Niederlage seiner Lebenskraft und seines Blutes. Hierbei ist der leider notwendige Tod der besten Männer, so betrauernswert er ist, noch nicht das Schlimmste. Viel schlimmer ist das Fehlen der während des Krieges von den Lebenden und der nach dem Krieg von den Toten nicht gezeugten Kinder.

Die alte Weisheit, daß nur der ruhig sterben kann, der Söhne und Kinder hat, muß in diesem Kriege gerade für die Schutzstaffel wieder zur Wahrheit werden. Ruhig kann der sterben, der weiß, daß seine Sippe, daß all das, was seine Ahnen und er selbst gewollt und erstrebt haben, in den Kindern seine Fortsetzung findet. Das größte Geschenk für die Witwe eines Gefallenen ist immer das Kind des Mannes, den sie geliebt hat.

Über die Grenzen vielleicht sonst notwendiger bürgerlicher Gesetze und Gewohnheiten hinaus wird es auch außerhalb der Ehe für deutsche Frauen und Mädel guten Blutes eine hohe Aufgabe sein können, nicht aus Leichtsinn, sondern in tiefstem sittlichem Ernst Mütter der Kinder ins Feld ziehender Soldaten zu werden, von denen das Schicksal allein weiß, ob sie heimkehren oder für Deutschland fallen.

Auch für die Männer und Frauen, deren Platz durch den Befehl des Staates in der Heimat ist, gilt gerade in dieser Zeit die heilige Verpflichtung, wiederum Väter und Mütter von Kindern zu werden.

Niemals wollen wir vergessen, daß der Sieg des Schwertes und das vergossene Blut unserer Soldaten ohne Sinn wären, wenn nicht der Sieg des Kindes und das Besiedeln des neuen Bodens folgen würden.

Im vergangenen Krieg hat mancher Soldat aus Verantwortungsbewußtsein, um seine Frau, wenn sie wieder ein Kind mehr hatte, nicht nach seinem Tode in Sorgen und Not zurücklassen zu müssen, sich entschlossen, während des Krieges keine weiteren Kinder zu erzeugen. Diese Bedenken und Besorgnisse braucht Ihr SS-Männer nicht zu haben; sie sind durch folgende Regelung beseitigt:

1. Für alle ehelichen und unehelichen Kinder guten Blutes, deren Väter im Kriege gefallen sind, übernehmen besondere, von mir persönlich Beauftragte im Namen des Reichsführers SS die Vormundschaft. Wir stellen uns zu diesen Müttern und werden menschlich die Erziehung und materiell die Sorge für das Großwerden dieser Kinder bis zu ihrer Volljährigkeit übernehmen, so daß keine Mutter und Witwe aus Not Kümmernisse haben muß.
2. Für alle während des Krieges erzeugten Kinder ehelicher und unehelicher Art wird die Schutzstaffel während des Krieges für die werdenden Mütter und für die Kinder, wenn Not oder Bedrängnis vorhanden ist, sorgen. Nach dem Kriege wird die Schutzstaffel, wenn die Väter zurückkehren, auf begründeten Antrag des einzelnen wirtschaftlich zusätzliche Hilfe in großzügiger Form gewähren.

SS-Männer
und Ihr Mütter dieser von Deutschland erhofften Kinder

zeigt, daß Ihr im Glauben an den Führer und im Willen zum ewigen Leben unseres Blutes und Volkes ebenso tapfer, wie Ihr für Deutschland zu kämpfen und zu sterben versteht, das Leben für Deutschland weiterzugeben willens seid!

Der Reichsführer SS

H. Himmler

(ITS Arolsen)

Gestorben für Deutschland

SS-Ustuf.
EBERHARD SCHULZ
SS-Oscha.
13. 7. 42 im Osten

SS-Schütze
JAN-MARTEN KAMPHIUS
24. 7. 43 im Osten

SS-Oscha.
WILHELM EVERS
10. 8. 43

SS-Uscha.
ADOLF MÜLLER
Uffz.
28. 6. 42 im Osten

Gefallen bei der Erfüllung ihrer soldatischen Pflicht im landwirtschaftlichen Osteinsatz:

SS-Scharf.	Hilse, Walter	SS-Ostuf. (F)	1. 8. 43
SS-Rottf.	Bruckner, Fritz	SS Rottf.	26. 8. 43
SS-Rottf.	Naujoks, Georg	SS-Uscha. (F)	28. 8. 43
SS-Strm.	Sutter, August	SS-Strm.	7. 9. 43
SS-Rottf.	Hartmann, Adolf	SS-Rottf.	19. 9. 43

Ein Held ist, wer einer großen Sache so dient, daß seine Person dabei garnicht in Frage kommt.

Nietzsche

Geboren für Deutschland

EIN SOHN VON:

SS-Ustuf.	Frau Edith, geb. Braxator ... Hans-Joachim Flindt	am 2. 7. 43	1. Kind
SS-Oscha.	Frau Gretl, geb. König .... Werner Märksch	„ 4. 7. 43	3. „
SS-Oscha.	Frau Gertrud, geb. Kaspureit . Fritz Baldzun	„ 12. 7. 43	3. „
SS-Ustuf. (F)	Frau Charlotte, geb. Schmidt . Heinrich Müller	„ 19. 7. 43	1. „
SS-Oscha.	Frau Marie, geb. Blaschek .... Franz Körber	„ 22. 7. 43	4. „
SS-Oscha.	Frau Christel, geb. Becker .... Friedrich Stonner	„ 25. 7. 43	P. „
SS-Stubaf. (F)	Frau Sigrid, geb. Pohl .... Hermann Theilen	„ 11. 8. 43	3. „

EINE TOCHTER VON:

SS-Oscha.	Frau Grete, geb. Julius ..... Wilhelm Evers	am 5. 7. 43	4. Kind
SS-Hstuf.	Frau Sofie, geb. Aichem ...... Ewald Harms	„ 22. 7. 43	3. „
SS-Ostuf.	Frau Elfriede, geb. Dehnke ... Alfred Boettcher	„ 28. 7. 43	3. „
SS-Ustuf.	Frau Marianne, geb. Gebauer . Dr. Martin Kornrumpf	„ 30. 7. 43	5. „
SS-Rottf.	Frau Käte, geb. Link .... Wilhelm Eins	„ 4. 8. 43	1. „

Nachtrag:

SS-Stubaf.	Frau Therese, geb. Zange..... Wilhelm Bredow	am 14. 4. 43	6. Kind

(M. Hillel/C. Henry, Lebensborn e.V., Wien/Hamburg 1975, S. 104)

von gleichfalls erbgesunden Mädchen des entsprechenden Alters, mit denen eine Heirat aus irgendeinem Grunde nicht sofort möglich ist, wird für die Erhaltung dieses wertvollen nationalen Gutes gesorgt werden. Bedenken, die in normalen Zeiten ihre Berechtigung haben, müssen hier zurückstehen."[37]

Frauen und Mädchen wurden aufgefordert, ihre sittlichen Anschauungen zu verleugnen, um diesem wahnsinnigen Hirngespinst zu dienen. Die Zahl derer, die sich bereit fanden, in Lebensbornheimen ein Kind zur Welt zu bringen, ist nicht mehr genau zu ermitteln. Es müssen wenigstens 12 000 Kinder gewesen sein, die zwischen 1936 und 1945 hier geboren wurden.[38]

Neben diesen Problemen gab es weitaus eingreifendere, die vor allem für die betroffenen Kinder von lebensgefährdender Bedeutung waren.

Himmler war mit den Ergebnissen seines Lebensbornprogrammes keineswegs zufrieden. In den Heimen wurden neben gesunden auch kranke Kinder geboren – ein Umstand, der nach den nationalsozialistischen Züchtungsvorstellungen nicht vorkommen durfte. Daher befahl Himmler 1942 eine neue Klassifizierung der Lebensbornväter und -mütter, um die zu erwartenden Kinder noch optimaler programmieren zu können:

„I = für die Mutter und den Vater charakterlich, weltanschaulich, rassisch, erbgesundheitlich und gesundheitlich in Ordnung;

II = charakterlich und weltanschaulich in Ordnung, jedoch rassisch, erbgesundheitlich oder gesundheitlich gewisse Mängel;

III = gewisse Mängel und unreife charakterliche oder weltanschauliche Art oder rassische erbgesundheitliche und gesundheitliche stärkere Fehler;

IV = unerwünschte Mutter oder unerwünschter Vater, charakterlich oder weltanschaulich fehlerhaft oder rassisch abzulehnen oder erbgesundheitlich und gesundheitlich ernsthaft zu beanstanden und deswegen als Erzeuger von Kindern unerwünscht."[39]

Waren dennoch kranke Kinder geboren worden, so mußten die Leiter der Lebensbornheime der Reichsgesundheitsbehörde jeden Fall von schwerer Erkrankung melden, vor allem Idiotie, Mongolismus, Mikrozephalie und Lähmungserscheinungen aller Art, dazu weitere körperliche und geistige Schäden.[40]

Diese kranken Kinder wurden ihren Müttern fortgenommen und in die psychiatrische Krankenanstalt Brandenburg-Goerden gebracht. In diesem Heim wurden sie von den Ärzten getötet. Verantwortlich für die Kindermorde war Professor Hans Heinze. Die Leiter der Lebensbornheime, die ein Kind nach

37 Ebenda.
38 M. Hillel, Lebensborn e. V., Wien–Hamburg 1975, S. 96.
39 ITS Arolsen; vgl.: S. 62.
40 M. Hillel, a.a.O., S. 160.

Goerden geschickt hatten, erhielten ein kurzes Schreiben, in dem der Tod des Kindes unter Angabe einer willkürlich ausgesuchten Todesursache mitgeteilt wurde.[41] Die Mütter der kleinen Opfer erhielten nur eine Aschenurne ohne Angabe der Todesursache.

Nachdem die Aktionen des Lebensborns innerhalb des Deutschen Reiches angelaufen waren, wurde dies Prinzip auch auf die überfallenen Länder, Österreich, West- und Nordeuropa übertragen. Dies waren Länder, in denen man innerhalb der Bevölkerung „arisches" Blut vermutete. In diesen Ländern folgten den erobernden deutschen Soldaten die Beamten des Rasse- und Siedlungshauptamtes und des Vereins Lebensborn und richteten Lebensbornheime ein. In diesen Heimen fanden Mädchen und Frauen aus den überfallenen Ländern, die ein „germanisches" Erscheinungsbild hatten und die von SS-Angehörigen oder Angehörigen der deutschen Wehrmacht oder der deutschen Polizei geschwängert worden waren, Aufnahme. Solche Heime waren: „Haus Wienerwald" bei Wien in Österreich; „Haus Ardennen" bei Lüttich in Belgien; „Haus Gelderland" bei Nymwegen in Holland; „Haus Moselland" in Luxemburg; „Haus Westwald" in Chantilly in Frankreich und in Norwegen die Heime in Geilo, Stalheim, Hop, Moldegard, Olaf Oslo, Klekken und Hurdals Verk.

Waren die Kinder aus diesen Verbindungen geboren, so wurden sie vom ersten Tag ihres Lebens an vom Lebensborn überwacht. Die Mutter wurde aufgefordert, mit dem Kind ins Deutsche Reich zu gehen. Weigerte sie sich, wurde ihr das Kind fortgenommen und im Reich zur Adoption freigegeben. Ein weiterer Schritt der Lebensbornverwaltung war, die schwangeren Frauen und Mädchen, vor allem aus Norwegen, zur Entbindung nach Deutschland zu bringen.

Zum Kriegsende, beim Rückzug der deutschen Wehrmacht aus den überfallenden Ländern, wurden die Lebensbornheime aufgegeben. Viele der Kinder wurden mit nach Deutschland geschleppt und in das Lebensbornheim Steinhöring gebracht. Die Leitung dieses Heimes floh beim Herannahen der Alliierten und ließ – verantwortungslos – die Kinder allein im Heim zurück.

41 Ebenda, S. 168.

A b s c h r i f t !

219

Der Reichsführer-SS
Tgb.Nr. AR 654/14/42
Rf/V.

Führer-Hauptquartier
26. Januar 1942

An den
Lebensborn e.V.

M ü n c h e n

Bei der Durchsicht der Fragebogen der Lebensbornmütter bin ich zu der Überzeugung gekommen, dass die Klassifizierung mit I,II und III nicht ausreichend ist. Es hat sich praktischerweise folgender Klassifizierung herausgestellt:

I = für die Mutter und den Vater charakterlich, weltanschaulich, rassisch erbgesundheitlich und gesundheitlich in Ordnung;

II = charakterlich und weltanschaulich in Ordnung, jedoch rassisch, erbgesundheitlich oder gesundheitlich gewisse Mängel;

III = gewisse Mängel und unreife charakterliche oder weltanschaulich Art oder rassische erbgesundheitliche und gesundheitliche stärkere Fehler;

IV = unerwünschte Mutter oder unerwünschter Vater, charakterlich oder weltanschaulich fehlerhaft oder rassisch abzulehnen oder erbgesundheitlich und gesundheitlich ernsthaft zu beanstanden und deswegen als Erzeuger von Kinder unerwünscht.

Die Gründe für eine schlechte Klassifizierung werden von mir jeweils im Fragebogen angestrichen.

gez. H. Himmler

F.d.R.d.A.
München, den 29.3.43

SS-Oberführer

(ITS Arolsen)

A b s c h r i f t 0 8 [7]

Neuer Entwurf.

Satzung des Vereins "Lebensborn" e.V.

§ 1.

Der Verein führt den Namen "Lebensborn" e.V. mit dem Sitz in München.
Als solcher ist er im Vereinsregister des Amtsgerichts München eingetragen.

§ 2.

Der Verein dienst ausschliesslich gemeinnützigen und wohltätigen Zwecken mit dem Ziel:

1.) rassisch und erbbiologisch wertvolle, kinderreiche Familien zu unterstützen,
2.) rassisch und erbbiologisch wertvolle, werdende Mütter zu betreuen, bei denen nach sorgfältiger Prüfung der eigenen Familie und der Familie des Erzeugers durch den Verein anzunehmen ist, dass gleich wertvolle Kinder zur Welt kommen,
3.) für diese Kinder zu sorgen,
4.) für die Mutter der Kinder zu sorgen,
5.) gemäss § 47 RJWG die Vereinsvormundschaft jeweils nach eigenem Ermessen zu übernehmen.

Die Voraussetzung der Betreuung von Müttern ist, dass sie in rassischer und erbbiologischer Hinsicht alle Bedingungen erfüllen, welche in der Schutzstaffel allgemein gelten.
Auf diese Leistungen besteht kein Rechtsanspruch.

§ 3.

Die weltanschaulichen Richtlinien erhält der Verein durch den Reichsführer-SS, Rasse- und Siedlungshauptamt.

§ 4.

Zur Erfüllung dieser Aufgaben kann der Verein alle ihm notwendig erscheinenden Massnahmen ergreifen.
Er kann andere Vereine, die ähnliche Zwecke verfolgen, in sich aufnehmen oder zur Mitarbeit heranziehen.

§ 5.

Der Verein wird vom Vorstand geleitet. Vorstandsvorsitzender ist jeweils der Reichsführer-SS.

(ITS Arolsen)

Kindermord, getarnt als „Euthanasie"

Es gilt als eine der schwersten und verantwortungsvollsten Aufgaben des Arztes, sterbenden Menschen, wenn nach aller Erkenntnis der wissenschaftlichen Erfahrung der baldige Eintritt des Todes nicht mehr zu verhindern ist, die letzten Minuten und Stunden zu erleichtern, sie von Schmerzen zu befreien, unnötige Qual fernzuhalten. Das Wort Euthanasie aus der griechischen Sprache, der Sprache des Hippokrates entlehnt, bezeichnet diese Möglichkeit und Aufgabe, dem Sterbenden einen letzten menschlichen und ärztlichen Dienst zu tun.

Dem sozialdarwinistischen Denken faschistischer Prägung aber erscheint der kranke und behinderte Mensch als „überflüssiger Esser" und damit als zu beseitigende Existenz, da seine Arbeitskraft nicht mehr erfolgversprechend und profitschöpfend ausgebeutet werden kann, oder rassistisch ausgedrückt, da es ihm an der notwendigen „Vitalität" im Kampf ums Dasein mangele. Auf der Grundlage dieser Logik brauchte man sich um die Lebensbedingungen sozial benachteiligter Gruppierungen keine große Sorge zu machen. Im übrigen bestand für die Mehrheit der Bevölkerung unter der faschistischen Herrschaft die Alternative: Lohnarbeit, Unterordnung, Einsatz für die militärischen oder ökonomischen Ziele des faschistischen Systems – oder Zwangsarbeit und Tod.

Was auch immer vom faschistischen System ergriffen, angeleitet oder in Dienst genommen wurde, wendete sich gegen den Menschen, gegen eine humanistische Auffassung von der Entfaltung der menschlichen Persönlichkeit, sei es nun in einem an sich schon fragwürdigen oder antihumanen Zusammenhang oder bei der Umformung einer für sich betrachtet eigentlich nützlichen und guten Sache. Ein Beispiel dafür ist der Begriff der Euthanasie, der sich unter der Hand des Faschismus in ein Instrument rassistischen Genozids, in ein Instrument der Vernichtung und des Mordes verwandelte. Alles Humane ist dem Faschismus fremd. Ohne Bedenken greifen seine Sachwalter nach dem Leben des physisch oder psychisch behinderten Erwachsenen, nach dem Leben des physisch erkrankten oder psychisch erkrankten Kindes. Er vernichtet auch das gesunde Leben, wenn es „rassisch" oder politisch als unerwünscht abgestempelt worden ist.

1933 bis 1945 wurde der Begriff der „Euthanasie" zu einer Chiffre für Massenmord. Dem pervertierten „Sozialprogramm" des Nazitums ist es anzulasten, daß auch heute noch in Deutschland der Begriff einer human motivierten, gegen Willkür und Mißbrauch abgesicherten Euthanasie nur vor dem Hintergrund der dunklen Schatten der jüngeren deutschen Geschichte gedacht werden kann.

Offener Rassismus – heimlicher Mord

Das ,,Gesetz zum Schutze der Erbgesundheit des deutschen Volkes" vom 18. Oktober 1935, eines der Nürnberger Rassengesetze, bereitete den Weg zur Erfassung und zur Zusammenfassung erkrankter und behinderter Personen in Krankenanstalten und psychiatrischen Krankenhäusern.

Im Kreise der faschistischen Führung war der Gedanke der Beseitigung von als ,,rassisch" und gesundheitlich minderwertig eingestuften Personen lange schon vorhanden gewesen. Man befürchtete jedoch ablehnende Reaktionen in der Bevölkerung. Mit dem Beginn des Krieges, mit der Hinwendung des Interesses der Öffentlichkeit auf die Erfordernisse der Umstellung auf die Kriegssituation, spekulierte Hitler in Übereinstimmung mit den ihn unterstützenden faschistischen Führungskreisen, würde das anvisierte Tötungsprogramm leichter und widerstandsloser durchzusetzen sein. ,,Allgemein war das Problem der Mißbildung und der Euthanasie vom Reichsärzteführer Conti und dem Ministerialrat im Reichsministerium des Inneren, Dr. Linden, dem alle Heil- und Pflegeanstalten unterstanden, bearbeitet und diskutiert worden. Nach Beendigung des Polenfeldzuges besprach Hitler mit Karl Brandt und dem Leiter der ,,Kanzlei des Führers", Reichsleiter Philipp Bouhler, ,,daß er nun eine bestimmte Lösung der Frage der Euthanasie durchführen wolle". Ende Oktober 1939 unterzeichnete er einen auf den 1. September 1939 rückdatierten Erlaß folgenden Inhalts:[1]

,,Reichsleiter Bouhler und Dr. med. Brandt sind unter Verantwortung beauftragt, die Befugnisse namentlich zu bestimmender Ärzte so zu erweitern, daß nach menschlichem Ermessen unheilbaren Kranken bei kritischster Beurteilung ihres Krankheitszustandes der Gnadentod gewährt werden kann."

Dieser heimliche Befehl erfolgte mit dem 1. September 1939 an jenem Tage, an dem der Überfall auf Polen begann, am Tage des Kriegsbeginns. Der Führerbefehl bedeutete nichts anderes als die Einleitung jener Mordaktionen, die unter der Deckbezeichnung ,,Euthanasie" in der Folgezeit vorbereitet und durchgeführt wurden.

Das entsprechende Dokument ist in mehrfacher Beziehung bemerkenswert:

Es befindet sich auf einem persönlichen Briefbogen Adolf Hitlers (zu diesem Zeitpunkt glaubte die faschistische Führung offensichtlich, mit einem der Öffent-

1 Mitscherlich/Mielke: Medizin ohne Menschlichkeit, Frankfurt 1978, S. 184, sowie Nürnberger Ärzteprozeß Doc. 630 PS.

lichkeit nicht zugänglichen, heimlichen Führererlaß am widerstandslosesten ans Ziel ihres Vorhabens zu gelangen).

Die faschistische Führung maßte sich an, ärztliche Befugnisse im Gegensatz zum Hippokratischen Eid und zu den Menschenrechten so zu verfälschen („zu erweitern"), daß aus „namentlich zu bestimmenden Ärzten" – Henker und Mörder werden sollten.

Mit der Formulierung, „daß nach menschlichem Ermessen unheilbar Kranke bei kritischster Beurteilung ihres Krankheitszustandes der Gnadentod gewährt werden kann", war unter den gegebenen Umständen jeglichem Ermessen, jeglicher Willkür Tür und Tor geöffnet, denn: Was ist unter „Gnadentod" zu verstehen? Wurde Gnadentod auf Antrag gewährt? Wer beantragte und wer gewährte?

Schließlich ist mit der Formulierung „unheilbar Kranke" ein außerordentlich weiter Personenkreis in den Zugriff des sogenannten „Gnadentodes" geraten: psychisch Kranke, körperlich Kranke, Personen mit angeborenen und erworbenen Leiden, einschließlich von Krebskranken, Kranke z. B. auch mit ausgleichbaren, jedoch nicht heilbaren Stoffwechselleiden.

Was würde mit nicht mehr produktiven, von der Mühsal ihres Lebens erschöpften alten Menschen geschehen?

Dieser Erlaß war nichts anderes als ein kaum verhüllter Freibrief für Mord und Massenmord an hilflosen Kranken und Kindern und darüber hinaus geeignet, auch zum Vorgehen gegen rassistisch diskriminierte Teile des deutschen Volkes sowie gegen als unheilbar krank Bezeichnete oder aus Gründen faschistischer „Staatsräson" zur Vernichtung vorgesehene Kriegsgefangene Handhabe zu liefern. Der Autor dieses Erlasses hatte sich, seine Spießgesellen und bereitwilligen Befehlsempfänger zum „Herrn über Leben und Tod" kranker Menschen aufgeworfen.

Der Begriff der „Vernichtung lebensunwerten Lebens" als Vorwand für das faschistische Vernichtungsprogramm

Lange vor der Machtergreifung des Faschismus hatte es in der deutschen Psychiatrie und Sozialpsychiatrie Auffassungen gegeben, die den Anteil der psychisch Kranken und Behinderten in der Bevölkerung als eine Belastung bei einer durch Fortpflanzungshygiene zu erreichenden Verbesserung der Volksgesundheit betrachteten. Daraus waren unterschiedliche Überlegungen hervorgegangen, wie mit den unheilbar Kranken zu verfahren sei, ob man sie von der Fortpflanzung ausschließen könne oder aber, ob es zu rechtfertigen sei, sie zur Tötung freizugeben.

Schon 1922 hatten Binding und Hoche über die auch in anderen Ländern diskutierte Frage, ob man unheilbare Kranke auf ihren eigenen Wunsch hin die Euthanasie gewähren könne, drei Argumente zugunsten der Tötung ,,geistig Toter" vorgetragen, die auch in der Folgezeit immer wieder herangezogen wurden:

der ,,Ausfluß freien Mitleids mit den Kranken" erfordere sozusagen die Bereitschaft, sie von ihrem auch für sie selbst quälenden Leiden zu erlösen;

die Kranken seien ,,für ihre Angehörigen wie für die Gesellschaft eine furchtbar schwere Belastung. Ihr Tod reißt nicht die geringste Lücke, – außer vielleicht im Gefühl der Mutter oder treuen Pflegerin".

Es lasse sich in keiner Weise bezweifeln, ,,daß es lebende Menschen gibt, deren Tod für sie eine Erlösung und zugleich für die Gesellschaft und den Staat insbesondere eine Befreiung von einer Last ist, deren Tragung außer dem einen, ein Vorbild größter Selbstlosigkeit zu sein, nicht den kleinsten Nutzen stiftet."[2]

Während in den ersten beiden Argumenten, verbunden mit einer recht subjektiven Behauptung über die soziale Bedeutung und die gesellschaftlichen Rechte von Kranken, noch Gesichtspunkte der Berücksichtigung humaner Bedürfnisse enthalten sein mögen, tritt im dritten Argument recht deutlich die Forderung hervor, daß der Staatsbürger nützlich zu sein habe, was konkret nur heißen kann, daß seine Arbeitskraft gewinnbringend ausgeschöpft werden müsse und sich seine Existenzberechtigung nur aus diesem Nutzen ableiten lasse. Dieser Gesichtspunkt der Nützlichkeit entsprechend den Forderungen der Verwertung der Arbeitskraft verbindet sich im präfaschistischen sozialdarwinistischen Denken mit rassenhygienischen Überlegungen. Es müsse eine gesunde, lebenskräftige Elite herangezogen werden, die sich im ,,Kampf ums Dasein" behaupten könne. Nach den Vorstellungen der Rassenideologen kann es sich dabei nur um die Förderung der Fortpflanzungskraft der sogenannten ,,arischen" Bevölkerungsanteile handeln, d. h., der germanischen Rasse ist in der Fortpflanzung und bei der Zuerteilung von ,,Lebensraum" ein Vorzug einzuräumen und die anderen, als minderwertig eingestuften Rassen, insbesondere die Juden und Zigeuner, aber auch die slawischen Völker haben nach diesen Vorstellungen zurückzutreten und dem Ausdehnungswillen, der Schöpferkraft und dem ,,Herrentum" der Germanen Platz zu machen.

Ein Beispiel für derartiges Denken findet sich in dem folgenden Zitat eines Prof. Dr. H. W. Kranz, Gauamtsleiter des rassenpolitischen Amtes der NSDAP, Gau Hessen-Nassau, Direktor des Universitätsinstituts für Erb- und Rassenpflege der Universität Gießen: ,,Wir haben den Einzelmenschen danach zu bewerten, wie er sich zu dieser Gemeinschaft stellt, ob und wie er sich in die Gemeinschaft einordnet und welche Leistungen er für sie vollbringt. Grundsätzlich ergibt sich jedenfalls, daß nicht nur die Kriminellen eine wirtschaftliche und biologische Gefahr für das Volksganze bilden, sondern daß es eine noch viel grö-

2 K. Binding und A. Hoche: Die Freigabe der Vernichtung lebensunwerten Lebens, 1922.

ßere Zahl von Menschen gibt, die, ohne straffällig zu werden, als Schmarotzer an der Gesamtheit anzusehen sind, Schlacken der menschlichen Gesellschaft: das wahrscheinlich an die Million heranreichende Heer der Gemeinschaftsunfähigen, deren erbliche Anlagen nur auf dem Wege der Ausmerze aus dem Fortpflanzungsprozeß ausgeschieden werden können ..."[3]

„Asoziale Sippen", „Gemeinschaftsunfähige", „biologisch Minderwertige" sowie die angeblich rassisch Untüchtigen werden hier schon als disponibler Bevölkerungsanteil behandelt, über dessen Bürger- und Menschenrechte hinweggegangen werden kann und soll, deren Schicksal der Perspektive einer Art biologischen Aufforstung der Gesamtbevölkerung untergeordnet werden kann. Hier sind die Quellen unwissenschaftlicher Verarbeitung biologischer Züchtungsüberlegungen, entlehnt einem Fehlverständnis der Ideen Darwins über die Entwicklung der Arten, unzulässig übertragen auf die mit Bewußtsein begabte und auf soziale Kooperation angewiesene menschliche Gesellschaft. Hinter den Worten „gemeinschaftsunfähig" und „biologisch minderwertig" tauchen in der Perspektive schon die Vernichtungsanstalten von Hadamar und Auschwitz auf.

Aber erst die faschistische Führung vollzog die machtpolitischen und sozialpolitischen Konsequenzen, indem sie solche vorher schon angestellten Überlegungen in ihre offizielle Programmatik übernahm und zur Ausführung brachte.

„Alle großen Kulturen der Vergangenheit gingen zugrunde, weil die ursprünglich schöpferische Rasse an Blutvergiftung abstarb." „Die Erhaltung ist aber gebunden an das eherne Gesetz der Notwendigkeit und des Rechtes des Sieges des Besten und Stärkeren. Wer leben will, der kämpfe also, und wer nicht streiten will in dieser Welt des ewigen Ringens, verdient das Leben nicht."[4]

„Wir alle leiden an dem Siechtum des gemischten verdorbenen Blutes. Wie können wir uns reinigen und sühnen? Merken sie, daß das Mitleid, durch das man wissend wird, nur dem innerlich Verdorbenen, Zwiespältigen gilt, und daß dieses Mitleid nur eine Handlung kennt, den Kranken sterben zu lassen." „Unsere Revolution ist der endgültige Schritt zur Überwindung des Historizismus und zur Anerkennung rein biologischer Werte." „Die Politik ist heute ohne biologische Begründung und ohne biologische Ziele völlig blind."[4a]

Aber auch 1939, als Hitler den berüchtigten Euthanasieerlaß ausstellte, konnte die faschistische Führung nicht so sicher sein, daß das Vernichtungsvorhaben an Kranken ohne Widerstand von der Bevölkerung hingenommen werden würde. Daraus erklärt sich auch, wie schon erwähnt, daß der Erlaß auf dem privaten Briefpapier Hitlers geschrieben wurde. Illegale Machtausschöpfung, von Willkür gekennzeichnetes Vorgehen und strikte Geheimhaltung – das

3 H. W. Kranz, Die Gemeinschaftsunfähigen, Gießen 1939.
4 A. Hitler, Mein Kampf, München 1930, S. 316–317.
4a H. Rauschning, Gespräche mit Hitler, Zürich, New York 1940, vgl. die Seiten 216–232.

waren die Umstände, unter denen dieses lichtscheue Unternehmen seinen Anfang nahm.

Die administrative Anbahnung des Vernichtungsprogramms unter der Deckbezeichung „Euthanasie“

Zur Vorbereitung der Ermordung psychisch kranker und behinderter Kinder wurde eine Organisation unter dem Namen „Reichsausschuß zur wissenschaftlichen Erfassung von erb- und anlagebedingten schweren Leiden“ in Berlin gegründet. Dieses Gremium wurde durch den Reichsärzteführer Dr. Conti einberufen und nahm alsbald seine Arbeit auf. Am 18. August 1939 ging ein Geheimerlaß (IV b 3088/39–1079 Mi) heraus, der die Meldung und Erfassung von Mißgeburten bei der Geburt durch Hebammen und Kliniken festlegte. Der genaue Wortlaut dieses Erlasses ist nicht bekannt. Aus dem Protokoll des Nürnberger Ärzteprozesses[5] wissen wir jedoch, in welcher Weise die Eltern der Kinder über das wirkliche Vorhaben hinweggetäuscht wurden: „Derjenige Arzt, der die Mißgestaltung und Lebensunfähigkeit des Kindes festgestellt hat, hat mit den Eltern gesprochen und sie davon unterrichtet, daß ein Kind bei Einweisung in eine Reichsausschuß-Station, wenn überhaupt eine Möglichkeit bestehe, geheilt wird. Er hat aber weiterhin darauf hingewiesen, daß die Heilverfahren gerade bei einer so schweren Mißgestaltung immer mit einer außergewöhnlichen Gefahr verbunden sind und die Eltern nun gefragt, ob sie trotz dieser größeren Gefährdung als bei normalen Heilverfahren, die in vielen Fällen eben auch den Tod des Kindes zur Folge haben kann, einverstanden sind. Und wenn die Eltern ihr Einverständnis erklärt haben, mit einer, ich möchte sagen, riskanteren Behandlung und Heilmethode, bei der nur wenige Prozent Aussicht auf Heilung waren, dann ist durch diesen Arzt die Einweisung in eine Reichsausschuß-Station erfolgt.“

Dem Fragebogen war ein Merkblatt mit Erläuterungen beigeheftet:

»MERKBLATT

Bei Ausfüllen der Meldebogen zu beachten!

Zu melden sind sämtliche Patienten, die

1. an nachstehenden Krankheiten leiden und in den Anstaltsbetrieben nicht oder nur mit mechanischen Arbeiten (Zupfen u. ä.) zu beschäftigen sind:

Schizophrenie

Epilepsie (wenn exogen Kriegsdienstbeschädigung oder andere Ursachen angeben)

5 Aussage des SS-Oberführers Oberdienstleiters in der Kanzlei des Führers, Viktor Brack, im Nürnberger Ärzteprozeß, Protokoll 7858; vgl. auch A. Platen-Hallermund, Die Tötung Geisteskranker, Frankfurt 1948, S. 44–45.

senile Erkankungen
Therapie-refraktäre Paralyse u. a. Lues-Erkrankungen
Schwachsinn jeder Ursache
Encephalitis
Huntington und anderen neurologische Endzustände; oder
2. sich seit mindestens 5 Jahren dauernd in Anstalten befinden:
3. als kriminelle Geisteskranke verwahrt sind:
oder
4. nicht die deutsche Staatsangehörigkeit besitzen oder nicht deutschen oder artverwandten Blutes sind unter Angabe von Rasse und Staatsangehörigkeit.

Die für jeden Patienten einzeln auszufüllenden Meldeblätter sind mit laufenden Nummern zu versehen.

Die Meldebogen sind nach Möglichkeit mit Schreibmaschine auszufüllen.

Als Stichtag gilt der .... [5a]

Die für das „Euthanasie"-Verfahren insgesamt zuständige Organisation war die „Reichsarbeitsgemeinschaft Heil- und Pflegeanstalten" in der Tiergartenstraße 4 in Berlin, kurz „T 4" genannt.

Die zentralen Tötungsanstalten waren:

- Hadamar bei Limburg
- Bernburg an der Saale
- Irrsee bei Kaufbeuren
- Sonnenstein bei Pirna
- Brandenburg-Görden an der Havel
- Grafeneck in Württemberg
- Hartheim bei Linz a. d. Donau

1945 wurde in Hartheim von Amerikanern in einem Stahlfach eine Statistik der T 4 aufgefunden, die, aufgeschlüsselt nach Anstalten und Monaten, die Gesamtzahl von 70273 unter dem Vorwand der „Euthanasie"-Ermordeten enthält.[6]

Anstalten, in denen Kinder getötet wurden, waren u. a.:

- Hadamar
- Kalmenhof b. Idstein
- Eichberg in Hessen
- Grafeneck in Württemberg
- Egelfing-Haar b. München
- Wienebüttel b. Lüneburg
- Hartheim b. Linz

5a Mitscherlich/Mielke, Medizin ohne Menschlichkeit, Frankfurt 1978, S. 189/190.
6 F. K. Kaul, Schlußvortrag im sogenannten Euthanasie-Prozeß, Frankfurt 1968, S. 70.

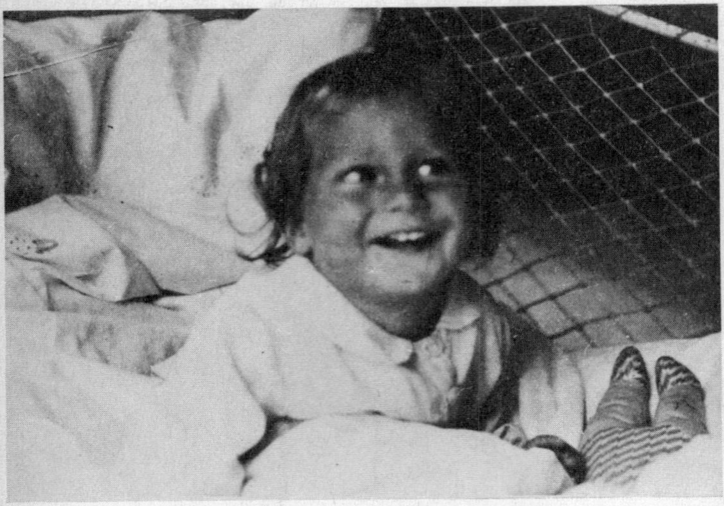

Kind, das in Schloß Hartheim ermordet wurde, „Euthanasie“ (Dokumentationsarchiv des österreichischen Widerstandes, Wien)

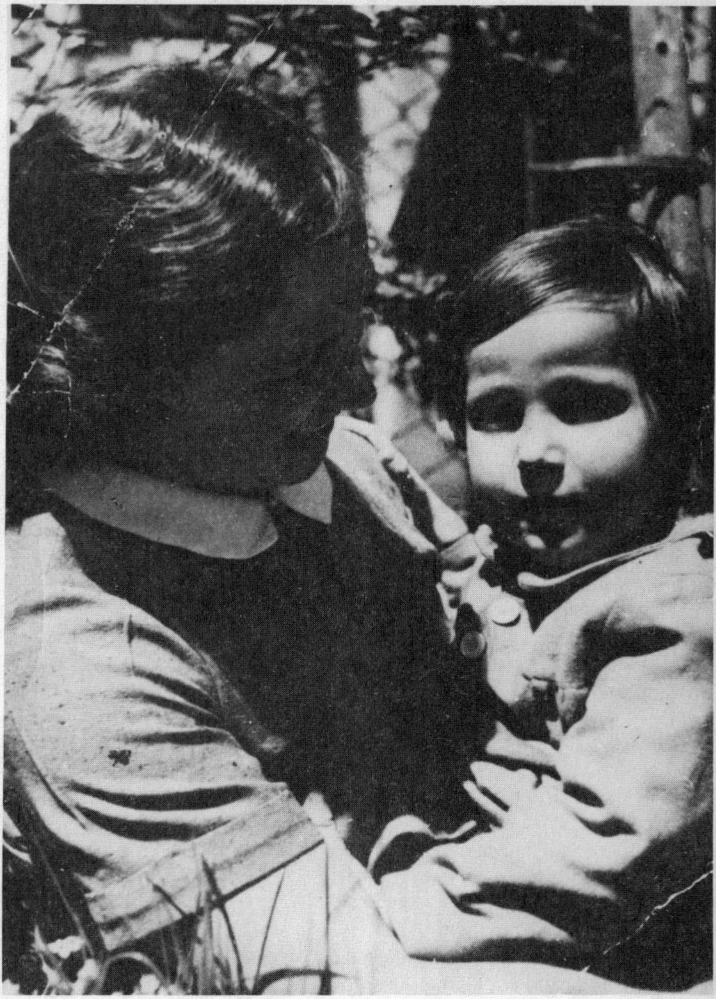

Kind, das in Schloß Hartheim ermordet wurde, „Euthanasie“ (Dokumentationsarchiv des österreichischen Widerstandes, Wien)

In der Folgezeit wurden eine Reihe von Krankenanstalten zu „Euthanasie"-Tötungsanstalten umfunktioniert, in der Regel unter Beibehaltung ihrer früheren Aufgaben als psychiatrische Krankenanstalten. In diesen Anstalten wurden sowohl Erwachsene, psychische Kranke und Behinderte (aber auch physisch Kranke mit zusätzlichen psychischen Beeinträchtigungen) als auch Kinder zusammengefaßt und dem Vernichtungsvorhaben zugeleitet. Die damit befaßten Ärzte hatten einen entsprechenden Meldebogen auszufüllen, der so gestaltet war, daß viele von ihnen zunächst über den Zweck der Aktion im Unklaren gelassen wurden. Es ist jedoch bekannt, daß mit dem Fortschreiten der Aktion auch bei Nichtinformierten allmählich die Ahnung über den Charakter des Vorhabens sich zur Gewißheit verdichtete:

Muster! Anlage zu Geh.Tgb. Nr. 163/41
Meldebogen I Ist mit Schreibmaschine auszufüllen!
lfde. Nr.
Name der Anstalt: .... in: ....
Vor- und Zuname des Patienten: ....
Geburtsdatum: .... -ort: .... Kreis: ....
Letzter Wohnort: .... Kreis: ....
ledig, verh., verw. oder gesch.: .... Konf.: ....
Rasse:[1] .... Staatsang.: ....
Anschrift der nächsten Angeh.: ....
Regelmäßig Besuch und von wem (Anschrift): ....
Vormund oder Pfleger (Name, Anschrift): ....
Kostenträger: .... Seit wann in dortiger Anstalt: ....
In anderen Anstalten gewesen, wo und wie lange: ....
Seit wann krank: .... Woher und wann eingeliefert: ....
Diagnose: ....
Hauptsymptome: ....
Vorwiegend bettlägerig? ja – nein Sehr unruhig? ja – nein
In festem Haus: Ja – nein Körperl. unheilb. Leiden: ja – nein
Kriegsbeschäd.: ja – nein
Bei Schizophrenie: Frischfall .... Endzustand ....
gut remittierend ....
Bei Schwachsinn: debil .... imbezill .... Idiot ....
Bei Epilepsie: Psych. verändert ....
durchschnittliche Häufigkeit der Anfälle: ....
Bei senilen Erkrankungen: stärker verwirrt .... unsauber ....
Therapie (Insulin, Cardiazol, Malaria, Salvarsan usw.) ....
Dauererfolg – ja – nein
Eingewiesen auf Grund Par. 51, Par. 42b StrGB usw. ....

durch: ....
Delikt: Siehe umseitig; frühere Straftaten: siehe umseitig; Art der Beschäftigung: (Genaueste Bezeichnung der Arbeit und der Arbeitsleistung, z. B. Feldarbeit, leistet nicht viel – Schlosserei, guter Facharbeiter. – Keine unbestimmten Angaben, wie Hausarbeit, sondern eindeutig: Zimmerreinigung usw. Auch immer angeben, ob dauernd, häufig oder nur zeitweise beschäftigt.)

....

Ist mit Entlassung demnächst zu rechnen: ....
Bemerkungen: ....
Dieser Raum ist freizulassen

.... Ort, Datum ....

Unterschr. des ärztl. Leiters oder seines Vertr.)

....

[1] Deutschen oder artverwandten Blutes (deutschblütig, Jude, jüdischer Mischling I. oder II. Grades, Neger [Mischling], Zigeuner [Mischling] usw.).

Die Durchführung der Aktion

„Sicher kann man sagen, daß die Durchführung eben nicht schön war, daß das Ende eines Menschen – gleichgültig wie man es empfindet – grausam sein kann. Aber es ist alles, was im Leben etwas biologisches darstellt, nicht schön, und kann scheußlich und unästhetisch sein und ekelhaft. Man kann das von dem Essen sagen bis zu dem letzten Akt der Verdauung. Aber letzten Endes gestaltet sich daraus das Leben selbst und ist notwendig."[7]

Soviel zur „Ästhetik" der „Euthanasie-Aktion" aus dem Munde eines Verantwortlichen. Welche charakterliche Eigenschaften unter dem Nationalsozialismus dazu befähigten, Entscheidungen über das Schicksal von Kindern zu treffen, ergibt sich aus der freiwilligen Eidesstattlichen Erklärung Ludwig Lehners, die dieser als Kriegsgefangener abgegeben hat. Er schildert darin seine Teilnahme an einer Führung durch die Anstalt Egelfing-Haar:[8]

7 Prof. Dr. Karl Brandt, Reichskommissar für das Sanitäts- und Gesundheitswesen, Begleitarzt Hitlers, Generalleutnant der Waffen-SS, vor dem Nürnberger Ärzteprozeß, Protokoll, S. 2447 ff.

8 Doc. Nr. 863, zitiert nach A. Mitscherlich, F. Mielke, Medizin ohne Menschlichkeit, Frankfurt 1978, S. 193.

,,In etwa 15–25 Kinderbettchen lagen ebenso viele Kinder von ungefähr 1–5 Jahren. Pfannenmüller (Dr. med., Direktor der Anstalt und verantwortlicher Gutachter) explizierte in dieser Station besonders eingehend seine Ansichten. Folgende zusammenfassenden Aussprüche dürfte ich mir ziemlich genau gemerkt haben, da sie entweder aus Zynismus oder Tölpelhaftigkeit erstaunlich offen waren.

,,Diese Geschöpfe (gemeint waren besagte Kinder) stellen für mich als Nationalsozialisten nur eine Belastung unseres Volkskörpers dar. Wir töten (er kann auch gesagt haben: ,,Wir machen die Sache") nicht durch Gift, Injektionen usw., da würde die Auslandspresse und gewisse Herren in der Schweiz (gemeint war wohl das Rote Kreuz) nur neues Hetzmaterial haben. Nein, unsere Methode ist viel einfacher und natürlicher, wie Sie sehen." Bei diesen Worten zog er unter Beihilfe einer mit der Arbeit in dieser Station scheinbar ständig betrauten Pflegerin ein Kind aus dem Bettchen. Während er das Kind wie einen toten Hasen herumzeigte, konstatierte er mit Kennermiene und zynischem Grinsen so etwas wie: ,,Bei diesem z. B. wird es noch zwei bis drei Tage dauern." Den Anblick des fetten, grinsenden Mannes, in der fleischigen Hand das wimmernde Gerippe, umgeben von den anderen verhungernden Kindern, kann ich nimmer vergessen. Weiterhin erklärte der Mörder dann, daß nicht plötzlichlicher Nahrungsentzug angewandt werden würde, sondern allmähliche Verringerung der Rationen."

,,Euthanasie" an Kindern in Egelfing-Haar.

,,In Egelfing sind es wahrscheinlich zwischen 200 und 300 (Kinder. Anm. d. Autoren) gewesen", die getötet wurden.[9]

,,Euthanasie" an Kindern in Grafeneck.

Nach der Aussage der Krankenschwester P. Kneiszler im Nürnberger Ärzteprozeß, die sie in einer eidesstattlichen Erklärung niederlegte, wurde in Schloß Grafeneck unter der Leitung des Dr. Schumann im Jahre 1940 die Vernichtung psychisch Kranker durch Vergasung nach vorheriger Injektion von Morphium-Scopolamin durchgeführt. Nach ihrer Aussage handelte es sich um fast tägliche Transporte von ungefähr 70 Personen, und auch psychisch behinderte Kinder zwischen 6 und 13 Jahren waren in dieses Vernichtungsprogramm miteingeschlossen. Die Gesamtzahl der in Grafeneck umgekommenen Kinder ist uns nicht bekannt.[10]

,,Euthanasie" an Kindern in Wienebüttel bei Lüneburg.

Mehr als 200 Kinder sind mit Sicherheit umgekommen. Die genaue Zahl der

9 A. Platen-Hallermund, Die Tötung Geistskranker, Frankfurt 1948, S. 48.

10 Doc. Nr. 470 Nürnberger Ärzteprozeß, zitiert nach A. Mitscherlich, F. Mielke, Medizin ohne Menschlichkeit, Frankfurt 1978, S. 187/188.

Betroffenen ist nicht gesichert. Schätzungen sprechen von 200 bis 300 Kindern.[11]

„Euthanasie" an Kindern in Eichberg.

Nach Aussagen des Oberarztes Dr. Schmidt der Psychiatrischen Krankenanstalt Eichberg im Nürnberger Prozeß[12] wurden von 1941 bis 1944 in Eichberg etwa 80 Kinder durch „Morphium-Hydrochloral" und durch Luminal getötet. In den Dokumenten sind als Ausrottungsanstalten fehlgebildeter und hirngeschädigter Kinder die Anstalten Eichberg, Idstein, Kalmenhof und Görden genannt.

„Euthanasie" im Kalmenhof bei Idstein

Die Verwendung der Anstalt Kalmenhof in Idstein als „Reichsausschußstation" zur Durchführung der „Euthanasie" wird von Friedrich Stöffler folgendermaßen beschrieben:

„In der Reichsausschußstation des Kalmenhofes in Idstein wurden nicht nur schwachsinnige Kinder und Jugendliche getötet, sondern auch Bettnässer, widerspenstige und fluchtverdächtige Zöglinge. Der Arzt Dr. W., der Dr. von Hegner in der Reichskanzlei um Zusendung von zur Tötung bestimmten Kindern bat, gab 25 Kindern durch Verabreichung von Luminal den Tod. Er brachte es auch fertig, Totenscheine für Kinder auszustellen, die noch nicht gestorben waren, sondern noch einmal „nachgespritzt werden mußten". Die Schwester M. verabreichte 20 bis 30 tödlich wirkende Spritzen. Frau Dr. W., die vor dem Arzt Dr. W. von 1939 bis 1944 die ärztliche Leitung hatte, füllte im Jahre 1940 mehr als 1000 Meldebogen aus, die einem Teil der erfaßten Personen den Tod in der Gaskammer von Hadamar brachten. Viele Kinder wußten, daß im Krankenhaus der Anstalt getötet wurde, und fürchteten sich vor dem Gang ins Krankenhaus. Manche spielten „Klappsarg". Während der Tötungsaktion war ein älterer Zögling beauftragt, die Leichen in Strohsäcke oder in Verdunkelungspapier einzuwickeln und auf einem Schubkarren auf den Friedhof zu fahren. Wenn Angehörige bei der Beerdigung anwesend waren, wurde ein Klappsarg verwendet, der in den Abendstunden wieder aus dem Grabe geholt wurde."[13]

Der Kalmenhof enthielt außer jener Kinderfachabteilung, auf der die Tötungen durchgeführt wurden, etwa 400 bis 500 Betten, die für die Unterbringung psychisch behinderter, aber bildungsfähiger Kinder vorgesehen waren, die dort in Hilfsschulklassen und Lehrbetrieben erzogen wurden. Es läßt sich nicht mehr nachweisen, wie viele dieser Kinder umgekommen sind, da vor dem Einzug der Amerikaner der ärztliche Leiter der Station, Dr. W., auf Anordnung des Landrats Bernotats sämtliche Unterlagen vernichtete. Offensichtlich sind dort auch soge-

11 H. C. Pleß, Lüneburg 45, zitiert nach Lüneburger Zeitung 18./19. 11. 1978.

12 A. Mitscherlich, F. Mielke, Medizin ohne Menschlichkeit, Frankfurt 1978, S. 210/211; Doc. Nr. 1146 Nürnberger Ärzteprozeß.

13 Friedrich Stöffler: „Die Euthanasie und die Haltung der Bischöfe im hessischen Raum 1940–1945". Archiv für mittelrheinische Kirchengeschichte, 13. Band, 1961, S. 312.

Lebensborn e. V.

Hauptabteilung A

München 1, den 7. Februar 1942
Schließfach 14
Herzog-Max-Straße 3—7
Fernruf 13114/15

127

An den
Leiter des Gesundheitswesens
im Lebensborn e.V.
SS-Oberführer Dr. E b n e r

Steinhöring / Obb.
bei Ebersberg
Heim "Hochland"

Der Leiter des Gesundheitswesen im
Lebensborn e. V.
[illegible]: 15.2.42
[illegible]ung:
[illegible]:
Wiedervorlage am: [illegible]
Ablage:

L 5558 No/Ob.

Betrifft: Kind Jürgen Weise, Heim "Pommern".
Bezug: Ihr Schreiben vom 3. Februar 1942.

Oberführer,
in Beantwortung Ihres Schreibens vom 3. Februar teile ich Ihnen mit, dass SS-Standartenführer Sollmann entschieden hat, dass das Kind in die Landesanstalt nach Görden verbracht wird. Ich habe das Heim entsprechend verständigt.

Heil Hitler!

[Unterschrift]

Leiterin (st) der Hauptabteilung A

129

6.März 1942
Dr.E./My.

An den
Leiter des Heimes "Pommern"
SS-Obersturmführer Dr.D ü k e r

B a d P o l z i n
Pommern

Lieber Kamerad Düker,

sofern Ihnen die Landesheilanstalt Görden keine Nachricht gegeben haben sollte, teile ich Ihnen hiermit zu Ihrer Information mit, dass das Kind Jürgen W e i s e am 23.Februar 1942 in der dortigen Anstalt verstorben ist.

Heil Hitler!

[Unterschrift]

SS-Oberführer

Briefwechsel, „Euthanasie“ (M. Hillel, C. Henry, a.a.O., S. 106)

nannte schwer erziehbare Fürsorgezöglinge umgebracht worden. Die Dokumente über vier Fälle, die Fälle Rettig, Zey, Schmidt und Pappenheimer, sind erhalten geblieben.[14]

Im Falle Ruth Pappenheimer handelt es sich um ein halbjüdisches Mädchen, das als Fürsorgezögling durch eine intravenöse Morphium-Injektion getötet wurde.

Die Mutter eines schwer erziehbaren Jungen, der öfters entwichen war, Frau Maria Zey, berichtete am 24. Januar 1947 im Kalmenhof-Prozeß, wie sie überraschend den Bescheid erhielt, daß ihr Sohn tot sei und in seinem Rock einen Brief gefunden habe. Dieser Brief war erhalten und wurde vor Gericht verlesen:

„Liebe Mutter! Sie sind gegangen und haben mich eingesperrt. Liebe Mami, ich bleibe keine 8 Tage hier bei den Leuten. Ich gehe wieder meine Wege, ich bleibe nicht hier. Komm und hole mich. Der Koffer ist auch kaputt, er ist hingefallen. Liebe Mami, mach, daß der Antrag fortkommt."[15]

Für viele, die der „Euthanasie" zum Opfer fielen, war der Kalmenhof bei Idstein nur eine Durchgangsstation. Sie wurden von hier nach Hadamar transportiert, in die wohl größte Euthanasie-Vernichtungsstätte in Hessen.

Hadamar

Einige Kilometer nordöstlich der alten Bischofsstadt Limburg liegt im heutigen Bundesland Hessen die kleine Stadt Hadamar. Es ist ein hübsches altes Städtchen, das 1974 die 650-Jahr-Feier der Stadtrechteverleihung begehen konnte. Von 1866 bis 1945 gehörte Hadamar zum preußischen Staat, zur Provinz Hessen-Nassau und dem Regierungsbezirk Wiesbaden. Nach 1945 wurde dann Nassau und mit ihm Hadamar zu Groß-Hessen, wenig später zum neugeschaffenen Bundesland Hessen geschlagen.

Über die Stadt Hadamar ist eine Stadtgeschichte verfaßt worden, die im Jahre 1973 erschien.[16]

„Gott sei es gedankt, daß die Stadt vor größeren Kriegsschäden bewahrt blieb. Dafür lastete um so schwerer auf den Bürgern das Verbrechen an notleidenden Menschen in der damaligen Landesheil- und -pflegeanstalt, das sie machtlos in ihrer Stadt dulden mußten."[17] Es ist leider so, daß der Name der

14 A. Platen-Hallermund, a. a. O., S. 52–55.
15 Zeugenaussage Maria Zey vom 24. 1. 1947 im Kalmenhof-Prozeß (4. Verhandlungstag).
16 Karl Josef Stahl: Hadamar, Stadt und Schloß, hrsg. vom Magistrat der Stadt Hadamar 1974, Pallottiner Druck Limburg.
17 A. a. O., S. 19.

Gedenktafel für die Opfer der „Euthanasie" in Hadamar, 1953 gesetzt
(Foto: Waltraut Irvin)

Stadt Hadamar für viele unlösbar verknüpft ist mit den Verbrechen, die der deutsche Faschismus unter der Deckbezeichnung „Euthanasie" begangen hat.

Kommt man heute nach Hadamar, so findet man nur noch wenige Erinnerungen an das, was sich in den Jahren 1940 bis 1945 in der dortigen Landesheil- und -pflegeanstalt ereignet hat. Auf einem Hügel oberhalb des Stadtkerns liegt die psychiatrische Klinik mit 500 Betten, der die Versorgung des Kreises Limburg-Weilburg obliegt. Es ist eine moderne psychiatrische Klinik, in der u. a. Suchtkranke und Drogenabhängige behandelt werden. Hinter und oberhalb den heutigen Klinikgebäuden liegt ein Friedhof, auf dem viele Opfer der sogenannten „Euthanasie" bestattet sind. In den älteren Klinikgebäuden kann man noch heute die Räume finden, in denen damals die Vergasung durchgeführt wurde.

In der Eingangshalle der heutigen psychiatrischen Klinik befindet sich für den Eintretenden links an der Wand ein Halbrelief zur Erinnerung an die dunklen Zeiten des Verbrechens, und auch auf dem Friedhof hat man einen Gedenkstein errichtet. Die Schrift an diesen Gedenkstätten mahnt zur Verteidigung der Menschlichkeit, ohne daß man erfährt, was sich eigentlich von 1940 bis 1945 hier zugetragen hat.

Das frühere Herzogtum Nassau war einmal führend in der sozialen Fürsorge für psychisch Kranke gewesen. Anläßlich seines 50jährigen Bestehens richtete der Verein der deutschen Irrenärzte an die Landesheilanstalt Eichberg ein Schreiben, in dem es heißt: „Nassau ist einer der ersten Staaten Deutschlands, ja Europas, welcher die Geisteskranken einem besseren Geschick entgegenführte."[18] Vorher war es noch üblich gewesen, psychisch Kranke in den Zuchthäusern unterzubringen. Ein ganz anderes Geschick hatte die NS-Führung für die in Hadamar Untergebrachten und nach Hadamar Transportierten vorgesehen. Andere Anstalten in Weilmünster, Eichberg, Herborn und Scheuern dienten hauptsächlich als Durchgangs- oder Beobachtungsanstalten. Hadamar jedoch wurde zur Endstation, zur Vernichtungsanstalt bestimmt.

Man weiß ziemlich genau, wie viele Erwachsene in Hadamar durch „Euthanasie" zu Tode gekommen sind (unter ihnen waren in der Zeit von Anfang Juli 1944 bis Anfang April 1945 auch 465 polnische und russische sogenannte „Ostarbeiter", die zur Zwangsarbeit nach Deutschland verschleppt worden waren). Fest steht, daß es weit über 10000 gewesen sein müssen, denn der zehntausendste Mord in Hadamar wurde, und das dürfte wohl der Gipfel des Tötungsprogramms der sogenannten „Euthanasie" in Deutschland gewesen sein, zum Anlaß für eine regelrechte Feier genommen. Über diese „Feier" ist folgendes überliefert:

18 Zitiert nach Friedrich Stöffler: „Die ‚Euthanasie' und die Haltung der Bischöfe im hessischen Raum 1940–1945". Archiv für mittelrheinische Kirchengeschichte, 13. Band, 1961, S. 305.

„Vor der mit Blumen und Hakenkreuzfähnchen geschmückten und vor dem Verbrennungsofen aufgebahrten (zehntausendsten, Anmerkung der Autoren) Leiche hielt der leitende Verwaltungsbeamte eine kurze Ansprache über die Bedeutung der Anstalt. Ein anderer Bediensteter hatte eine umgedrehte Jacke angezogen und hielt im singenden Ton eine Rede. Die ‚Feier' und die Nachäffung eines Priesters wurde von vielen der Anwesenden als zynisch empfunden. Die ‚Feier' endete mit einem Trinkgelage."[19] Wer von dieser Episode erfährt, der versteht die Inschrift auf dem steinernen Obelisk am höchsten Punkt des Friedhofs: „Mensch, achte den Menschen!"

Administrative Tarnbezeichnungen

Gemäß dem Erlaß des Reichsinnenministeriums (IV b 3088/39 1079 Mi) vom August 1939 hatten Gesundheitsämter, Ärzte, Ammen und Kliniken die Geburt psychisch behinderter Kinder und die Existenz psychisch behinderter Kinder sowie auch von Kindern mit schweren körperlichen Fehlbildungen durch Fragebogen dem „Reichsausschuß zur wissenschaftlichen Erfassung von erb- und anlagebedingten schweren Leiden" in Berlin zu melden. Dort entschieden Gutachter und Obergutachter in den einzelnen Fällen über die Frage der sogenannten „Euthanasie" und stellten, offensichtlich zum Teil serienmäßig, sogenannte „Ermächtigungen" aus, die über das Schicksal der Kinder entschieden. Gelenkt wurde dieser „Reichsausschuß" durch die Kanzlei des Führers. Die Aufgabe des Reichsausschusses war es in Wirklichkeit, aufgrund der eingegangenen Berichte die Tötung der Kinder zu veranlassen.

An einer Reihe von Kliniken, die vorher Heilzwecken, Betreuungszwecken und medizinischen Aufgaben gedient hatten, wurden sogenannte „Kinderfachabteilungen des Reichsausschusses" gegründet. Eichberg, Idstein, Kalmenhof und Görden waren der Sitz derartiger „Kinderfachabteilungen", die in Wirklichkeit als Ausrottungsanstalten zu bezeichnen sind. Die „erfaßten" Kinder wurden nun, teils einzeln, teils in größeren Transporten an den Ort ihrer Vernichtung gebracht. Manchmal trafen die Kinder schon mit der sogenannten „Behandlungsermächtigung" ein, in anderen Fällen wurde ein Bericht der „Kinderfachabteilung" abgewartet und dann die „Behandlungsermächtigung" ausgestellt. Zur Tötung wurden z. B. das Schlafmittel Luminal in Form von Tabletten oder Injektionen von Morphium benutzt.

Dieser ganze administrative Ablauf vollzog sich charakteristischerweise unter Tarnung und Geheimhaltung. Man wollte und konnte der Bevölkerung keinen Einblick in das Verbrechen gewähren, das sich hier unter Vortäuschung norma-

19 Zitiert nach Stöffler, a. a. O., S. 309.

ler Behandlungsabläufe vollzog.

Den Angehörigen der in Hadamar Getöteten wurde von der Krankenanstalt, aus der sie kamen, durch ein Formschreiben mitgeteilt, daß die Verlegung in eine andere Anstalt, deren Namen nicht genannt wurde, erfolgt sei. Für die Transporte gab es eine weitere Tarnorganisation: Die „gemeinnützige Krankentransportgesellschaft mbH." Serienmäßig wurden Trostbriefe mit Ausdrükken des Beileids hergestellt und an die Angehörigen versandt. Von der Leiche hieß es, daß sie aus gesundheitspolizeilichen Gründen bereits eingeäschert worden sei, daß aber auf Wunsch die Urne übersandt werden könne.

Todesursachen wurden fingiert, Todesdaten gefälscht, alles in einem eigens zu diesem Zweck in Hadamar geschaffenen Standesamt, das in der Zeit der offiziellen „Euthanasie" die Totenscheine ausstellte und dementsprechend die Daten über die betroffenen Personen in seinen Karteien führte. Zwischen diesem Sonderstandesamt und dem Standesamt der Stadt Hadamar bestand keine Zusammenarbeit, vielmehr waren die Aufgaben so abgegrenzt, daß man möglichst keinen Einblick in die Tätigkeit der die Vernichtungsaktionen Durchführenden nehmen konnte. Als nach den Protesten der offizielle Teil der Vernichtungsaktion beendet wurde, wurde auch das Sonderstandesamt von Hadamar aufgelöst und alle Unterlagen aus Hadamar entfernt, wahrscheinlich nach Berlin gebracht. Wo diese Unterlagen geblieben sind, scheint nicht genau bekannt zu sein. Wir fanden jedenfalls keinen Hinweis auf den Ort ihrer Aufbewahrung. Es ist möglich, ja wahrscheinlich, daß diese Dokumente, um die Taten zu verschleiern, vernichtet worden sind.

Das Personal der „Kinderfachabteilungen" wurde zu strengstem Stillschweigen verpflichtet und bei Übertreten der Verpflichtung mit der Verbringung in ein Konzentrationslager oder mit der Todesstrafe bedroht.

Das ganze Programm scheute so sehr das Licht der Öffentlichkeit, daß jeder Beteiligte erkennen mußte, daß er in den Vollzug eines schweren Verbrechens verwickelt war.

Die Kinder von Hadamar

Von den 600 bis 700 Zöglingen der Heilerziehungsanstalt Kalmenhof, einer öffentlichen Wohltätigkeitsanstalt, wurden Anfang des Jahres 1941 232 nach Hadamar verlegt und in einer dort eigens für Vernichtungszwecke angelegten Gaskammer, bis auf möglicherweise ganz geringe Ausnahmen, durch Gas getötet.

Am 17. Januar 1941	19 Zöglinge
am 10. Februar 1941	71 Zöglinge
am 11. März 1941	76 Zöglinge

am 14. März 1941	45 Zöglinge
am 29. April 1941	21 Zöglinge
insgesamt mithin	232 Anstaltsinsassen.[20]

Das Kindersanatorium in Weilmünster war nach 1933 wieder als Landesheil- und -pflegeanstalt eingerichtet worden. ,,Am 24. Februar 1941 erschien Landesrat Bernotat mit einer Liste, auf der 18 Kranke aus der Anstalt Merzig aufgezeichnet waren, die am folgenden Tage abgeholt werden sollten. Sie wurden am nächsten Morgen in einem grauen Omnibus der ‚Krankentransport GmbH.' abgeholt. Die Fenster waren dunkel verhängt, so daß man von außen nicht in das Innere des Wagens sehen konnte. Krankengeschichte, Kleidung und eigene Sachen der Kranken wurden mitgegeben. In die Abgangsbücher der Anstalt Weilmünster wurde der Vermerk eingetragen: ‚Verlegt in eine unbekannte Anstalt.' Es waren sogenannte ‚Zwischenverlegte', die nach Hadamar weiterverlegt wurden."[21]

Wieviele Kinder insgesamt auf diese Weise nach Hadamar transportiert worden sind und dort umkamen, ließ und läßt sich nicht mehr genau feststellen. Sicher ist jedoch, daß es sich keineswegs bei allen Kindern um psychisch oder körperlich Behinderte handelte. In Hadamar selbst hatte man noch eine andere Fachabteilung aufgebaut, deren Aufgabe aus einem Brief des Landesrates Bernotat, Dezernent für das Anstaltswesen beim Oberpräsidenten der Provinz Hessen-Nassau in Wiesbaden, vom 15. Mai 1943 hervorgeht:

,,Betr.: Anstaltsunterbringung minderjähriger jüdischer Mischlinge. In der Landesheilanstalt Hadamar, Kreis Limburg an der Lahn, ist auf Anordnung des Herrn Reichsminister des Innern von mir ein Erziehungsheim errichtet worden, in dem alle jüdischen und als jüdisch geltende Kinder und Jugendliche, die sich in Heimerziehung, Fürsorgeerziehung und sonstiger Heimerziehung befinden, untergebracht werden müssen.

Ich bitte, mir zu diesem Zweck die in dem dortigen Heim untergebrachten jüdisch-minderjährigen Mischlinge umgehend, spätestens bis zum 20. Mai 1943, mitzuteilen. Fehlanzeige ist erforderlich. Für die Folge bitte ich mir von jeder Zuweisung eines minderjährigen jüdischen Mischlings in das dortige Heim sofort Mitteilung zu machen."[22]

Auch an dem Schicksal dieser Kinder kann kein Zweifel bestehen. Die Bevölkerung der Stadt Hadamar sah immer wieder Rauch aus dem Schornstein des

20 Justiz und NS-Verbrechen, Amsterdam 1968, Bd. I, S. 230.
21 Zitiert nach Friedrich Stöffler: ,,Die Euthanasie und die Haltung der Bischöfe im hessischen Raum 1940–1945, Archiv für mittelrheinische Kirchengeschichte, 13. Band, 1961, S. 306.
22 Dokument Nr. 893, zitiert nach Alice Platen-Hallermund: Die Tötung Geisteskranker, Frankfurt am Main 1948, S. 56 ff.

Der rauchende Schornstein des Krematoriums in Hadamar, heimlich gemachte Aufnahme aus dem Jahre 1941
(Fotografie des Originals im Stadtarchiv Hadamar, Waltraut Irvin)

Krematoriums aufsteigen. Im Jahre 1941 wurde davon heimlich eine fotografische Aufnahme gemacht, die erhalten ist.

Das Alter der Kinder kennen wir aus den Protokollen des Nürnberger Prozesses: ,,Der Reichsausschuß hatte ursprünglich nur mit kindlichen Patienten bis zu drei Jahren zu tun. Die Zeitgrenze wurde später erhöht auf acht Jahre, zwölf Jahre, und ich meine sogar auf 16 bis 17 Jahre."[23]

Widerstand gegen die Euthanasie hat es von Anfang an bei denen, die mit der Durchführung in Anspruch genommen werden sollten, und auch bei anderen gegeben. Ärzte haben ihre Mitarbeit abgelehnt. Direktoren und Ärzte von Heil- und Pflegeanstalten hintertrieben mit den verschiedensten Mitteln die Durchführung der ,,Euthanasie".

Prinz Philipp von Hessen legte im Jahre 1940 in Berlin Protest gegen die Euthanasie ein und, als dies keinen Erfolg hatte, legte er sein Amt als Oberpräsident der Provinz Hessen-Nassau nieder. Katholische Pfarrer und Bischöfe sind mehrfach öffentlich gegen die Euthanasie aufgetreten, wie Friedrich Stoeffler in seiner Arbeit ,,Die Euthanasie und die Haltung der Bischöfe im hessischen Raum von 1940 bis 1945" dokumentiert (a.a.O.). Der im folgenden abgedruckte Protest des Bischofs von Limburg Dr. Antonius Hilfrich erfolgte zehn Tage nach der weltbekannten Predigt des Bischofs Graf von Galen am 3. 8. 1941 in Münster:

Der Bischof von Limburg — Limburg/Lahn, den 13. August 1941.

An

den Herrn Reichsminister der Justiz

Berlin.

Bezugnehmend auf die von dem Vorsitzenden der Fuldaer Bischofskonferenz, Herrn Kardinal Dr. Bertram, eingereichte Denkschrift vom 16. Juli (sub IV. Seite 6/7) halte ich mich verpflichtet, betr. Vernichtung sogenannten :.-:: ,,lebensunwerten Lebens" :.-:: das Folgende als konkrete Illustration zu unterbreiten.

Etwa 8 km von Limburg entfernt ist in dem Städtchen :.-:: Hadamar :.-:: auf einer Anhöhe unmittelbar über dem Städtchen eine Anstalt, die früher zu verschiedenen Zwecken, zuletzt als Heil- und Pflegeanstalt gedient hat, umgebaut bzw. eingerichtet worden als eine Stätte, in der nach allgemeiner Überzeugung obengenannte Euthanasie seit Monaten – etwa seit Februar 1941 – planmäßig vollzogen wird. Über den Regierungsbezirk Wiesbaden hinaus wird die Tatsache bekannt, weil Sterbeurkunden von einem Standesamt Hadamar-Mönchberg in die betreffenden Heimatgemeinden gesandt werden (Mönchberg wird

23 Zeugenausage Dr. Fritz Mennecke, Nürnberger Ärzteprozeß, Protokoll, S. 1903 ff., Mitscherlich/Mielke, a. a. O., S. 211/212.

diese Anstalt genannt, weil sie bis zur Säkularisation 1803 ein Franziskanerkloster war.)

Öfter in der Woche kommen Autobusse mit einer größeren Anzahl solcher Opfer in Hadamar an. Schulkinder der Umgegend kennen diese Wagen und reden: „Da kommt wieder die Mordkiste." Nach der Ankunft solcher Wagen beobachten dann die Hadamarer Bürger den aus dem Schlot aufsteigenden Rauch und sind von dem ständigen Gedanken an die armen Opfer erschüttert, zumal wenn sie je nach der Windrichtung durch die widerlichen Düfte belästigt werden.

Die Wirkung der hier getätigten Grundsätze: Kinder, einander beschimpfend, tun Äußerungen: „Du bist nicht recht gescheit, du kommst nach Hadamar in den Backofen"; solche, die nicht heiraten wollen oder keine Gelegenheit finden: „Heiraten nein! Kinder in die Welt setzen, die dann in den Rex-Apparat kommen!" Bei alten Leuten hört man Worte: „Ja in kein staatliches Krankenhaus! Nach den Schwachsinnigen kommen die Alten als unnütze Esser an die Reihe."

Alle gottesfürchtigen Menschen empfinden diese Vernichtung hilfloser Wesen als himmelschreiendes Unrecht. Und wenn dabei ausgesprochen wird, Deutschland könne den Krieg nicht gewinnen, wenn es noch einen gerechten Gott gibt, so kommen diese Äußerungen nicht etwa von Mangel an Vaterlandsliebe, sondern aus einer um unser Volk tiefbesorgten Gesinnung. Es ist der Bevölkerung unfaßlich, daß planmäßig Handlungen vollzogen werden, die nach Paragraph 211 StGB mit dem Tode zu bestrafen sind! Die obrigkeitliche Autorität als sittlicher Begriff erleidet durch die Vorgänge eine furchtbare Erschütterung. Die amtlichen Mitteilungen, daß N.N. an einer ansteckenden Krankheit gestorben sei und deshalb die Leiche hätte verbrannt werden müssen, finden keinen Glauben mehr, und es wird durch solche nicht mehr geglaubte amtliche Mitteilungen der ethische Wert des Autoritätsbegriffes noch weiter beeinträchtigt.

Beamte der Geh. Staatspolizei suchen, wie man hört, das Reden über die Hadamarer Vorgänge mit strengen Drohungen zu unterdrücken. Es mag im Interesse der öffentlichen Ruhe gute Absicht sein. Das Wissen und die Überzeugung und Entrüstung der Bevölkerung werden damit nicht geändert; die Überzeugung wird um die bittere Erkenntnis vermehrt, daß das Reden mit Drohungen verboten wird, die Handlungen selbst aber nicht strafrechtlich verfolgt werden.

Facta loquuntur.

Ich bitte Sie ergebenst, Herr Reichsminister, im Sinne der Denkschrift des Episkopats vom 16. Juli d. J. weitere Verletzungen des fünften Gebotes Gottes verhüten zu wollen.

Dr. Hilfrich.

Abschrift überreiche ich dem Herrn Reichsminister des Innern und dem Herrn Reichsminister für die kirchlichen Angelegenheiten. *D. O.*[24]

24 Internationaler Militärgerichtshof Nürnberg 1948, Doc. 615 – Ps.

Die Anstaltsärzte von Hadamar Dr. Adolf Wahlmann (links) und Karl Willig in ihrer Zelle. Wahlmann wurde 1947 in Frankfurt wegen Mordes in mindestens 1000 Fällen zum Tode verurteilt. (Centre de Documentation Juive Contemporaine, Paris)

Von der Diskriminierung zum Völkermord

Der Antisemitismus spielte in der Politik des deutschen Faschismus eine zentrale Rolle. Er diente nicht nur zur Ablenkung der Massen von sozialen und politischen Problemen, sondern war gleichzeitig darauf gerichtet, das deutsche Volk für die Behandlung anderer Völker im Kriegsfalle einzuüben, es zu Menschenverachtung und zu Brutalität zu erziehen. Der deutsche „Herrenmensch" sollte über die „Untermenschen" im eigenen Land und in den überfallenen Ländern bestimmen, und zwar nicht nur über ihre Arbeitskraft, sondern auch über ihr Leben willkürlich entscheiden können.

Sobald der Faschismus in Deutschland an die Macht gebracht worden war, begann er, die jüdische Bevölkerung systematisch zu diskriminieren und zu isolieren. Die ersten Gesetze erschienen schon im Frühjahr 1933. Sie waren der Anfang einer sich ständig steigernden Eskalation der Bedrängung. Am 7. April 1933 erließ die Regierung das „Gesetz zur Wiederherstellung des Berufsbeamtentums". Mit diesem Gesetz wurden sowohl antifaschistische wie jüdische Bürger – „Beamte, die nicht arischer Abstammung sind" – aus dem Beamtenverhältnis entfernt.

Bei der Bücherverbrennung am 10. Mai 1933 fielen die Werke fortschrittlicher Dichter, Schriftsteller, Philosophen dem Feuer ebenso zum Opfer wie die jüdischer Autoren. Die jüdischen Bürger wurden in allen Städten in der Öffentlichkeit schikaniert. Besonders tragisch war die Situation der Kinder und Jugendlichen.

Viele von ihnen gingen mit nichtjüdischen Schülern in die allgemeinen Volks- und höheren Schulen und waren den Repressalien durch Lehrer und Mitschüler ausgesetzt. Nicht wenige Schulkinder verübten Selbstmord. Die Schulpolitik der deutschen Faschisten war darauf ausgerichtet, alle jüdischen Kinder und Lehrer aus den allgemeinbildenden Schulen zu verjagen. Sie gipfelte in der Anordnung des Erziehungsministers Rust vom 14. November 1938, alle jüdischen Schüler aus „deutschen Schulen" zu entfernen.[1]

Selbst Spielplätze wurden für jüdische Kinder geschlossen. An vielen stand ein Schild: „Spielplatz nur für deutsche Kinder". Jüdischen Kindern war es, wie den Erwachsenen, verboten, Fahrrad zu fahren, in das Theater zu gehen, Kinos

1 Juden unterm Hakenkreuz, Frankfurt am Main 1973, S. 210.

zu besuchen, Parks und Sportplätze aufzusuchen, in Ferienheime zu fahren.

Mit dem ,,Gesetz zum Schutz des deutschen Blutes und der deutschen Ehre" vom 15. September 1935 wurde ein weiterer Schritt zur Isolierung der jüdischen Bevölkerung getan. Danach wurden Eheschließungen zwischen Juden und Staatsangehörigen deutschen und artverwandten Blutes verboten.[2] Dieses Gesetz brachte unendliches Leid über sehr viele Familien und besonders auch die Kinder.

Auch die im Jahre 1938 begonnenen ,,Arisierungen" der jüdischen Geschäfte und Banken, d. h. die Enteignung der jüdischen Besitzer und die Übernahme des Besitzes und des Vermögens in rein ,,arische Hände" – eine Bereicherung, an der sich viele deutsche Banken und Industriezweige beteiligten – sowie die ,,Reichskristallnacht" vom 10./11. November 1938 hatten unmittelbare Auswirkungen auch auf die jüdischen Kinder.

Im Krieg steigerten sich die Maßnahmen, die die faschistische Führung gegen die jüdische deutsche Bevölkerung ergriff. Am 1. September 1941 wurde verordnet: ,,Juden, die das sechste Lebensjahr vollendet haben, ist es verboten, sich in der Öffentlichkeit ohne einen Judenstern zu zeigen."[3] Für die bis dahin noch im Deutschen Reich verbliebenen Juden wurden die ohnehin spärlichen Lebensmittelrationen gekürzt. Am 19. Oktober 1942 wurde die Lebensmittelversorgung der Juden ,,neu geregelt". Danach erhielten Juden überhaupt kein Fleisch, Obst, Gemüse und Fisch, keine Weizenerzeugnisse, Eier und Vollmilch mehr. Zugestanden wurden ihnen Kartoffeln, Kohlrüben und einfache Kohlarten. Für Kinder bis zum sechsten Lebensjahr gab es täglich einen halben Liter Magermilch.[4]

Das gleiche Schicksal, das die deutschen Faschisten den Juden ihres Landes zugedacht hatten, wurde auch den Juden in allen überfallenen Ländern zuteil. Aus dem Protokoll der Wannsee-Konferenz vom 20. Januar 1942, in der über die ,,Endlösung" der Judenfrage gesprochen wurde, geht hervor: ,,Unter entsprechender Leitung sollen im Zuge der Endlösung die Juden in geeigneter Weise im Osten zum Arbeitseinsatz kommen. In großen Arbeitskolonnen, unter Trennung der Geschlechter, werden die arbeitsfähigen Juden straßenbauend in diese Gebiete geführt, wobei zweifellos ein Großteil durch natürliche Verminderung ausfallen wird."[5]

Zur Vorbereitung dieser ,,Endlösung" für alle europäischen Juden wurden diese Menschen in ihren Ländern zusammengetrieben, deportiert und in Ghettos isoliert. So wurde beispielsweise am 10. Dezember 1939 verfügt, daß ein

2 J. Hohlfeld, Dokumente der deutschen Politik und Geschichte, Band IV, Berlin 1951, S. 256.
3 J. Hohlfeld, a. a. O., Band V, Berlin 1951, S. 271.
4 Institut für Marxismus/Leninismus, Berlin.
5 Nürnberger Prozeß (Nürnberger Hauptkriegsverbrecherprozeß 1945/46) NG 2586.

Ghetto in Lodz errichtet werden sollte, das am 30. April 1940 auch hermetisch von der Umwelt abgeriegelt wurde.[6] Der Errichtung der Ghettos folgten die Errichtung und Inbetriebnahme der Konzentrationslager und der Vernichtungslager. Bei Eintreffen in die Vernichtungslager wurden die Menschen ,,selektiert". Das bedeutete, daß die Arbeitsfähigen unter ihnen für die Sklavenarbeit vorgesehen waren. Nach Auskunft von Rudolf Höß, Kommandant des Konzentrationslagers Auschwitz, war das Alter der zum Arbeitseinsatz verwendeten Häftlinge von ungefähr 13 Jahren aufwärts.[7]

Die Kinder-Arbeitshäftlinge mußten den gleichen Arbeitseinsatz leisten wie die Erwachsenen. Sie alle wurden als Sklaven für die deutsche Industrie verwendet. ,,Nach meiner Kenntnis begann die massenhafte Verwendung von KZ-Häftlingen in der deutschen Privatindustrie im Jahre 1940/41. Diese Verwendung steigerte sich fortlaufend bis zum Ende des Krieges. Gegen Ende 1944 waren ungefähr 400000 Konzentrationslagerhäftlinge in der privaten Rüstungsindustrie und rüstungswichtigen Betrieben beschäftigt. ...Nach meiner Schätzung sind in den Betrieben mit besonders schweren Arbeitsbedingungen, z. B. Bergwerken, jeden Monat ein Fünftel gestorben oder wurden wegen Arbeitsunfähigkeit zur Vernichtung von den Betrieben an die Lager zurückgeschickt. Die Konzentrationslager haben niemals Arbeitskräfte der Industrie angeboten. Vielmehr wurden Häftlinge nur dann in die Betriebe entsandt, wenn die Betriebe vorher um Konzentrationslagerhäftlinge angesucht hatten."[8]

Zu diesen Arbeitssklaven in der deutschen Rüstungsindustrie gehörten auch jüdische Kinder. Diejenigen, die bei der Selektion nicht in die Kategorie der Arbeitssklaven eingereiht worden waren, wurden für die sofortige Vernichtung bestimmt, da ja aus ihrer Arbeitskraft kein Nutzen gezogen werden konnte. Dieser Todesbestimmung fielen in erster Linie alte und kranke Menschen sowie Kinder zum Opfer. Die unmenschliche Haltung Himmlers, die charakteristisch für die gesamte faschistische Führung gegenüber der jüdischen Bevölkerung war, wird in den Ausführungen deutlich, die er am 23. April 1943 vor Offizieren von drei SS-Divisionen in Charkow gemacht hat:

,,Wir sind bald entlaust. Wir haben nur noch 20000 Läuse, dann ist es vorbei damit in ganz Deutschland."[9]

Die Zigeuner wurden in Deutschland und später in den besetzten Ländern in ähnlicher Weise verfolgt wie die jüdische Bevölkerung. Sie galten im nationalsozialistischen Denken ebenfalls als rassisch minderwertig. Es fanden sich auch hierfür Wissenschaftler, die dies nachzuweisen versuchten, so O. von Verschuer, der in seiner Publikation ,,Leitfaden der Rassenhygiene" schrieb:

6 Juden unterm Hakenkreuz, Ffm. 1973, S. 241.
7 Anatomie des Krieges, Berlin 1969, S. 278 f.
8 A.a.O., S. 478.
9 Juden unterm Hakenkreuz, Ffm. 1973, S. 349.

„Die einzige fremdrassige Einwanderung nach Deutschland ist durch die Juden und die Zigeuner erfolgt. Da die Zigeunerfrage, schon was die Zahl der Einwanderer und ihre Stellung im Staate betrifft, an Bedeutung zurücktritt, liegt der Hauptinhalt unserer Rassenpolitik in der Judenfrage."[10]

Wenn auch vom nationalsozialistischen Standpunkt aus die Zigeuner wegen ihrer geringeren Bevölkerungszahl an Bedeutung nach den Juden rangierten, wurden sie doch genauso in den umfassenden Katalog der Verfolgung und Vernichtung einbezogen. Die Maßnahmen der faschistischen Regierung betrafen nicht nur die Zigeuner selbst, sondern auch die „Zigeunermischlinge I. und II. Grades".

Die Verfolgung begann mit den „Nürnberger Gesetzen". Zusätzlich wurden für die Behandlung von „Zigeunern und nach Zigeunerart umherziehenden Personen" weitere Erlasse herausgebracht. Die Verhaftungen von Zigeunern nahmen rapide zu. Bei den Strafzumessungen, auch bei geringfügigen Vergehen, war die Tatsache, daß der Verhaftete Zigeuner war, straferschwerend.

Um einen Überblick über die Anzahl der Zigeuner auf deutschem Boden für die weiteren Verfolgungsmaßnahmen zu erhalten, wurde im Festsetzungserlaß vom 17. September 1939 bestimmt, daß die Zigeuner gezählt und ihnen auferlegt wurde, daß sie nur noch mit Genehmigung der Kriminalpolizei ihren Wohnsitz verlassen durften.

Die ersten Einweisungen von Zigeunern in Konzentrationslager begannen 1939. Im Laufe der Kriegsjahre wurden die Verhaftungswellen immer häufiger und fanden ihren Höhepunkt in der Anordnung von Himmler vom 1. März 1943, daß alle Zigeuner zusammengefaßt und ohne Haftbefehl oder Gerichtsverfahren nach dem Osten, das bedeutete in die Vernichtungslager, deportiert werden sollten.

Von dieser Maßnahme waren Zigeuner und Zigeunermischlinge ohne Ausnahme von Alter und Geschlecht erfaßt, auch die Kinder. Einigen wenigen, die noch in Deutschland verblieben waren, wurde die Einwilligung erpreßt, sich sterilisieren zu lassen.[11] Bei den Sterilisationen in Konzentrationslagern wurde auf diese „Formalität" kein Wert mehr gelegt.

Noch in den letzten Wochen des Krieges wurden im Konzentrationslager Ravensbrück Sterilisationen an Zigeunerkindern vorgenommen. In der Zeit vom 4. bis 7. Januar 1945 wurden ungefähr 120 bis 140 kleine Zigeunermädchen, von denen die jüngsten erst sieben Jahre alt waren, von dem berüchtigten Professor Schumann sterilisiert.[12]

10 O. v. Verschuer, Leitfaden der Rassenhygiene.
11 H. Mode/S. Wöllfling, Zigeuner, Leipzig 1964, S. 174 f.
12 G. de Gaulle, La Condition des Enfants au Camp de Ravensbrück, in: Revue d'histoire de la deuxième guerre mondiale, 45, S. 80.

Dokumente über das Schicksal der Zigeunerkinder unter dem Faschismus sind noch spärlicher vorhanden als über ihre erwachsenen Angehörigen. Es kann aber mit Sicherheit angenommen werden, daß unter den für die ,,Vernichtung durch Arbeit" vorgesehenen Zigeunerhäftlingen in den Konzentrationslagern auch größere Kinder und Jugendliche waren. Auch sie fielen unter die Anweisung von Himmler vom 18. September 1942, wonach die ,,asozialen Elemente" aus dem Strafvollzug an den Reichsführer SS zur ,,Vernichtung durch Arbeit" ausgeliefert werden sollten. ,,Es werden restlos ausgeliefert die Sicherungsverwahrten, Juden, Zigeuner, Russen und Ukrainer..."[13]

Am 5. August 1944 traf ein Transport mit Zigeunern aus dem KZ Auschwitz im KZ Buchenwald ein. Unter diesen 918 Menschen befanden sich 105 Kinder im Alter von 9 bis 14 Jahren. Sie wurden mit den erwachsenen Häftlingen dem Arbeitseinsatzführer im KZ übergeben, was bedeutete, daß sie ebenfalls zur Zwangsarbeit eingesetzt wurden.[14]

Die Zigeunerfamilien mit ihren Kindern wurden überall in den überfallenen Ländern zusammengetrieben und in Zigeunerlager gebracht, bevor man sie in die Konzentrationslager deportierte. Ein solches Lager unter vielen war das Zigeunerlager in Lackenbach in Österreich. Lackenbach galt als Familienlager, weil die Angehörigen, vor allem Mütter mit ihren Kindern, oft zusammenbleiben konnten. Das Lager bestand aus einer Scheune und einem Schafstall, die Unterbringung war katastrophal und ohne hygienische Einrichtungen.

Die Zigeunerfamilien wurden durch den zuständigen Landrat ,,erfaßt" und in dieses Lager eingewiesen. Am 2. Oktober 1943 wurde auf diesem Wege eine Mutter mit fünf Kindern, die zwischen 15 und 3 Jahren alt waren, in das Lager verbracht. Aber auch Kinder, deren Eltern in Strafhaft saßen und die allein zurückblieben, wurden in das Zigeunerlager Lackenbach geschleppt. Die fünf Geschwister einer Familie, das älteste Mädchen 17, das jüngste 6 Jahre alt, die als Zigeunermischlinge galten, wurden am 22. Mai 1944 in Lackenbach eingewiesen mit dem Hinweis, daß auch ihre Mutter am 1. August des gleichen Jahres in das Lager verbracht würde, nachdem sie eine Strafhaft verbüßt habe. Auch Zigeunerkinder, die in Fürsorgepflege bei Bauern lebten, während ihre Eltern schon verhaftet waren, entgingen diesem Schicksal nicht. Sie wurden aus den Pflegefamilien gerissen und in das Lager gebracht, wie die beiden elf- und neunjährigen Schwestern Roasa und Annemarie, deren Mutter schon im Zigeunerlager Lackenbach gefangengehalten wurde. Die Kinder waren bei zwei verschiedenen Bauernfamilien untergebracht. Von dort holte sie die Polizei ab und brachte sie unter Bewachung in das Lager Lackenbach.

13 Nürnberger Prozeß, Band 26, S. 201 f.
14 R. Schnabel, Macht ohne Moral, Frankfurt am Main 1957, S. 152.

Um zwei kleine Kinder aus ihrer Pflegestelle zu reißen, wurde – wie in allen anderen solchen Fällen – eine ganze Maschinerie in Gang gesetzt. Von Wien aus schrieb die Leitung der Kriminalpolizeileitstelle an die Leitung des Zigeunerlagers und gleichzeitig an die Gendarmerieposten der Orte, in denen die Kinder zu dieser Zeit lebten, um ganz sicher zu gehen, daß die Verfolgungsmaßnahmen gegen diese Kinder auch voll ausgeführt wurden: „Gleichzeitig mit vorstehendem Schreiben wurden auch die Gendarmerieposten in Gmünd und Reingers verständigt, damit die Überstellung in das Lager veranlaßt wird."[15]

Die wenigsten der eingesperrten und verschleppten Zigeunerkinder sahen die Freiheit wieder. Fünfhunderttausend Zigeuner, Frauen, Männer und Kinder aus den vom deutschen Faschismus überfallenen Ländern und fast alle Zigeuner aus Deutschland wurden ermordet.

Auch für die slawischen Völker und ihre Kinder hatte der deutsche Faschismus die Vernichtung geplant. Hitler hatte in seinem Buch „Mein Kampf" schon die Notwendigkeit des Krieges und die Eroberung der slawischen Länder, vor allen Dingen der Sowjetunion, begründet und dazu geschrieben: „Wir stoppen den ewigen Germanenzug nach Süden und Westen Europas und weisen den Blick nach dem Land im Osten... Wenn wir aber heute in Europa von neuem Grund und Boden reden, können wir in erster Linie nur an Rußland und die ihm untertanen Randstaaten denken. Das Schicksal selbst scheint uns hier einen Fingerzeig geben zu wollen. Indem es Rußland dem Bolschewismus überantwortete, raubte es dem russischen Volk jene Intelligenz, die bisher dessen staatlichen Bestand herbeiführte und garantierte... Das Riesenreich im Osten ist reif zum Zusammenbruch. Und das Ende der Judenherrschaft in Rußland wird auch das Ende Rußlands als Staat sein. Wir sind vom Schicksal ausersehen, Zeugen einer Katastrophe zu werden, die die gewaltigste Bestätigung für die Richtigkeit der völkischen Rassentheorie sein wird."[16]

Die Ziele von Hitlers Kriegspolitik wurden schon in „Mein Kampf" fest umrissen: Vernichtung des ersten sozialistischen Staates, nachdem die Arbeiterbewegung im eigenen Land zerschlagen worden war, und Ausbeutung, Ausplünderung und Völkermord in den überfallenen Ländern. Auch in den slawischen Ländern hatten die Bevölkerung und ihre Kinder das gleiche Schicksal zu erwarten wie die Verfolgten in Deutschland selbst und in den anderen überfallenen Ländern im Westen: Verschleppung von Erwachsenen und Kindern als Arbeitssklaven für die deutsche Industrie, Vernichtung durch Arbeit, Raub von Kindern, Deportation in Vernichtungslager und Massenmord.

Den deutschen Soldaten, besonders aber den SS-Angehörigen, wurde von der faschistischen Führung völlige Straffreiheit bei allen Aktionen zugesichert,

15 Internationaler Suchdienst, Arolsen.
16 A. Hitler, Mein Kampf, München 1930, S. 738 ff.

(Dokumentationsarchiv des deutschen Widerstands, Frankfurt am Main)

die sie in den überfallenen Ländern durchführten. Sie sollten dazu erzogen werden, in den Menschen, die ihnen in anderen Ländern begegneten, keine Mitmenschen zu sehen, sondern Wesen, die niedriger als Tiere seien.

„Wie es den Russen geht, wie es den Tschechen geht, ist mir total gleichgültig. Das, was in den Völkern an gutem Blut unserer Art vorhanden ist, werden wir uns holen, indem wir ihnen, wenn notwendig, die Kinder rauben und sie bei uns großziehen. Ob die anderen Völker in Wohlstand leben oder ob sie verrecken vor Hunger, das interessiert mich nur soweit, als wir sie als Sklaven für unsere Kultur brauchen, anders interessiert mich das nicht. Ob bei dem Bau eines Panzergrabens 10000 russische Weiber an Entkräftung umfallen oder nicht, interessiert mich nur insoweit, als der Panzergraben für Deutschland fertig wird. Wir werden niemals roh und herzlos sein, wo es nicht sein muß, das ist klar. Wir Deutsche, die wir als einzige auf der Welt eine anständige Einstellung zum Tier haben, werden ja auch zu diesen Menschentieren eine anständige Einstellung einnehmen, aber es ist ein Verbrechen gegen unser eigenes Blut, uns um sie Sorge zu machen und ihnen Ideale zu bringen, damit unsere Söhne und Enkel es noch schwerer haben mit ihnen. Wenn mir einer kommt und sagt: ‚Ich kann mit den Kindern oder den Frauen den Panzergraben nicht bauen. Das ist unmenschlich, dann sterben die daran' – dann muß ich sagen: ‚Du bist ein Mörder an deinem eigenen Blut, denn, wenn der Panzergraben nicht gebaut wird, dann sterben deutsche Soldaten, und das sind Söhne deutscher Mütter. Das ist unser Blut.'"[17]

Diese Rede hielt Himmler vor SS-Führern in Posen am 4. Oktober 1943.

17 Nürnberger Prozeß, Band 29, S. 123.

Kinder ab sechs Jahren mußten den „Judenstern“ tragen. (H. Eschwege, Kennzeichen J, Frankfurt am Main 1979, S. 156)

Drei Kinder einer jüdischen italienischen Familie, die mit ihren Eltern 1943 aus Rom deportiert wurden. Das Schicksal von Enrica Spizzichino (oben links), geboren 1935, und Virginia Spizzichino (oben rechts), geboren 1936, ist ungeklärt. Giacomo Spizzichino, geboren 1938, ist am 19. April 1945 im KZ Mauthausen umgekommen. (ITS Arolsen)

Zigeunerkinder im KZ Belcec, 1940 (Dokumentationsarchiv des österreichischen Widerstandes, Wien)

Arbeitsstatistik

Der Standortarzt der Waffen-SS Weimar-Buchenwald, den 5. August 1944
Weimar

Betreff: Zigeunertransport v. 3.8.44 vom K.L. Auschwitz.

9/7

An den
Lagerkommandanten
K.L. Buchenwald.

16
15

Hinsichtlich der Altersstufen des o.a. Zigeunertransportes ergibt sich bei Durchsicht der Listen folgendes Bild:

Alter:	Jahrgang:	Anzahl:
von 9 - 14 Jahre	1935 - 1930	105
" 19 - 24 "	1929 - 1920	393
" 25 - 44 "	1919 - 1900	330
" 45 - 54 "	1899 - 1890	59
" 55 - 64 "	1889 - 1880	23
über 65 "	1879 - 1877	2
ohne Altersangabe	-	1
nicht auf der Liste	-	5
		918 Mann insgesamt.

Nzl. an den
~~Arbei[illegible]~~
Arbeitsstatistik

Der Standortarzt der Waffen-SS Weimar
~~[illegible]~~ d.R.

Eintreffen eines Zigeunertransports im KZ Buchenwald 1944 (R. Schnabel, Macht ohne Moral, Frankfurt am Main 1957, S. 152)

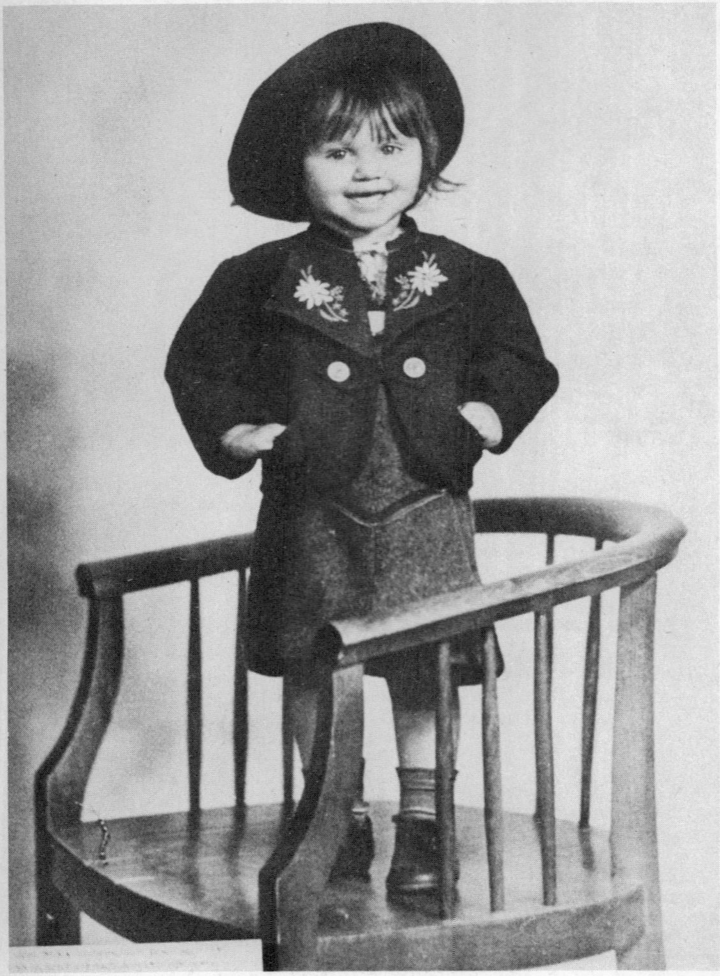

Schutka Weinrich, 2½ Jahre, in Auschwitz vergast (fotografiert von Waltraut Irvin in der Ausstellung „Zigeuner gestern – heute“, Frankfurt am Main 1979)

Staatliche Kriminalpolizei
Kriminalpolizeileitstelle Wien
Insp. I B, D.f.Z.

Wien, den 22. Mai 1944.

I B - 527 /44

An den Leiter
des Zigeunerlagers in

Lackenbach

Kreis Oberpullendorf.

Betrifft: Einweisung der Zigeunermischlinge
in das dortige Lager.

Die nachbenannten zigeunerischen Personen werden mit dem nächsten Transport nach dort überstellt werden.

Sie waren zuletzt in Hollabrunn 42, Gemeinde Feistritz am Wechsel wohnhaft und wurden vom Landrat Neunkirchen zur Einweisung bestimmt.

Die Stammesmutter, die sich gegenwärtig in Strafhaft befindet, wird nach Strafverbüßung, voraussichtlich im August l. J. überstellt werden.

17/44	Hedwig,	3.5. 1927	Hollabrunn geb.	✓
18/44	Christine,	28.3.1928	-"-	✓
19/44	Aloisia,	16.2.1930	-"-	✓
21/44	Magdalena,	15.12.1934	-"-	✓
529/44	Helene,	6.3. 1938	-"-	✓

Staatliche Kriminalpolizei Kriminalpolizeileitstelle Wien

I.A.

[Unterschrift]

(ITS Arolsen)

Text der Warntafel: „Betreten des Lagers und Gespräche durch den Stacheldraht bei Strafe der Erschießung verboten“ (Dokumentationsarchiv des österreichischen Widerstandes, Wien)

Verhungerte jugoslawische Kinder im Lager Jasenovac (Archiv der F.N.D.I.R.P., Paris)

Verschleppung und Kindertransporte

Die Kinder von Pithiviers

Die Deportation der jüdischen Bevölkerung Frankreichs in die Vernichtungslager wurde von Deutschen und französischen Kollaborateuren gemeinsam perfekt organisiert. Sie erfaßte wenigstens 4051 Kinder.

Nachdem zuerst vorgesehen war, die jüdische Bevölkerung im Alter von 16 Jahren aufwärts zu deportieren, hatte Laval, (Minister in der französischen Petainregierung, die mit der deutschen Besatzung kollaborierte) vorgeschlagen, auch Kinder unter 16 Jahren mit zu deportieren. Man kam nach längeren Verhandlungen und Erwägungen verschiedener Möglichkeiten zur Unterbringung der Kinder überein (17. Juli 1942), die Kinder zunächst mit den Eltern zusammenzulassen und ganze Familien in die Lager Pithiviers und Beaune-la-Rolande zu überführen. Von dort sollten die Erwachsenen nach Drancy geschafft werden, um in die Deportationszüge nach Auschwitz eingeteilt zu werden. Die Frage der Einteilung von Kindern in die Deportationszüge wurde noch unter verschiedenen Gesichtspunkten von den deutschen Faschisten diskutiert. Auf jeden Fall entschied Eichmann am 20. Juli 1942, daß auch Kindertransporte nach Osten rollen sollten. Die Kinder wurden unter dem Vorwand, daß die Lager überfüllt seien, von den Eltern getrennt und in das Haftlager Pithiviers gebracht.[1]

In diesem Lager befanden sich Kinder im Alter von zwei bis 12 Jahren. Über die Not und das Elend der alleingelassenen Kinder in Pithiviers sind erst nach dem Krieg Zeugnisse gefunden worden. In den Briefen, die die damals 20jährige Marie-Louise Blondeau schrieb, die sich um eine Stellung in dem Kinderkonzentrationslager beworben hatte, um diesen todgeweihten Kindern wenigstens kurze Zeit eine Hilfe geben zu können, lesen wir:

„Es ist ein herzzerreißendes Bild, dieses grausige Durcheinander von verzweifelten Müttern und jammernden Kindern. Sie werden wie Vieh von Vichy-Gendarmen, diesen Helfershelfern der Hitleristen, in die düstere Scheune hineingetrieben. Und draußen auf dem ehemaligen Fliegerhorst irren viele Kleinkinder umher, weinend ihre Mütter suchend. Beklagenswert sind diese armen Frauen, die ihre Kinder in ein Konzentrationslager bringen müssen, um alsbald wieder von ihnen getrennt zu werden...

1 Internationaler Suchdienst Arolsen (ITS).

Draußen auf dem weiten steinigen Fliegerhorst marschieren die Wachposten auf und nieder. Die unerbittlichen Lichtstrahlen der Scheinwerfer auf den Wachtürmen lassen die Kinder keinen Schlaf finden. Sie werfen sich schluchzend auf ihren harten Pritschen herum. Ich aber möchte schreien: Sieh doch, Menschheit, wie diese Kinder noch vor ihrem Tode so erbarmungslos gepeinigt werden."[2]

Marie-Louise Blondeau bittet in ihren Briefen um Hilfe für die Kinder, die in diesem Lager kaum etwas zu essen bekommen und denen das nötigste an Waschzeug, Kleidung und Spielzeug fehlt.

„Ich brauche Spielzeug. Es gibt nicht einmal eine Puppe in dieser Hölle. Werdet nicht müde zu helfen! Ihr wißt ja nicht, wie grauenvoll hier alles ist. Selbst die Kleinsten werden hier verrückt. Sie fragen: Wann werden wir unsere Eltern wiedersehen? ... Wenn der Krieg zu Ende ist, komme ich dann wieder zu Mama und Papa? ... Warum hassen uns die Deutschen so fürchterlich? ..."[3]

Zu den wenigen, erschütternden Zeugnissen aus dem Kinderkonzentrationslager Pithiviers gehört der Brief eines unbekannt gebliebenen Kindes, der „Brief an den lieben Gott":

„Lieber Gott! Ich bitte Dich nur um eines: Laß meine Eltern wiederkommen, meine armen Eltern, daß sie nicht soviel leiden, meine lieben Eltern. Schütze sie. Laß sie mich nur noch einmal wiedersehen. Mach es möglich, daß ich sie nur noch einmal wiedersehe. Ich habe großes Vertrauen, daß ich Dir jetzt schon im voraus dankeschön sage."[4]

Am 13. August 1942 wurde vom Reichssicherheitshauptamt in Berlin der Befehl gegeben, die Kinder nach und nach auf die vorgesehenen Transporte nach Auschwitz aufzuteilen. „Geschlossene Kindertransporte sind jedoch keinesfalls auf den Weg zu bringen."[5] Das bedeutete, daß die Kinder, und zwar in der Folgezeit in acht Transporten je 500 Kinder, mit den Erwachsenen zusammen in Viehwaggons gepfercht wurden und daß das Nachprüfen ihres Schicksals nur noch anhand der Transportlisten möglich ist.

Am 14. August 1942 meldete ein Telegramm nach Berlin an Eichmann, daß ein Transport mit 1000 Juden, darunter erstmals Kinder, den Bahnhof Drancy in Richtung Auschwitz verlassen hatte. Auf der Transportliste des Zuges vom 28. August 1942 sind die Kinder an den Geburtsdaten zu erkennen, denn in dem Telegramm für diesen Zug wurden Kinder nicht erwähnt.

Der Transport, der am 21. September 1942 nach Auschwitz abging, hatte, wie

2 Ernst Birnbaum, Wie Vieh in die düstere Scheune hineingetrieben, in: Die Tat, 12. 1. 1974.

3 A. a. O.

4 Centre de Documentation Juive Contemporaine, Paris.

5 Internationaler Suchdienst Arolsen.

ein Telegramm meldete, unter den 1000 Personen 491 Frauen einschließlich einer Anzahl Kinder.

Bei der Ankunft in Auschwitz wurden die Menschen durch die Selektion eingeteilt in solche, die arbeiten mußten, und solche, die als arbeitsunfähig sofort vergast wurden.

Über das Schicksal der Kinder aus Pithiviers ist aus den Aufzeichnungen aus dem Lager Auschwitz zu erfahren, daß der Transport, der am 5. August 1942 in Drancy abfuhr, am 7. August in Auschwitz ankam, daß 214 Männer des Transports in das Lager eingewiesen wurden, ebenso 96 Frauen. Die 704 verbleibenden Personen, Kinder und alte Menschen, wurden vergast. Von dem nächsten Transport aus Drancy, der am 9. August in Auschwitz ankam, blieben 63 Männer und 211 Frauen am Leben. 794 Personen, darunter wieder alle Kinder, wurden vergast. Bei dem Transport vom 17. August 1942 aus Drancy waren zwei Kinder im Alter von drei Jahren, sieben im Alter von sechs bis acht Jahren, fünf im Alter von 11 bis 13 Jahren. Auch sie hatten in Auschwitz keine Chance des Überlebens.

Einige wenige Zeugnisse berichten vom Schicksal französischer jüdischer Kinder in den Jahren 1943 und 1944.

Im Mai 1943 wurden 40 jüdische Frauen mit ihren Babys in der Frauenklinik des Rothschild-Hospitals in Paris verhaftet und nur einer von ihnen, Fanny Kraus, gelang es, mit ihrem Kind zu fliehen. Alle anderen wurden nach Auschwitz deportiert. Das gleiche Schicksal erlitten kleine jüdische Mädchen aus zwei Schulklassen, die am 31. Juli 1944 deportiert wurden. Noch im April 1944, wenige Monate vor der Befreiung Frankreichs, wurden 41 Kinder aus dem Kinderheim Izieu-Ain deportiert. In dem Telegramm, das über die Festnahme berichtet, heißt es:

„In den heutigen Morgenstunden wurde das jüdische Kinderheim Colonie Enfant in Izieu-Ain ausgehoben. Insgesamt wurden 41 Kinder im Alter von 3 bis 13 Jahren festgenommen. Ferner gelang die Festnahme des gesamten jüdischen Personals, bestehend aus 10 Köpfen, davon 5 Frauen. Bargeld oder sonstige Vermögenswerte konnten nicht sichergestellt werden. Der Abtransport nach Drancy erfolgt am 7. 4. 1944."[6] Auch diese Kinder gingen von Drancy nach Auschwitz in den Tod.

6 Ebenda.

Mai 1943, Wöchnerinnenstation des Hospitals Rothschild in Paris. Diese jungen jüdischen Mütter, vierzig an der Zahl, wurden mit ihren Babys nach Auschwitz-Birkenau deportiert. Eine von ihnen, Fanny Kraus aus Paris, konnte mit ihrem Kind fliehen – von ihr stammt das Foto. (Archiv der F.N.D.I.R.P., Paris)

Die Kinder von Theresienstadt

,,Einst war ich jung,
drei Jahre sind es her,
wie sehnte doch die Jugend sich so sehr
nach andern Welten. Bin jetzt nicht mehr Kind,
nun bin erwachsen ich –
ich hab die Angst erkannt."

Aus einem Gedicht von Hanus Hachenburg, geb. am 12. Juli 1929, ermordet in Auschwitz am 18. Februar 1943.[7]

Theresienstadt war eine kleine Festungsstadt, gegründet von Kaiser Josef II in Böhmen. Dieser Ort wurde von den deutschen Faschisten ausersehen, ,,zur Lösung der Judenfragen im Protektorat" behilflich zu sein. (,,Protektorat Böhmen und Mähren" war die faschistische Bezeichnung für den tschechischen Teil der CSR, der seit Mitte 1939 von den deutschen Truppen besetzt war.) Auf einer Besprechung am 10. Oktober 1941 wurde im Beisein des sogenannten ,,Reichsprotektors" Heydrich festgelegt, daß Theresienstadt als vorübergehendes Sammellager dienen sollte, bevor die dorthin verschleppten Juden ,,in die östlichen Gebiete" evakuiert würden. ,,Nach Evakuierung aus diesem vorübergehenden Sammellager (wobei die Juden ja schon stark dezimiert wurden) in die östlichen Gebiete könnte dann das gesamte Gelände zu einer vorbildlichen deutschen Siedlung ausgebaut werden".[8] Der erste Transport jüdischer Häftlinge traf am 24. November 1941 ein, um die Aufbauarbeiten zu leisten. Schon Ende November/Anfang Dezember kamen weitere 2000 Häftlinge, unter ihnen Frauen, Kinder und alte Leute. Theresienstadt wurde in den folgenden Jahren Sammellager für jüdische Menschen, Männer, Frauen und Kinder, aus allen vom deutschen Faschismus überfallenen Ländern. Daß Theresienstadt nur ein Wartesaal für Auschwitz war, obwohl alles getan wurde, um diesen Eindruck zu verwischen, zeigt die Tatsache, daß von den 207 Kindern, die in Theresienstadt geboren wurden, alle sofort bei der Geburt eine Transportnummer erhielten. Von diesen 207 Kindern überlebten nur 25. Von den mehr als 15000 Kindern, die durch das Lager Theresienstadt gingen, kehrten nur 100 nach der Befreiung zurück. Zu den rund 154200 Menschen, die zeitweise im Lager Theresienstadt leben mußten, zählen nach der Statistik, die von den Überlebenden aufgestellt wurde, bis zum 12. Oktober 1944 über 5000 Kinder im Alter von 0 bis 14 Jahren.[9]

7 Kinder zeichnen und dichten im KZ Theresienstadt 1942–1944, Prag o. J., S. 13.
8 H. G. Adler, Therensienstadt 1941–1945, Tübingen 1960, S. 721.
9 Ebenda, S. 46.

Dazu kommen 1260 polnische Kinder, die 1943 in das Lager geschleppt wurden.

Ein besonders grausames Beispiel für die Behandlung von Kindern in Theresienstadt war der Transport dieser 1260 Kinder, die am 24. August 1943 aus Bialystok in Polen in das Lager kamen. Die Kinder wurden von den übrigen Gefangenen in Theresienstadt streng abgesondert. Sie machten einen völlig verschüchterten, verhungerten Eindruck. Den Theresienstädter Häftlingen wurde nicht gestattet, sich um die Kinder zu kümmern. Es wurde ein eigenes Kinderlager in den sogenannten Westbaracken eingerichtet. Als die Kinder zur Entlausung in die Desinfektionsanstalt geführt werden sollten, auf deren Türen „Achtung Gas" stand, weigerten sie sich unter Weinen, dort hineinzugehen. Diese Kinder hatten schon Erfahrungen mit Gaskammern gemacht. Sie hatten in Bialystok erleben müssen, wie die SS ihre Mütter und Väter vor ihren Augen erschossen hatte und andere Männer, Frauen und Kinder in Gaskammern umgebracht hatte. Die Kinder blieben sechs Wochen in Theresienstadt und erholten sich offensichtlich etwas von den durchgestandenen Strapazen. Es ging das Gerücht in Theresienstadt um, daß die Kinder für eine Austauschaktion nach Palästina oder in die Schweiz ausgesucht worden seien. Am 5. Oktober 1943 verließ der Kindertransport Theresienstadt nach Auschwitz; in die Gaskammer. Diejenigen von ihnen, die noch in Theresienstadt an Infektionskrankheiten erkrankt waren, wurden von SS-Männern in die sogenannte kleine Festung gebracht und dort erschlagen. Von den 1260 Kindern, die zwischen sechs und 15 Jahre alt waren, überlebte keines.[10]

Kinder, die nach Theresienstadt kamen, erlebten eine überfüllte Stadt, in der es nur wenig Wasser gab, Mangel an den primitivsten hygienischen Einrichtungen, Mangel an Nahrung. Ansteckende Krankheiten befielen vor allem viele Kinder. Die meisten Kinder lebten von ihren Eltern getrennt in Kinder- und Jugendheimen. Nur wenige konnten mit ihren Müttern in Kasernen zusammenbleiben. Diese Kinder- und Jugendheime beherbergten in einem Raum je acht, 12 oder 18 Jungen oder Mädchen im Alter von 12 bis 16 Jahren mit ihren Erziehern. Für die Allerkleinsten gab es ein primitives Säuglingsheim. Ab Ende 1943 wurden aber schwangere Frauen ebenso wie Mütter mit Säuglingen für die Transporte nach dem Osten – sprich in die Gaskammern – ausgewählt. Die Kleinkinder waren in einer sogenannten Krabbelstube untergebracht, in der sie mit Holzstückchen und Stoffetzen spielten. Viele Kinder hatten schon in diesem Alter durch die durchlittenen Zeiten psychische Störungen. Sie waren den ganzen Tag über von ihren Müttern getrennt, die ja arbeiten mußten. Die Kinder durften die ihnen zugeteilten Heime nicht verlassen, an Sonntagen wurden sie unter Polizeibewachung in Zweierreihen zuerst zu ihren Müttern in die Frauen-

10 Ebenda, S. 154.

Kinderzeichnung aus dem Lager Theresienstadt (Archiv der F.N.D.I.R.P., Paris)

Kinderzeichnung aus dem Lager Theresienstadt (Theresienstadt, Wien 1968, Bildnummer 33)

quartiere, dann zu ihren Vätern in die Kasernen zu Besuch geführt.[11] In Theresienstadt mußten Jugendliche ab 16 Jahren wie Erwachsene arbeiten. In Wirklichkeit wurden aber schon die 14jährigen zur Arbeit herangezogen, und im Herbst 1944 wurden selbst 12jährige zur Arbeit geholt.[12] Kinder durften nicht unterrichtet werden, sondern nur „beschäftigt".

Eine wichtige Rolle spielte der Zeichenunterricht, der erlaubt war. Er wurde besonders von der Lehrerin und Künstlerin Friedl Dicker-Brandjes organisiert. Sie stammte aus Österreich, emigrierte nach der Besetzung ihres Heimatlandes durch die Nazis in die Tschechoslowakei und wurde hier gegen Ende 1942 verhaftet und in das KZ Theresienstadt verschleppt. Im KZ Theresienstadt schloß sie sich der kommunistischen Widerstandsorganisation an. Sie wurde im Herbst 1944 in Auschwitz ermordet. Es war ihr Grundsatz, das Kind nach einem gegebenen Thema frei schaffen zu lassen, um durch diese Tätigkeit die Krisen überwinden zu helfen, die der Aufenthalt in Theresienstadt hervorrief. Von diesem Schaffen der in Theresienstadt inhaftierten Kinder sind 4000 Zeichnungen erhalten geblieben, die heute im Staatlichen Jüdischen Museum in Prag verwahrt

11 Irena Lauschewowa, Die Kinder von Thersienstadt, in Theresienstadt, Wien 1968, S. 102.

12 Ebenda, S. 103.

werden. Die kleinen Künstler sind bis auf geringe Ausnahmen alle in den Gaskammern umgekommen.

Erhalten sind Tagebücher von Kindern, die Theresienstadt überlebt haben, in denen die 12- bis 14jährigen das Leben im Lager beschreiben: die Zusammenstellung der Transporte, mit denen ihre Spielkameraden und Schulfreunde nach Auschwitz geschickt wurden; die Infektionskrankheiten, denen die geschwächten Kinder zum Opfer fielen. Und eines der Kinder, die 14jährige Charlotta Veresova, hat den Speisezettel der Kinderküche überliefert:

	,,Mittagessen	Nachtmahl
Montag	Suppe, Hirse	ein kleiner Laib Brot
Dienstag	Suppe, Erdäpfel, Rüben	Suppe
Mittwoch	Suppe, Erdäpfel, Gulasch	ein kleiner Laib Brot
Donnerstag	Suppe, Knödel, Saft	Wurst, Suppe
Freitag	Suppe, Graupen	Buchtel
Samstag	Suppe, Erdäpfel, Rüben	Suppe
Sonntag	Suppe, Buchtel mit Creme	20 Gramm Margarine, 1 Teelöffel Marmelade

Der Speisezettel schaut nicht übel aus, aber das Essen ist unmöglich zubereitet, und die Suppen sind jeden Tag gleich. Sie sehen wie Wasser nach dem Bodenreiben aus.“[13]

Diese Kinder weigern sich an den Tod zu denken, obwohl er ihnen tagtäglich begegnet. Sie sprechen untereinander niemals über das Gas, denn ,,es ist, als ob alles nicht wahr wäre, solange wir nicht darüber sprechen“.[14]

Diese Tagebücher zeigen den Willen zum Überleben, die Überlegung, lieber eine Flucht zu organisieren, als sich willenlos ins Gas schicken zu lassen. Sie hoffen auf das Ende des Faschismus und auf die Befreiung. Eine Befreiung, die nur für die allerwenigsten von ihnen gekommen ist. Charlotta Veresova schrieb in ihr Tagebuch:

,,Gestern sind die Mädchen zu einer ungewöhnlichen Arbeit ausgerückt. Sie mußten Urnen zur Eger tragen und dort hineinwerfen. Dafür hat jede eine halbe Dose Streichwurst bekommen.

Und noch etwas Seltsames tut sich. Auf den Basteien verbrennen die Deutschen ihre Archive. Manchmal fliegt ein Stück Papier in unseren Garten, und wir lesen es. Wir dürfen es eigentlich nicht aufheben, und ein deutscher Soldat be-

13 Aus dem Tagebuch der vierzehnjährigen Charlotta Veresova, in: Theresienstadt, Wien 1968, S. 122.
14 Ebenda, S. 124.

wacht uns mit einem Gewehr, aber wir sind natürlich neugierig. Meist können wir ohnehin nicht viel davon lesen. Gewöhnlich steht auf dem Papier nur ein Name und ein Geburtsdatum. Es sind jüdische Namen. Die Deutschen haben es offensichtlich mit der Angst zu tun und versuchen, ihre Spuren zu verwischen. Aus welchem Grund sonst sollten sie das tun? Es ist ein gutes Zeichen..."[15]

Die Kinder von Lodz

In der Zeit der faschistischen Besetzung von 1939 bis 1945 fielen 1800000 polnische Kinder dem faschistischen Terror zum Opfer. Etwa 200000 polnische Kinder wurden zur „Eindeutschung" nach Deutschland verschleppt. Nur ein geringer Teil von ihnen konnte nach der Befreiung seine Eltern oder Verwandten wiederfinden. Mehr als 700000 Jugendliche von über 14 Jahren wurden zur Zwangsarbeit nach Deutschland deportiert. Sie mußten in der Landwirtschaft und in der Industrie arbeiten.

Das gesamte Raubprogramm polnischer Kinder umfaßte auch die Behandlung der in den Augen der Faschisten als rassisch nicht wertvoll angesehenen Kinder als Arbeitssklaven. Am 1. Dezember 1942 wurde in Lodz, das die deutschen Faschisten in Litzmannstadt umtauften, in der Gegend des ehemaligen jüdischen Gettos der Przemyslowa-Straße, ein sogenanntes „Polen-Jugendverwahrlager" eingerichtet. Dorthin kamen Kinder im Alter von 8 bis 16 Jahren, später auch jüngere – die jüngsten waren noch nicht einmal 2 Jahre alt. Jungen und Mädchen wurden getrennt untergebracht. Unter ihnen befanden sich Kinder aus Polen, aus der tschechischen Ortschaft Lidice, der Stätte des Massakers vom 9. und 10. Juni 1942, Kinder mit polnischen Familiennamen aus Frankreich, aus den westlichen Gebieten der Sowjetunion und aus Deutschland. Sobald eines der Kinder das 16. Lebensjahr erreicht hatte, wurde es in ein KZ abgeschoben.

Die Begründung Himmlers am 6. Januar 1943 für diese Kindersammellager: „Die rassisch wertlosen Halbwüchsigen männlichen und weiblichen Geschlechts sind den Wirtschaftsbetrieben der Konzentrationslager als Lehrlinge zuzuweisen. Die Kinder müssen großgezogen werden. Ihre Erziehung hat im Unterricht zu Gehorsam, Fleiß, bedingungsloser Unterordnung und zu Ehrlichkeit gegenüber den deutschen Herren zu erfolgen. Sie müssen bis 100 rechnen, die Verkehrszeichen kennenlernen und auf ihre Fachberufe als Landarbeiter, Schlosser, Steinmetze, Schreiner usw. vorbereitet werden. Die Mädchen sind als Landarbeiterinnen, Spinnerinnen, Strickerinnen und für ähnliche Arbeiten anzulernen."[16] Von Dezember 1942 bis Januar 1945 wurden ungefähr 13000

15 Ebenda, S. 124.
16 Hauptkommission zur Untersuchung der Hitlerverbrechen in Polen, Warschau.

Kinder durch das Lager gebracht. 11 000 von ihnen starben, nur knapp 1000 überlebten. Bei der Einweisung in das Lager wurden den Kindern Daumenabdrücke abgenommen. Sie wurden von vorne und im Profil fotografiert, die Personalien aufgeschrieben und erhielten eine Lagernummer.

Jedes Kind, das neu ins Lager kam, erhielt eine Decke, ein Handtuch, eine Schüssel und bekam einen Platz in einer Stube. Gleichzeitig wurde ihm eine Arbeit zugeteilt. Die Häftlinge, die in der ersten Zeit noch die Bekleidung trugen, die sie mitgebracht hatten, erhielten später graue Drillichanzüge und Holzpantoletten. Von Mai bis Oktober wurden den Kindern diese Holzpantoletten weggenommen, und sie mußten barfuß zur Arbeit laufen. Über die Einweisung und die Gründe zur Einweisung liegen trotz des Versuches der deutschen Faschisten, alle Unterlagen über dieses Jugendverwahrungslager zu vernichten, einige Beispiele vor. Der 11jährige Simon Sindera wurde in das Lager eingewiesen mit der Begründung: ,,Sindera treibt sich seit längerer Zeit im oberschlesischen Industriegebiet umher, bettelt und läßt keine Gelegenheit unausgenutzt, um Diebstähle auszuführen. Verwarnungen und Belehrungen erwiesen sich als zwecklos. Sindera ist sich selbst überlassen, da sein Vater zur Zeit im KL Auschwitz untergebracht und seine Mutter verstorben ist. Er droht völlig zu verwahrlosen. Seine Einweisung in das Polen-Jugendverwahrungslager Litzmannstadt ist zum Schutz der heranwachsenden deutschen Jugend unerläßlich."[17] Die Frage auf dem Antragsformular nach der ,,Lagerhaftfähigkeit" des Kindes wurde mit ,,ja" beantwortet.

Das Lager hatte eine Arbeitsfiliale in Dzierzaznia, etwa 15 km von Lodz entfernt. Hier waren die Jugendlichen bei der Landarbeit eingesetzt. Der tägliche Arbeitseinsatz bestimmte, daß die Kinder von 6 Uhr morgens bis 20 Uhr abends arbeiten mußten, davon ging eine halbe Stunde für Frühstück und eine Stunde für Mittag ab. Außerdem mußten die Kinder sich selbst bedienen, sauberhalten, ihre Betten machen und alles, was sie benutzten, in Ordnung halten. Die Ernährung war völlig unzureichend: es gab schwarzen Kaffee, ein Stückchen Brot, Milch gab es fast nie. Das Essen war fettarm zubereitet. Fleisch gab es für die Kinder nie.

Morgens und abends gab man eine Portion Brot, 100 bis 150 Gramm, und einen halben Liter Ersatzkaffee, ohne Zucker, manchmal mit Süßstoff. Zur Mittagszeit wurde ein Liter Suppe mit Steckrüben, Rübenblättern und Kohl, sehr oft mit Sand und Würmern, abgegeben. Wurst und Butter wurden nie ausgegeben, manchmal gab es einen Löffel Margarine. Im Krankenrevier wurde nur eine halbe Portion ausgegeben. Als Strafe konnte den Häftlingen die ganze oder halbe Verpflegungsportion entzogen werden.[18]

17 Gerda Zorn, Das Polen-Judenverwahrungslager Litzmannstadt, in: Der Widerstandskämpfer 23/1973, S. 75 ff.

18 Ärztliche Rundschau Nr. 1, 1968, S. 74 ff., ITS Arolsen.

Die Kinder versuchten, sich auf jede nur erdenkliche Weise mehr Essen zu beschaffen. Sie mußten mit schwersten Bestrafungen rechnen, wenn sie auf dem Feld Obst und Gemüse stahlen. Diese Taten wurden als Verbrechen geahndet und auf der Lagerkarte eingetragen. Es gab fast immer Prügel und Arrest. Auf den Lagerkarten wurde dies vermerkt: Rutenschläge von 5 bis 25, Tag- und Nachtarrest von ein bis mehreren Tagen. Für die Vergehen „Faulheit, Lügen, dreiste Antworten, Auflehnung, Einschlagen von Scheiben, Lachen während der Arbeitszeit" wurden den Mädchen die Haare abgeschnitten.

Auf der Karteikarte von Alzbieta Raszka, 14 Jahre alt, steht geschrieben, daß sie am 24. Mai 1944 15 Rutenschläge erhielt, weil sie die Stubenälteste war und die Mädchen nicht alle um 5 Uhr morgens aufgestanden waren. Sie erhielt am 14. Juli 1944 wieder 15 Rutenschläge für Faulheit, denn sie war bei der Arbeit eingeschlafen. Maria Ludwiczak, 15 Jahre alt, wurde mit einem Tag Arrest im Keller bestraft, das war am 16. Januar 1944, weil sie die Stube nicht aufgeräumt hatte. Sie erhielt am 24. Mai 1944 15 Rutenschläge, weil sie nicht pünktlich zum Melken erschien, und am 21. Juli 1944 wurde sie mit 15 Rutenschlägen für Auflehnung bestraft. Jedes Kind ab acht Jahren mußte arbeiten. Ungeschickte Kinder wurden mit Stöcken und Peitschen geschlagen und mit Ohrfeigen bestraft. Kinder wurden in eine Walze eingespannt und mußten die Straße walzen. Sie wurden vor Wagen gespannt, die mit Lehm und Schutt beladen waren. Auf diesen Wagen saß ein SS-Mann und trieb die Kinder mit einer Peitsche an. Die Kinder wurden auch bestraft, wenn sie polnisch sprachen oder wenn sie die deutschen Anweisungen nicht verstanden.

Unter diesen Bedingungen wurden die Kinder Opfer von schweren Krankheiten. Die häufigsten Krankheiten waren Lungenentzündung, Hirnhautentzündung, Lungen-TBC, Körpergeschwüre und Geschwüre in der Mundhöhle, Geschwüre in der Kehle, Durchfall, Kinderlähmung. Im November 1943 trat eine Epidemie des Bauch- und Flecktyphus auf. Die Sterblichkeit unter den völlig entkräfteten Kindern nahm ständig zu. Außer durch Krankheiten wurden Kinder Opfer des Hungertodes, einige wurden von dem SS-Mann August im Lager zu Tode geprügelt. Viele Kinder versuchten immer wieder, aus dem Lager zu fliehen. Das war besonders schwierig, weil das gesamte Lager mit hohem Stacheldrahtzaun umgeben war und zusätzlich Wachtürme mit Scheinwerfern und Maschinengewehren eingerichtet wurden. Wiederergriffenen Kindern erging es wie Stanislaw Szewczyk. Nachdem er blutig geschlagen worden war, mußte er die ganze Entfernung zu dem Wachraum und dem Karzer auf den etwa 200 Metern Weg, der mit Schlacken bedeckt war, auf den Knien rutschen. Außerdem wurde er mit Hieben und Fußtritten von Wachleuten bedacht.[19] Im Frühjahr 1944 wurde Marian Sobek wieder ergriffen und erschossen.

19 Ebenda, S. 77.

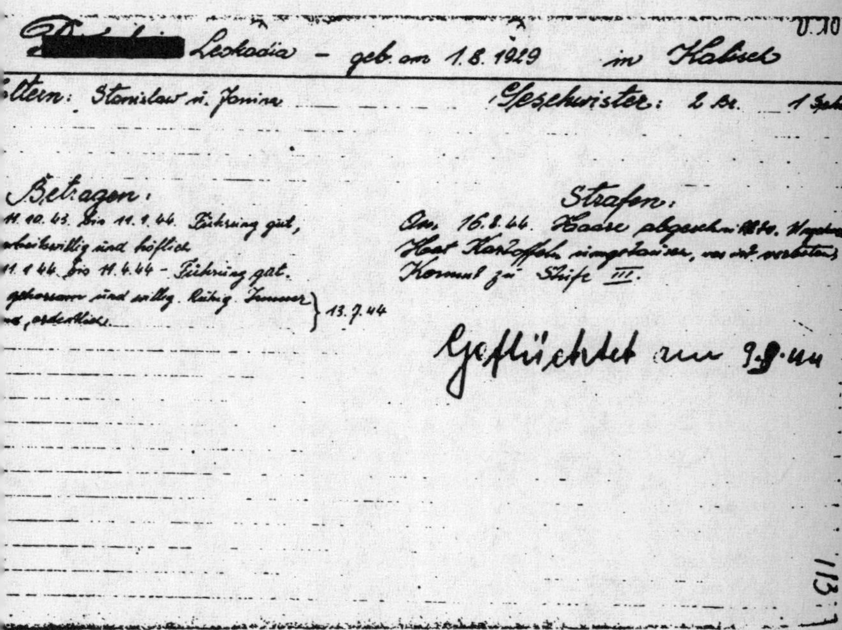

[redacted] Leokadia – geb. am 1.8.1929 in Kalisch V.10

Eltern: Stanislaw u. Janina Geschwister: 2 Br. 1 Schw.

Betragen:
11.10.43. bis 11.1.44. Führung gut, arbeitswillig und höflich
11.1.44. bis 11.4.44 – Führung gut. gehorsam und willig. Ruhig. Immer [illegible], ordentlich } 13.7.44

Strafen:
Am 16.8.44. Haare abgeschnitten. Wegen [illegible] Hat Kartoffeln eingetauscht, was ist verboten. Kommt zu Stufe III.

Geflüchtet am 9.9.44

113

Karteikarte für Leokadia Dziedzic aus dem Polen-Jugendverwahrlager Lodz (ITS Arolsen)

Jüdische Kinder aus Lodz (Waisenhaus Dorysiu) werden auf Lastautos verladen und ins Vernichtungslager Chelmno am Ner (Kulmhof) gebracht. (Dokumentationsarchiv des österreichischen Widerstandes, Wien)

Die Lagerkommandantur des Polen-Jugendverwahrlagers Litzmannstadt gab in einigen Fällen lapidare Auskunft über die Todesursache. So über Richard Czernecki, geboren am 10. Mai 1931, gestorben am 1. April 1944 „an Lungentuberkulose im Lager" und Johann Hartmann, geboren am 14. Juni 1928, gestorben am 3. November 1943 „an Herzmuskelschwäche".[20]

Viele Kinder wurden von Lodz aus in andere Lager geschickt, in denen sie umgekommen sind: Kinder wurden in die Lager Groß-Rosen, Bergen-Belsen und Auschwitz transportiert. Im Herbst 1944 wurde eine Gruppe nach Auschwitz geschickt, die man im Dezember 1943 dabei „ertappt hatte, als sie einer Judenexekution auf dem jüdischen Friedhof zusahen".[21] Der 1927 geborene Czeslaw Wrobel wurde nach Auschwitz deportiert mit der Begründung: „Wrobel wurde mit Wirkung vom 17. Mai 1943 als Asozialer in polizeiliche Vorbeugehaft genommen und am 30. Juli 1943 nach dem Konzentrationslager Auschwitz in Marsch gesetzt."[22]

Ein besonderes Augenmerk richtete man in Lodz auf die Kinder, deren Eltern im Widerstand kämpften oder die als Angehörige der Widerstandsbewegungen entweder in ein Konzentrationslager gebracht oder aber ermordet worden waren. Für die Kinder von Widerstandskämpfern hatte Himmler am 21. Juni 1943 Anweisung gegeben: „Versorgung, Erziehung und Unterbringung von tschechischen Kindern, deren Väter bzw. Eltern als Angehörige der Widerstandsbewegung exekutiert werden mußten. Die schlechten Kinder kommen in bestimmte Kinderlager. Die gutrassigen Kinder, die selbstverständlich die gefährlichsten Rächer ihrer Eltern werden könnten, wenn sie nicht menschlich richtig erzogen werden, müssen, wie ich mir vorstelle, über ein Kinderheim des Lebensborn, in das sie zunächst probeweise aufgenommen und möglichst charakterlich erkannt werden, in deutsche Familien als Pflege- oder Adoptivkinder vermittelt werden."[23]

Die wenigen Kinder, die das Lager Lodz überlebten, kamen krank aus dem Lager, sie blieben für ihr gesamtes weiteres Leben invalide. Fast keiner von ihnen fand seine Eltern und sein Elternhaus wieder. Eltern, Geschwister, Verwandte waren von den deutschen Faschisten verschleppt und ermordet worden. Viele, die als ganz kleine Kinder in das Lager kamen, kennen bis heute nicht ihren richtigen Familiennamen.

20 Gerda Zorn, a. a. O., S. 76.
21 Ärztliche Rundschau, a. a. O., S. 77.
22 Gerda Zorn, a. a. O., S. 76.
23 Hauptkommission zur Untersuchung der Hitlerverbrechen in Polen, Warschau.

Die Kinder von Zamosc

Gibt es ein politisches System, das die gewaltsame Trennung kleiner Kinder von ihren Eltern planmäßig durchführen und unverholen als Teil seiner „Siedlungspolitik" ausweisen läßt?

Die Trennung von Kindern von ihren Eltern und Familien wurde in Polen, der UdSSR, Jugoslawien und der Tschechoslowakei meist im Zusammenhang mit Deportationen zur Zwangsarbeit durch die NS-Besatzung dieser Länder erzwungen. Bei den Vernichtungsmaßnahmen gegenüber den politischen Gegnern des Faschismus, gegenüber der jüdischen Bevölkerung in Deutschland und in den besetzten Ländern, sowie gegenüber großen Teilen der polnischen Bevölkerung und der Bevölkerung ganzer Landstriche in der UdSSR wurden ebenfalls die Familien getrennt und die Kinder sich selbst überlassen oder deportiert.

Was aber in der Region Zamosc in Polen geschah, unterscheidet sich von anderen ebenso verbrecherischen Maßnahmen dadurch, daß hier die vertriebene polnische Bevölkerung unmittelbar durch „volksdeutsche" Siedler verdrängt wurde. Es zeigt besonders deutlich, welches Schicksal den osteuropäischen Völkern unter der Herrschaft des deutschen Faschismus zugedacht war: Landraub, Arbeitssklaverei, Erniedrigung und Vernichtung.

Was in der Region Zamosc geplant war, geht aus dem „Tagebuch des Herrn Generalgouverneurs für die besetzten polnischen Gebiete", Hans Frank, hervor.

In einer dort protokollierten Arbeitssitzung im Schloß Belvedere zu Warschau am 15. Januar 1943 erklärte in Anwesenheit des Generalgouverneurs und leitender Persönlichkeiten der Polizei und der SS der Staatssekretär Krüger: „Daß wir uns mit der Besiedelung dieses Raumes, zunächst also des Distrikts Lublin bzw. der Kreishauptmannschaft Zamosc nicht zu Freunden der Polen machen, ist selbstverständlich ... Mit der Ansiedlung der Volksdeutschen in diesem Gebiet sind wir gezwungen, den Polen zu verjagen. Andererseits haben wir ein bedingtes Interesse daran, daß ein Teil der Polen hier uns erhalten bleibt. Es sind die Polen, die im Hinblick auf ihre Einstellung uns gegenüber, im Hinblick auf ihre Leistung und im Hinblick auf ihre rassischen Werte aus diesem Raume nicht herausgenommen werden dürfen. Wir werden diejenigen wegnehmen, die in diesem neuen Siedlungsgebiet eine Belastung darstellen. Es sind praktisch die Asozialen oder minderwertigen Elemente. Sie werden abgeschoben, zunächst in Konzentrationslager gebracht und dann weiter für die Arbeit im Reich vermittelt.

So hat sich diese ganze erste Aktion, polnisch-propagandistisch gesprochen, auch wieder ungünstig ausgewirkt. Denn der Pole hat gesagt: nachdem der Jude vernichtet worden ist, versucht man mit den gleichen Methoden, den Polen aus diesem Raume herauszubringen und ihn ebenso zu liquidieren wie den Juden... Soweit also der Pole minderwertig ist, wird er aus diesem Gebiet herausgenommen und verschwindet im KZ, soweit er für uns im Raume wertvoll erscheint, bleibt er im Gebiet des Generalgouvernements und erhält an Grund und Boden das gleiche, was der volksdeutsche Siedler auch bekommt... eine Fläche von etwa 30–40 Hektar. Dieser Bauer stellt dann später für uns einen Faktor dar.

Ganz unabhängig davon kommt dann eine Wertungsgruppe in Betracht, die als Arbeitskraft im Reich benötigt wird. Hier hat der Reichsführer angeordnet, daß die arbeitsfähigen Männer und Frauen ins Reich geführt werden, zumindestens während der Kriegszeit. Die Familien als solche, die Kinder, die Großeltern oder die nicht mehr Arbeitsfähigen bleiben hier zurück. Wir bilden dann die sogenannten Rentendörfer. Die älteren Personen, die nicht mehr zum Einsatz kommen, und die Kinder werden dann innerhalb der Familie in diese Rentendörfer verlegt, damit sie aus diesem volksdeutschen Raum herauskommen und so die Besiedlung dieses Raumes nicht stören.

Diese Maßnahmen haben natürlich eine ungeheure Unruhe erregt, was durchaus verständlich ist. Andererseits mußten wir aber diese Maßnahmen treffen, damit wir vor allem den Volksdeutschen, der neu in den Raum kommt, nun nicht äußerlich und innerlich in eine Verbindung mit dem polnischen Volkstum bringen lassen..."[24]

Dieses Zitat faßt ziemlich präzise zusammen, was in der Region Zamosc geplant war, wenn auch in etwas beschönigender Formulierung:

Aus der Region Zamosc in Ostpolen (genauer: aus den vier südlichen Distrikten der Provinz Lublin: Bilgoraj, Hrubieszów, Tomaszów und Zamość) wurden in den Jahren 1941 bis 1943 110000 Polen, darunter etwa 30000 Kinder, unter grauenhaften Bedingungen deportiert. Für die Planung und Durchführung am Ort war unter anderen Hermann Krumey verantwortlich, der Leiter der „Umwandererzentralstelle Litzmannstadt" (Lodz).

Die Vertreibungen aus den Wohnstätten, meist Bauernhöfen, und die Deportationen aus der Region von Zamosc fanden auch im Winter statt. Von den 30000 polnischen Kindern wurden 4454 nach rassischer Selektion als „eindeutschungsfähig" zur Germanisierung in das Deutsche Reich transportiert. Andere wurden, teils mit, teils ohne ihre Familien in Konzentrationslager (Majdanek u. a.) gebracht, wo sie zum Teil in Gaskammern umgebracht wurden. Die übrigen, ihre genaue Zahl ist unseres Wissens nicht festgestellt, wurden, getrennt von ihren Familien, in Eisenbahnzügen in verschiedene Gegenden Polens transportiert, so vor allem nach Warschau, nach Zelechow, Stoczek, Garwolin und Siedlce im Distrikt Warschau, sowie auch nach Posen. Wie aus dem

24 Nürnberger Prozeß, Doc. 2233-PS, Band 29, S. 650.

Tagebuch Franks hervorgeht, war vorgesehen, sogenannte *Rentendörfer* für Kinder, alte Menschen und nicht Arbeitsfähige einzurichten. In der Praxis wurde auf familiäre Zusammengehörigkeit keine Rücksicht genommen. Schon bevor es zur Bildung dieser Rentendörfer (was auch immer darunter konkret zu verstehen war, ein an sich schon ungeheuerliches Vorgehen) kam, erlitten die Kinder auf den miserabel vorbereiteten und ausgestatteten Transporten ein Martyrium:

Das furchtbarste Erlebnis für die Kinder war die gewaltsame Trennung von den Eltern. Nach Aussagen, die beim Gericht in Zamosc deponiert sind, wurden Babys und Kinder bis zu 12/13 Jahren von ihren Angehörigen getrennt. Die Szenen, die sich dabei abgespielt haben, sind in Aussagen, wie der folgenden geschildert:

,,Die beiden jüngeren Kinder, Jan und Fredzia, wurden durch die Deutschen von uns getrennt. Als wir die Kinder nicht von uns lassen wollten, wurden wir beide, meine Frau und ich, schrecklich zusammengeschlagen. Die Deutschen schlugen auch andere Eltern während des Wegnehmens der Kinder.“[25]

Nach einem Brief eines SS-Sturmbannführers (ohne namentliche Signatur) an die Leitung von Polizei und SS, vom 26. Februar 1943 wurde das Auseinanderreißen der Familien offiziell in Kauf genommen: ,,Daß bei der Umsiedlung in Zamosc Familien auseinandergerissen wurden, wie der Kreishauptmann in seinem Schreiben sagt, stimmt. Dies läßt sich auch nicht vermeiden, da für den Arbeitseinsatz im Reich die besten Kräfte in Zamosc ausgesucht wurden und im Reich sicherlich dringender als hier benötigt werden.“[26]

In Güterwaggons zusammengepfercht, halbverhungert, halb erfroren, zum Teil an Typhus, Scharlach, Masern und Diphterie erkrankt, ohne die nötige Pflege und Betreuung, wurden die Kinder durch Polen transportiert. Die Kleinsten begriffen gar nicht, weshalb ihre Eltern nicht mehr da waren, die etwas älteren Kinder mußten an ihnen die Elternrolle vertreten.

In Stoczek, einer Kleinstadt von ungefähr 3000 Einwohnern, kam plötzlich ein Transport von 990 Kindern und älteren Menschen an, in unbeschreiblichem Zustand. Vorkehrungen zu ihrer Unterbringung waren von den Verantwortlichen nicht getroffen.

In Zelechow, das ebenfalls etwa 3000 Einwohner hatte, trafen 1500 aus Zamosc vertriebene Kinder und alte Leute ein – man mußte sie in Gebäuden ohne

25 Aussage der Karolina Mazurkiewicz, Bäuerin aus Zdanów, Boleslaw Swist, Bauer aus Wislowiec, und Jan Gebala, Bauer aus Zawady; vgl. Klukowski, op. cit., GKBZHwF Bulletin, II, pp. 67, 68 und 69, zitiert nach Kiryl Sosnowski, The Tragedy of Children under Nazi Rule, Posen und Warschau 1962, S. 217.

26 Cf. File ,,Rentendörfer“ – Zamosc. Doc. I-573, aufbewahrt im Instytut Zachodni (West Institut) in Poznan, zitiert nach Kiryl Sosnowski, The Tragedy of Children under Nazi Rule, Posen und Warschau 1962, S. 216.

Fenster und Türen unterbringen.

In Siedlce kam ein Transport an, auf dem 20 Kinder und Greise erfroren waren.

In Garwolin kam ein Transport an, der zum größten Teil aus Kindern bis zu 10 Jahren bestand. Die Kinder kamen in Personenwagen an und kurz nach der Ankunft verstarben 13 von ihnen.[27]

Die Umsiedlungsaktionen in Zamosc vollzogen sich nicht ohne Widerstand der polnischen Bevölkerung, wie das folgende Zitat aus dem Tagebuch des Hans Frank zeigt:

„Im Kreise Zamosc blieben nach der Umsiedlung 50 Prozent Polen zurück. Gleichwohl werde man dort mit der Holzabfuhr Schwierigkeiten haben, weil die Deutschen selbstverständlich ein Interesse daran hätten, zunächst ihre Häuser aufzurichten... während die Volksdeutschen eigentlich früher nicht belästigt worden seien, sei es nach der Neusiedlung verschiedentlich zu Überfällen auf Ansiedler und zu Brandstiftungen gekommen."[28]

Als sich die Nachricht über die Kindertransporte von Zamosc in Polen verbreitete und allenthalben Empörung und Widerstand aufflammten, entstand für die faschistische Besatzung Polens eine schwierige Situation. Die polnische Bevölkerung hatte sogleich erkannt, daß sich die Kinderdeportationen gegen die Existenz des polnischen Volkes richteten, daß es sich um planmäßigen Genozid handelte, und schloß sich gegen die Vernichtungsdrohung enger zusammen.

Selbst der Fall eines Protestes gegen diese Maßnahmen aus dem Kreise der zuständigen deutschen Behörden ist dokumentiert: Dr. Wilhelm Hagen, Stadtmedizinalrat, Amtsarzt der Stadt Warschau, Bezirksleiter des Reichstuberkuloseausschusses im Generalgouvernement wandte sich am 7. Dezember 1942 an den „Führer des Großdeutschen Reiches, Adolf Hitler" gegen die Aktion von Zamosc, insbesondere dagegen, daß, wie ihm mitgeteilt worden war, beabsichtigt werde, mit „70000 alten Leuten und Kindern unter 10 Jahren so zu verfahren wie mit den Juden, das heißt, sie zu töten".[29] Dr. Hagens Protest führte zu Untersuchungen gegen ihn selbst und nicht etwa gegen die Verantwortlichen für die Aktion Zamosc.

Als in Posen und Warschau die Nachricht von der Ankunft der Kinder die Runde machte, setzten spontane Rettungsaktionen ein. In Posen erschienen 20 bis 30 Männer und Frauen mit Kleiderbündeln auf dem Bahnhof, um die Kinder gegen die Kälte zu schützen. Sie wurden von Gestapo und Bahnpolizei ar-

27 Geheimbericht „Auswirkungen der Umsiedlungsaktion Zamosc im Distrikt Warschau, IZ Doc. I-573, zitiert nach Kiryl Sosnowski, The Tragedy of Children under Nazi Rule, Posen und Warschau 1962, S. 401.

28 Doc. 2233 – PS, Hauptkriegsverbrecherprozeß Nürnberg, Bd. XXIX, S. 650.

29 Document Center APO A (635/p 43), zitiert nach Kiryl Sosnowski, The Tragedy of Children under Nazi Rule, Posen und Warschau 1962, S. 405 ff.

retiert, überprüft und vom Bahnhofsgelände vertrieben. In Warschau überrannte die empörte Bevölkerung die Dämme der Besatzungskontrolle. Warschauer Fabrikarbeiter drangen, als die Kunde von den Kindern sich verbreitete, trotz der Sperrstunde auf der Suche nach den Kindern in das Bahnhofsgelände ein.

Jan Starczewski, damals Direktor des Departements für Wohlfahrt und Gesundheit des Warschauer Stadtrats, beschreibt dieses Ereignis in seinem Buch: „Kontrabande des Herzens" 1947 folgendermaßen:

„Eine Delegation von Arbeitern drang zum Bahnhofsvorstand vor und verlangte die Öffnung aller Güterwaggons auf dem Bahnhof. ‚Ihr habt unser Warschau bombardiert, uns eingesperrt und deportiert, aber ihr werdet unseren Kindern keinen Schaden zufügen!', erklärte einer der Arbeiter. Die deutschen Eisenbahner und Polizisten waren verblüfft. Und einen Augenblick später bildete sich eine seltsame Prozession. Warschauer Arbeiter führten in Gegenwart deutscher Eisenbahner und Polizisten eine Durchsuchung aller Waggons durch. Selbst die versiegelten Waggons wurden geöffnet. Jeder einzelne Waggon wurde durchsucht, eingeschlossen die auf den entferntesten Gleisen in etwa 3 km Entfernung. Aber die Kinder wurden nicht gefunden."[30]

Im Laufe der nächsten Wochen wurde für die Kinder gesammelt, die ankommenden Transporte von Kindern wurden auf Warschauer Familien verteilt. Viele Warschauer fuhren auf eigene Faust heimlich in die Region Lublin, um die Kinder von Zamosc nach Warschau zu schmuggeln und zu retten. Der Widerstand gegen die faschistische Besatzungsmacht und Herrschaft nahm einen neuen Aufschwung.

30 Jan Starczewski, Serdeczny szmugiel (Heartful Contraband) 1947 supplement to „Kalendarz Warszawski" (Warsaw Calendar), pp. 123–127, zitiert nach Kirly Sosnowski, The Tragedy of Children under Nazi Rule, Posen und Warschau 1962, S. 64.

▶

Die folgende Sammlung von Fernschreiben der SS gibt ein präzises Bild der Verantwortlichkeit und der Art der Durchführung des größten Kindertransportes aus Frankreich in Richtung Osten in die Vernichtungslager (meist Auschwitz). (Dokumente aus dem Archiv des Internationalen Suchdienstes des Roten Kreuzes in Arolsen [ITS]).

XLIX. 35

R. F. SS
Sicherheits-Dienst
Nachrichten-Uebermittlung

Aufgenommen	Befördert	Raum für Eingangsstempel
Monat Jahr Zeit durch	Tag Monat Jahr Zeit -6 JUIL 1942 an durch	
	Verzögerungsvermerk	
Nr.		

Telegramm — Funkspruch — Fernschreiben — Fernspruch

IV J SA ~~24~~ 225a

dringend ! sofort vorlegen !

Dan/Bir

Paris, den 6.7.1942

An das
Reichssicherheitshauptamt
- IV B 4 -
Berlin

Betr.: Judenabschub aus Frankreich.
Vorg.: Besprechung zwischen SS-Obersturmbannführer Eichmann und SS-Hauptsturmführer Dannecker am 1.7.1942 in Paris.

Die Verhandlungen mit der französischen Regierung haben inzwischen zu folgendem Ergebnis geführt :

Sämtliche staatenlose Juden der besetzten und unbesetzten Zone werden für den Abschub bereit gestellt.

Präsident LAVAL hat vorgeschlagen, beim Abschub jüdischer Familien aus dem unbesetzten Gebiet, auch die unter 16 Jahre alten Kinder mitzunehmen. Die Frage von im besetzten Gebiet zurückbleibenden Judenkindern interessiert ihn nicht.

Ich bitte deshalb um dringende Entscheidung darüber, ob, etwa beginnend mit dem 15. Judentransport aus Frankreich, auch Kinder unter 16 Jahren mit abgeschoben werden können.

./.

Abschließend sei noch bemerkt, daß, um die Aktion überhaupt in Gang zu bringen, vorläufig nur von staatenlosen bezw. fremdstaatigen Juden gesprochen werden konnte. In der 2. Phase wird dann an die nach 1919 bezw. nach [illegible] naturalisierten Juden herangegangen werden. (in Frankreich)

1) [illegible]

2) ....

3) ....

4) Wv ....

5) Z.d.A. ....

[illegible] Hauptsturmführer

7/2/42

XXVI-46 1235

IV J SA 225 a
Dan/Bir

Paris, den 21.7.1942

Betr.: Judenabschub.

1.) Vermerk :

Am 2o.7.1942 rief SS-Obersturmbannführer EICHMANN und SS-Obersturmführer [redacted] vom RSHA IV B 4 hier an.

Mit SS-Obersturmbannführer Eichmann wurde die Frage des Kinderabschubes besprochen. Er entschied, daß, sobald der Abtransport in das Generalgouvernement wieder möglich ist, Kindertransporte rollen können. SS-Obersturmführer [redacted] sicherte zu, Ende August/Anfang September etwa 6 Transporte nach dem Generalgouvernement zu ermöglichen, die Juden aller Art (auch arbeitsunfähige und alte Juden) enthalten können.

Es wurde SS-Obersturmbannführer Eichmann ferner mitgeteilt, daß vorläufig lediglich noch 1o Transporte möglich wären und daß wegen der Festnahme weiterer Juden Verhandlungen mit der französischen Regierung schwebten.

Wegen des ausgefallenen Transportes aus Bordeaux wurde erklärt, daß infolge der durch SS-Standartenführer Dr. Knochen dem französischen Polizeichef Bousquet gemachten Zusage, vorläufig nur staatenlose Juden zu nehmen, ohne hiesiges Zutun eine völlig neue Lage entstanden sei, die das ganze Konzept umgeworfen hätte.

2.) SS-Obersturmführer Röthke zur Kenntnis.

3.) SS-Unterscharführer Heinrichsohn zur Kenntnis und zu den Unterlagen.

Dannecker

SS-Hauptsturmführer

R. F. SS
Sicherheits-Dienst
Nachrichten-Uebermittlung

XXVc-117

Aufgenommen				Befördert				Raum für Eingangsstempel
Tag	Monat	Jahr	Zeit	Tag	Monat	Jahr	Zeit	
				6.	Aug.	1942		
von		durch		an		durch		
Nr. 16102				Verzögerungsvermerk				

Telegramm — Funkspruch — Fernschreiben — Fernspruch

IV J SA 225 a Paris, den 6.8.1942

He/Bir

1) An das
Sicherheitspolizei (SD) - Kommando
- Referat IV J -
<u>O r l é a n s</u>

<u>Betr.:</u> Einweisung von Judenkindern in das Haftlager Pithiviers bei Orleans.

<u>Vorg.:</u> Ohne.

Infolge Überbelegung des Judenlagers bei Bordeaux müssen die dort einsitzenden Kinder in das Haftlager Pithiviers bis zum Abgang des Kinderzuges eingewiesen werden. Das Sicherheitspolizei (SD)-Kommando Bordeaux setzt sich zwecks Übernahme des von Bordeaux kommenden Transportes direkt mit dem Sicherheitspolizei (SD)-Kommando Orleans in Verbindung.

I.A. (I.V.)

[redacted]

SS-Untersturmführer

-2-

XXV c-117

R. F. SS
Sicherheits-Dienst
Nachrichten-Uebermittlung

Aufgenommen Tag Monat Jahr Zeit	Befördert Tag Monat Jahr Zeit	Raum für Eingangsstempel
von durch	an 6. Aug. 1942 durch 1245	
Nr. 1619	Verzögerungsvermerk	

Telegramm — Funkspruch — Fernschreiben — Fernspruch

IV J SA 225 a Paris, den 6.8.1942
He/Bir

2) An das
Sicherheitspolizei (SD) - Kommando
z.Hd. v. SS-Untersturmführer [redacted]

B o r d e a u x

Betr.: Einweisung von Judenkindern in das Haftlager Pithiviers bei Orleans.
Vorg.: Telefonische Rücksprache zwischen SS-Untersturmführer Doberschütz und SS-Unterscharführer Heinrichsohn am 6.8.1942.

Wie schon telefonisch vereinbart sind die Kinder der verhafteten Juden von der Eltern zu trennen und in das Haftlager Pithiviers bei Orleans einzuweisen. Vor Abgang des Transportes bitte ich sich direkt mit dem Sicherheitspolizei (SD)-Kommando Orleans zwecks Übernahme des Transportes in Verbindung zu setzen.

I.A. (I.V.)
[redacted]
SS -Untersturmführer

3) Zum Vorgang (Bordeaux)

R.F. SS
Sicherheits-Dienst
Nachrichten-Uebermittlung

XXVI - 123

Aufgenommen				Befördert				Raum für Eingangsstempel
Tag	Monat	Jahr	Zeit	Tag	Monat	Jahr	Zeit	
von		durch		an 11 AOUT 1942		durch	11.30	
				Verzögerungsvermerk				
Nr. 1								

Telegramm — Funkspruch — Fernschreiben — Fernspruch

IV J
Ah/Bir

Paris, den 11.8.1942

Dringend, sofort vorlegen !

An das
Reichssicherh itshauptamt
- IV B 4 -

<u>B e r l i n</u>

<u>Betr.:</u> Abtransport von Juden nach Auschwitz; hier Abschub der Judenkinder.

<u>Vorg.:</u> Ohne.

Da in der Festnahme von Juden vorübergehend eine Stockung eintritt, beabsichtige ich, ab 17.8.1942 die z.Zt. in den Lagern Pithiviers und Beaune-la-Rolande unter gebrachten Kinder zum Abtransport zu bringen. Ich bitte um dringende Mitteilung, ob und in welcher Weise der Abtransport der Kinder erfolgen kann.

I.A. (I.V.)

[redacted]

SS-Untersturmführer

1) RSHA hat [illegible] [illegible] gef. [illegible]
[illegible]
[illegible]
[illegible] Juden in [illegible]
[illegible] und [illegible]
[illegible] können
12.8.
2) [illegible]

R.F. SS
Sicherheits-Dienst
Nachrichten-Uebermittlung

Aufgenommen				Befördert				Raum für Eingangsstempel
Tag	Monat	Jahr	Zeit	Tag	Monat	Jahr	Zeit	
13.								
von		durch		an		durch		
				Verzögerungsvermerk				
Nr.								

Der Bef. d. SP. u. d. SD.
f. d. Ber. d. Mil. Bef.
in Frankreich
Eing. 13 AUG 1942
Tgb.Nr. ....
Abt. .... Sachb. ....

Telegramm — Funkspruch — Fernschreiben — Fernspruch

BERLIN NUE 145 577 13.8.42 1617 =MA=
AN DEN BDS. DER SIPO UND DES SD IN BEREICH DES MILITAERBEFEHLSHABERS IN FRANKREICH, PARIS. ==
G E H E I M-- DRINGEND. --
BETR.: ABRANSPORT VON JUDEN NACH AUSCHWITZ, DORT ABSCHUB ABSCHUB DER JUDENKINDER. --
BEZUG: DORT. FS.-BERICHT V. 11.8.42 ROEM. 4 J. --
DIE IN DEN LAGERN PITHIVIERS UND BEAUNE-LA ROLANDE UNTERGEBRACHTEN JUEDISCHEN KINDER KOENNEN NACH UND NACH AUF DIE VORGESEHENEN TRANSPORTE NACH AUSCHWITZ AUFGETEILT WERDEN. GESCHLOSSENE KINDERTRANSPORTE SIND JEDOCH KEINENSFALLS (UNTERSTR.) AUF DEN WEG ZU BRINGEN. =

== RSHA. ROEM. 4 B 4 KL. A - ~~32~~/ 3233/41 ~~KL. G~~ (1085)
I.A. GEZ. GUENTHER SS-STUBAF.

1) [illegible]
2)
Wv
Z.d.A. ... 13/8

XLIX-38

R. F. SS
Sicherheits-Dienst
Nachrichten-Uebermittlung

Aufgenommen				Befördert				Raum für Eingangsstempel
Tag	Monat	Jahr	Zeit	Tag	Monat	Jahr	Zeit	
				14. Aug. 1942				
von		durch		an		durch		
				Verzögerungsvermerk				
Nr. 16998								

Telegramm — Funkspruch — Fernschreiben — Fernspruch

IV J SA 225 a
He/Bir

Paris, den 14.8.1942

Dringend, sofort vorlegen ! Geheim!

An das
Reichssicherheitshauptamt, Referat IV B 4,
z.Hd. SS-Obersturmbannführer EICHMANN, o.V.i.A.
B e r l i n

An den
Inspekteur der Konzentrationslager
in Oranienburg

An das
Konzentrationslager
in A u s c h w i t z

Am 14.8.1942, 8,55 Uhr hat Transportzug Nr. D 901/14 den Abgangsbahnhof Le Bourget-Drancy in Richtung Auschwitz mit insgesamt 1000 Juden verlassen. (Darunter erstmalig Kinder)

Der erfaßte Personenkreis entspricht den gegebenen Richtlinien.

Transportführer ist Stabsfeldwebel [redacted], dem die namentliche Transportliste in zweifacher Ausfertigung mitgegeben wurde.

Mitgegebene Verpflegung wie üblich pro Jude für 14 Tage.

1)
2)
3)
4)
5)

15.8.

I.A.
Röthke
[redacted].
SS - Obersturmführer

R. F. SS
Sicherheits-Dienst
Nachrichten-Uebermittlung

Aufgenommen				Befordert				Raum für Eingangsstempel
Tag	Monat	Jahr	Zeit	Tag	Monat	Jahr	Zeit	
28	AUG	1942		28.	Aug.	1942	12	
von		durch		an		durch		

Verzögerungsvermerk

Nr.

Telegramm — Funkspruch — Fernschreiben — Fernspruch

IV J - SA 225a
He./Ge.

Paris, den 28.8.1942

Dringend, sofort vorlegen!

a) An das
Reichssicherheitshauptamt, Ref. IV B 4
z.Hd.v. SS-O'Stubaf. Eichmann o.V.i.A.
Berlin

b) An den
Inspekteur der Konzentrationslager
Oranienburg

c) An das
Konzentrationslager
Auschwitz

Am 28.8.1942, 8.55 Uhr hat Transportzug Nr. 901/20 den Abgangsbahnhof Le Bourget-Drancy in Richtung Auschwitz mit insgesamt 1000 Juden verlassen.

Der erfasste Personenkreis entspricht den gegebenen Richtlinien.

Transportführer ist Stabsfeldwebel [illegible], dem die namentliche Transportliste in dreifacher Ausfertigung mitgegeben wurde.

Mitgegebene Verpflegung wie üblich pro Jude für 14 Tage.

I.A. (i.V.)

Heinrichsohn

~~SS-Unterscharführer~~

2.) z.d.A.

SS-~~Untersturm~~führer

Drancy, le 27 Aout 1942.

9

DEPART DU 28 AOUT 1942.
-:-:-:-:-:-:-:-:

CAMP DE BEAUNE-la-ROLANDE

GROUPE I

rt	II.2.35 Paris	Française	Paris
la	3.I.07 Lodz	Polonaise	"
	1910 Bryeue	"	"
te	1935 Paris	Française	"
	28.9.35 Paris	"	"
	13.8.34 "	"	"
	16.12.31 "	"	"
	10.7.98 Kaluszyn	Polonaise	"
dla	22.1.96 Minsk	"	"
t	18.6.27 Paris	Française	"
	8.6.31 "	"	"
	21.6.35 Nancy	"	"
	7.3.31 Lodz	Polonaise	"
	18.2.29 Lodz	"	"
	9.5.40 Paris	Française	"
	22.9.32 "	"	"
	3.7.29 Sokolow	Polonaise	"
w	1913 "	"	"
	14.6.38 Paris	Française	"
	2.5.05 Janow	Polonaise	"
	1935 Paris	Française	"
	12.2.40 Ares	"	"
	23.8.08 Lodz	Polonaise	"
ine	13.10.34 Paris	Française	"
oe	25.I.31 Lodz	Polonaise	"
	1931 Kutno	"	"
a	24.9.35 Paris	Française	"
e	9.6.35 "	"	"
	21.3.02 Kowno	Polonaise	"
	12.10.94 Varsovie	"	"
e	31.3.37 Paris	Française	"
	13.12.38 "	"	"
	8.9.39 "	"	"
	13.10.37 "	"	"
	7.12.89 Moscou	Russe	"
	1936 Paris	Française	"
	5.12.04 Zirdyce	Polonaise	"
	16.4.39 Paris	Française	"
	22.9.32 Paris	"	"
	14.4.39 "	"	"
	13.I.33 "	"	"

XXV c-171

R. F. SS
Sicherheits-Dienst
Nachrichten-Uebermittlung

Aufgenommen				Befördert				Raum für Eingangsstempel
Tag	Monat	Jahr	Zeit	Tag	Monat	Jahr	Zeit	
21. Sep. 1942			durch Yh	an		durch		
				Verzögerungsvermerk				
Nr. 2								

Der Befehlshaber der Sicherheitspolizei und des SD im Bereich des Militärbefehlshabers in Frankreich
Eing. 21. SEP. 1942
R. Nr. ...3930
Abt. IV | Arb. Geb. | Sachbearbeiter

Telegramm — Funkspruch — Fernschreiben — Fernspruch

+ ORLEANS NR. 321 21.9.42 0952 -KAT-
AN DEN BEFHS.D.SIPO.U.D.SD.- IV J - P A R I S .---
BETR.: ABTRANSPORT VON TAUSEND FRANZOESISCHER JUDEN AUS LAGER PITHIVIERS.--
VORGANG: DT.FS.V. 18.9.42. NR. 21 278 --
DER TRANSPORT IST AM 21.9.42 UM 06,15 UHR MIT 1.000 JUDEN ABGEGANGEN, DARUNTER BEFINDEN SICH 491 FRAUEN EINSCHLIESSLICH EINER ANZAHL KINDER- TRANSPORTFUEHRER IST STABSFELDWEDEL R I N G E L.--

SIPO.(SD)KDO. ORLEANS GEZ. [redacted] SS-H'STUF.+

Vfg.

1) ...
2) ...
3) ...
4) W. ...
5) Z.d.A. ...

C 919

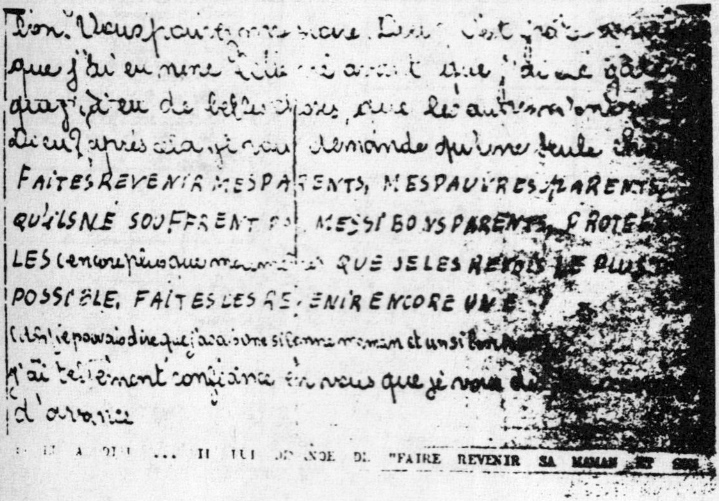

[illegible] Vous [illegible] Dieu c'est [illegible]
que j'ai eu une [illegible] avant que j'ai [illegible]
[illegible] j'ai eu de belles choses, que les autres n'ont [illegible]
Dieu, après cela je vous demande qu'une seule cho[se]
FAITES REVENIR MES PARENTS, MES PAUVRES PARENTS
QU'ILS NE SOUFFRENT PA[S] MES SI BONS PARENTS, PROTE[illegible]
LES (encore plus que moi-même) QUE JE LES REVOIS LE PLUS
POSSIBLE. FAITES LES REVENIR ENCORE UNE [illegible]
(Ah! je pouvais dire que j'avais une si bonne maman et un si bon [illegible]
j'ai tellement confiance en vous que je vous d[illegible]
d'avance

[illegible] "FAIRE REVENIR SA MAMAN ET SES [illegible]

Brief eines Kindes an Gott: „Mach, daß meine Eltern wiederkommen, meine armen Eltern, damit sie nicht leiden müssen, meine so guten Eltern, beschütze sie (noch mehr als mich selbst). Damit ich sie bald wiedersehe, mach, daß sie noch einmal wiederkommen. (Auch muß ich sagen, daß ich eine so gute Mama und einen so guten Papa hatte.) Ich habe so viel Vertrauen in Dich, daß ich Dir im voraus danke schön sage." (Centre de Documentation Juive Contemporaine, Paris)

Deux groupes d'enfants déportés le 31 juillet 1944

Zwei Kindergruppen aus Frankreich, die am 31. Juli 1944 deportiert wurden. (Archiv der F.N.D.I.R.P., Paris)

Der Befehlshaber der Sicherheitspolizei und des SD

im Bereich des Militärbefehlshabers in Frankreich

Fernschreibstelle

durch — an — durch

FS Annahme

Uhr ab. — Uhr

LYON NR. 5269 6.4.44 2010 UHR == FI =

= AN DEN BDS - ABT.L. ROEM. 4 B - PARIS =

= BETR: JUEDISCHES KINDERHEIM IN IZIEU-AIN =

= VORG: OHNE ==

IN DEN HEUTIGEN MORGENSTUNDEN WURDE DAS JUEDISCHE KINDERHEIM '' COLONIE ENFANT '' IN IZIEU-AIN AUSGEHOBEN INSGESAMT WURDEN 41 KINDER IM ALTER VON 3 BIS 13 JAHREN FESTGENOMMEN. FERNER GELANG DIE FESTNAHME DES GESAMTEN JUEDISCHEN PERSONALS , BESTEHEND AUS 10 KOEPFEN, DAVON 5 FRAUEN. BARGELD ODER SONSTIGE VERMOEGENSWERTE KONNTEN NICHT SICHERGESTELLT WERDEN ==

= DER ABTRANSPORT NACH DRANCY ERFOLGT AM 7.4.44 ==

DER KDR. DER SIPO UND DES SD LYON ROEM. 4 B 61/43

I. A. GEZ. BARBIE SS-OSTUF==

[illegible]

(Centre de Documentation Juive Contemporaine, Paris)

Dreizehnjähriger Junge nach der Befreiung, KZ Theresienstadt (Dokumentationsarchiv des österrreichischen Widerstandes, Wien)

Kinder im Strafarbeitslager Dzierzaznia bei Lodz (Dokumentationsarchiv des österreichischen Widerstandes, Wien)

Kinder im Arbeitslager Przenyslowastraße in Lodz 1940–1945 (Dokumentationsarchiv des österreichischen Widerstandes, Wien)

Gedenkstätte für die Ermordeten in Zamosc (Den Kindern das Angedenken der Welt, Warschau 1972, S. 21)

Geiselnahme und Kindermord

Die Kinder von Lidice

Obwohl die faschistische Führung, wie Schirach, Gauleiter und Reichsstatthalter von Wien, am 28. Mai 1942 an Bormann, Leiter der Parteikanzlei, schrieb, überzeugt war, daß das Attentat auf den „Reichsprotektor von Böhmen und Mähren" Heydrich von England aus geplant und organisiert worden war, beschloß sie Strafmaßnahmen gegen die tschechoslowakische Bevölkerung und wählte zu diesem Zweck willkürlich eine Ortschaft zum Vollzug einer „Strafaktion" aus. Dies war das Dorf Lidice. Hier erschienen am 9. Juni 1942 deutsche Soldaten und trieben die Bevölkerung zusammen. Die Männer wurden von den Frauen und Kindern getrennt. Am 10. Juni wurden alle Männer des Ortes in verschiedene Scheunen und Ställe gepfercht und von dort in Gruppen von je 10 Personen in die Gärten gebracht und erschossen. 172 Männer des Ortes wurden ermordert. Die Deutschen ließen sich nach diesem Massenmord bei den Leichen ihrer Opfer fotografieren.

Die Frauen und Kinder, die die Nacht vom 9./10. Juni in einer Schule eingeschlossen gewesen waren, erlitten ein gleiches furchtbares Schicksal. Die Mütter wurden von ihren Kindern getrennt. Einige Frauen wurden kurze Zeit später in Prag erschossen. 195 kamen in das Konzentrationslager Ravensbrück, wo 42 von ihnen an den Mißhandlungen starben, sieben wurden vergast; das Schicksal von drei weiteren Frauen ist unbekannt.

Vier Müttern, die gerade ein Kind bekommen hatten, nahm man die Babys fort und ermordete sie. Die Mütter wurden auch in ein Konzentrationslager gebracht. Unvorstellbar grausam war das Schicksal der Kinder aus Lidice. Von den 104 Kindern, die damals in Lidice lebten, wurden 87 im Konzentrationslager getötet oder starben in Kinderheimen. Nur 17 überlebten. Neun überlebende Kinder waren als „einstufungsfähig" in deutsche Familien gebracht worden. Fünf Säuglinge starben in Kinderheimen. Über das Schicksal der 90 Kinder liegen Dokumente vor, die in ihrer Aussage erschütternd sind.

Ein Telegramm des Befehlshabers der Sicherheitspolizei und des SD in Prag an das Lager Litzmannstadt befiehlt, die ankommenden 90 Kinder, die schon auf ihre „Eindeutschungsfähigkeit" überprüft worden waren und sich als nicht „eindeutschungsfähig" erwiesen hatten, nach den pseudowissenschaftlichen Untersuchungen der deutschen Faschisten in das dortige Lager einzuweisen..

Zwei Schulklassen aus Lidice (ITS Arolsen)

Die Kinder waren nach Angaben im Telegramm:

,,5 im Alter von 1–2 Jahren, 6 im Alter von 2–4 Jahren, 15 im Alter von 4–6 Jahren, 16 im Alter von 6–8 Jahren, 12 im Alter von 8–10 Jahren, 36 im Alter von 10–16 Jahren." ,,Die Kinder bringen nichts mit als das, was sie auf dem Leibe haben. Eine besondere Fürsorge ist nicht erforderlich."[1]

Aus Lodz (im faschistischen Sprachgebrauch Litzmannstadt) telegrafierte der SS-Obersturmbannführer Krumey nach Prag zurück, was er denn mit diesen Kindern machen sollte. ,,Nachdem bisher eine weitere Verfügung über den Verbleib dieser Kinder nicht erfolgt ist, bitte ich um entsprechende Anordnung. Ich habe IVb4 von der Überstellung dieser Kinder in Kenntnis gesetzt in der Annahme, daß dieselben für eine Sonderbehandlung vorgesehen sind."[2] Dieser ,,Sonderbehandlung", der Vernichtung, entgingen nur neuen der Kinder, die, wie schon erwähnt, in deutsche Familien gegeben wurden, wo sie unter deutschen Namen aufgezogen wurden und ihren eigentlichen Namen, ihre Sprache, ihre Familie und das Schicksal ihrer Angehörigen vergessen sollten.

Zwei dieser verschleppten Kinder sagten nach dem Krieg, als sie in ihre Heimat zurückgekehrt waren, über ihr Schicksal nach dem Massaker von Lidice aus.

Maria Hanfova, zur Zeit des Massakers 12 Jahre alt, in Marga Richter umbenannt, berichtet von der ärztlichen Untersuchung, in der die Kinder auf ihre ,,Eindeutschungsfähigkeit" begutachtet wurden:

,,Am 10. Juni waren wir von Lidice aufgebrochen und kamen am 14. im Kinder-Ausleselager an, das von einer Frau (Hetzer) geleitet wurde, die uns auch untersuchte. Wir mußten uns völlig ausziehen, Mädchen wie Jungen. Dann hat sie Kopf, Brust und Hüften gemessen. Dann wurden wir, einer nach dem anderen, auf einer Waage, die in einer Ecke stand, gewogen. Anschließend wurden wir fotografiert, zwar nur das Gesicht, dafür aber von allen Seiten. Wir waren halbtot vor Angst, weil wir ja auch von unseren Eltern und daheim keinerlei Nachricht hatten.

In Kladno waren wir mit unseren Müttern in der Schule eingesperrt gewesen, bis die SS uns von ihnen trennte und auf Lastwagen zum Bahnhof brachte. Wir hatten keine Ahnung von dem, was daheim los gewesen war."[3]

Maria Dolezalowa war 10 Jahre alt, als sie die gewaltsame Trennung von ihrer Mutter erleben mußte:

,,Drei Tage blieben wir mit unseren Müttern im Gymnastiksaal des Gymnasiums von Kladno. Am dritten Tag erschien die Gestapoführung, deren Chef sofort verlangte, daß die Frauen ihre Kinder als erste im Autobus fahren ließen,

1 Internationaler Suchdienst Arolsen.
2 O. Kraus, E. Kulka, Massenmord und Profit, Berlin 1963, S. 253.
3 M. Hillel/C. Henry, Lebensborn e.V., Wien–Hamburg 1975, S. 289.

damit sie die Fahrt besser überständen, bevor sie selbst ihren langen, mühseligen Weg in ein Arbeitslager anträten. Er verlangte weiterhin die freiwillige Übergabe der Kinder durch ihre Mütter. Natürlich fand sich keine, die sich freiwillig von ihren Kindern trennen wollte. Daraufhin drohte er, alle, die sich weigerten, erschießen zu lassen. Und um zu beweisen, daß er seine Drohhung auch wahrmachen würde, feuerte er sogleich mit seinem Revolver ein paar Schüsse in die Luft. Da entstand unter den Frauen und Kindern natürlich Panik. Und diese Verwirrung machten sich die Deutschen zunutze, um sich auf unsere Mütter zu stürzen und uns aus ihren Armen zu reißen.

Glauben Sie mir, diesen Augenblick wird keiner von uns je vergessen, und wenn vierzig oder fünfzig Jahre ins Land gehen sollten. Das ist wie ein schlechter, aber sehr grausamer Film, der einem immer wieder vor den Augen vorbeizieht.

Nach dieser brutalen Trennung wurden wir Kinder in einen Schulraum gebracht, wo man unsere Erkennungsmerkmale sorgfältigst registrierte: Augen- und Haarfarbe, Größe, Gewicht, und zum Schluß heftete man uns noch ein Etikett an den Hals. Am Ende des dritten Tages brachte man uns dann auf Lastwagen an den Prager Bahnhof. Von dort aus ging es per Zug nach Polen, in eine Stadt, die Litzmannstadt hieß. Dort wurden wir in einer stillgelegten Fabrik untergebracht, die als Durchgangslager diente und wo Rassenuntersuchungen durchgeführt wurden. Lagerleiter war SS Hermann Krumey. Ich glaube, wir waren 89 Kinder aus Lidice.

Am Tag unserer Ankunft in dieser Fabrik befahlen die Deutschen uns, Platz zu nehmen, und dann gingen sie umher und zeigten mit dem Finger auf uns. Wir wußten natürlich nicht, was das zu bedeuten hatte. Sechs Mädchen, zu denen auch ich gehörte, haben sie ausgesucht. Wie wir später erfuhren, war diese Auswahl im Auftrag der Organisation Lebensborn in München getroffen worden. Später kamen noch mehr Kinder zu unserer Gruppe. Uns hatte man zur Eindeutschung ausgewählt... Im Juli 1943 wurde ich von einer deutschen Familie aus Posen, die keine Kinder hatte, abgeholt. Das war die Familie von Alfred Schindler."[4]

82 Kinder, die jüngsten von ihnen erst ein Jahr alt, wurden im Konzentrationslager Chelmno a/Ner ermordet.[5]

Von den ermordeten Kindern sind einige Briefe erhalten geblieben, die von ihrem Aufenthalt ihrer Not und Einsamkeit im Lager berichten:

Vera Honschikova, 13 Jahre alt, ermordet in Chelmno, schreibt am 30. Juni 1942:

4 Ebenda, S. 291f.

5 K. Sosnowski, The Tragedy of Children under Nazi Rule, Posen und Warschau 1962, S. 359 f.

„Hier ist es immer kalt... Wir haben Heimweh nach Lidice. Morgens und abends bekommen wir Brot und Magarine, mittags Suppe. Hoffentlich werden wir uns wiedersehen".

Marenke Hoskova schreibt:

„Wir bitten, uns etwas Wäsche zu schicken, denn wir haben nur das, was wir tragen, und vor allem etwas zu Essen. Und etwas Geld (deutsches). Wißt ihr nichts von den Eltern? Wir sind von ihnen getrennt."

Marenka Hoskova, 10 Jahre alt, ermordet in Chelmno.

Eva Kaskova, 6 Jahre alt, ermordet in Chelmno:

„Liebe Tante, wir sind hier allein, ohne Mama und Papa. Wir haben nur ein Kleid, und darum fragen wir, ob Ihr uns etwas schicken könnt. Auch alte Schuhe und ein Stück Brot oder gar Kuchen. Wir nehmen alles mit Freude."[6]

Die Kinder von Oradour sur Glane

Unter dem Vorwand, Strafaktionen gegen die Bevölkerung wegen ihrer tatsächlichen oder angeblichen Unterstützung von Partisanen durchführen zu müssen, verübten die Deutschen in Frankreich unzählige Greueltaten, von denen eine Aufstellung einen Überblick gibt. Weit über 100 Ortschaften wurden allein im Jahre 1944 zerstört und ihre Einwohner ermordet. Massaker, in denen besonders Kinder Opfer wurden, sind in einer Liste aufgeführt:

Aiguillon Lot-et-Garonne, Juni 1944
2 Männer, 1 Mädchen erschossen,

Buchères, Aube, 24. August 1944
23 Männer, 27 Frauen, 17 Kinder erschossen,

Luzy, Nièvre, 1944
1 Frau, 2 Kinder erschossen,

Pèrche-Haut, Tarn et Garonne, 6. Juni 1944
5 Männer, 4 Frauen, 3 Kinder lebend verbrannt,

Saint-Felix, Lot. 2. Juni 1944
1 Mann, 2 Frauen, 2 Kinder erschossen,

6 Dokumentationsarchiv des deutschen Widerstandes, Frankfurt.

Saint-Sixte, Lot-et-Garonne, 23. Juni 1944
14 Männer, Frauen und Kinder erschossen,

Rte de Begard, Cotes du Nord, 5. August 1944, près gare de ‚Belle Isle en Tene'
1 Junge von 15 Jahren ermordet,

Bitarelle, Corrêze, 3. August 1944
1 Kind getötet,

Dun-le-Poelier, Indre, 11. Juni 1944
31 Kämpfer aus dem Maquis im Kampf gefallen,
1 Mädchen, 1 Kind getötet,
2 Kinder, Brüder, beobachteten deutsche Soldaten auf der Brücke von Berry in der Ortschaft Broche. Ein Soldat zielte auf die Kinder und tötete eins von ihnen,

Golot, près Plounevez-Moëdéc, 5. August 1944
Stephan Louis, 15 Jahre alt, wurde von einem deutschen Offizier erschlagen,

Maillé, Indre et Loire, 25. August 1944
124 Einwohner wurden ermordet, darunter
28 Kinder

Monzepat du Quercy, Tarn et Garonne, 2. Mai 1944
1 kleines Mädchen und sein Großvater wurden lebendig verbrannt (SS-Division ,,Das Reich")

Rouffillac, Dordogne. Commune de Calviac, 8. Juni 1944
6 Frauen und 4 Mädchen lebend verbrannt (SS-Division ,,Das Reich")
Selles sur Cher, Loire et Cher, 15. August 1944 und 31. August 1944

Hameau de Champcol, Commune des Selles s. Cher,
1 Mädchen erschossen
1 Kind lebend verbrannt
2 Kämpfer aus dem Maquis erschossen

Troyes, Aube, 24. August 1944
Village de'Buchères,
67 Menschen, darunter Kinder, wurden lebend verbrannt oder mit Maschinengewehren erschossen[7]

7 Archiv der FNDIRP, Paris.

Zu den Orten, deren tragisches Schicksal in aller Welt bekannt wurde, gehört Oradur. In dieses Dorf kamen am 10. Juni 1944 Einheiten der SS-Division ,,Das Reich". Sie trieben alle Bewohner auf dem Marktplatz zusammen, durchsuchten die Häuser und Scheunen und befahlen, daß sich auch die Schulkinder und Lehrer in der Kirche versammeln sollten. Eines der Kinder, Roger Godrin, das nach Lothringen nach Oradour evakuiert worden war, hatte schon Erfahrungen mit der deutschen Besatzung. Es folgte dem Befehl nicht, sondern versteckte sich. Es war das einzige Kind, daß das Massaker von Oradour überlebte.

Die Männer aus Oradour wurden von den Frauen und Kindern getrennt und in verschiedene Scheunen geführt. Ein Überlebender erzählte, daß die Deutschen auf die Menschen in den Scheunen schossen, anschließend denen, die noch lebten, mit Revolverschüssen den Tod gaben. Dann steckten sie die Scheunen in Brand.

Roger Godrin, das einzige Kind, das das Massaker von Oradour überlebte (Crimes enemis en France, Archiv der F.N.D.I.R.P., Paris)

In der Zwischenzeit hatten die SS-Leute in der Kirche, in der ungefähr 400 Frauen und Kinder zusammengepfercht waren, einen Koffer mit Zündschnüren deponiert, den sie explodieren ließen. Alle Türen der Kirche wurden von den Deutschen verschlossen, die Fenster von außen bewacht. Als die entsetzten Frauen und Kinder nach der Explosion alle in einen Teil der Kirche flohen, schossen die Deutschen dort auf sie, wobei sie besondern tief zielten, um auch die Kinder zu treffen. Die einzige Überlebende dieses Massenmordes, Maguerite Rouffanche, die bei diesem Mord den Mann, ihren Sohn, zwei Töchter und ihren sieben Monate alten Enkel verlor, sagte später aus. Ihr gelang es, aus einem der Fenster der Kirche zu springen, und sie schilderte, wie es einer Mutter mit ihrem Kind erging, die sich ebenfalls durch das Fenster retten wollte:

,,Ich blickte auf und sah, daß mir eine Frau gefolgt war, die ich kannte und die mir aus dem offenen Fenster ihr Baby herausreichte. Sie ließ sich neben mir herunterfallen. Die Deutschen, die durch das Schreien des Kindes auf uns aufmerksam geworden waren, beschossen uns daraufhin mit Maschinengewehren. Meine Freundin und ihr Baby wurden getötet."[8]

Gedenktafel auf dem Friedhof von Oradour (Aufnahme Gerda Zorn, Hamburg)

8 Lord Russel of Liverpool, Geißel der Menschheit, Frankfurt am Main 1961, S. 162.

Oradour sur Glane, 10. 6. 1944: Ein Beichtstuhl in der Kirche nach dem Durchzug der Division „Das Reich". Im Kinderwagen lagen die Überreste eines Kindes von 8 bis 10 Monaten. (Archiv der F.N.D.I.R.P., Paris)

Als die Deutschen abgezogen waren und sich Menschen aus der Umgebung wieder in den verwüsteten Ort zurücktrauten, bot sich ihnen ein schauriges Bild. In der ausgebrannten Kirche fanden sie viele halbverkohlte Leichen und verkohlte menschliche Überreste, darunter den Fuß eines etwa sechsjährigen Kindes. Viele Menschen waren verbrannt, so daß eine Identifizierung nicht mehr möglich war.

Zu den bewegendsten Zeugnissen dieses Massakers gehören die Bilder von den Kinderwagen mit den Leichen und Überresten der erstickten und verbrannten Kinder in der Kirche von Oradour. Außerhalb der Kirche fand man an der Stelle, die Maguerite Rouffanche beschrieben hatte, die Leiche der Mutter mit ihrem Kind, die sich durch das Fenster hatte retten wollen.

Als in der Bundesrepublik Deutschland in den fünfziger Jahren die Wiederbewaffnung auf der Tagesordnung stand, wurde in Frankreich an dieses Massaker erinnert und eine Unterschriftensammlung gegen die Wiederbewaffnung durchgeführt. Der Aufruf gegen die Wiederbewaffnung zeigt das Foto einer Mädchenklasse aus Oradour, die in der Kirche lebend verbrannten. ,,Diese kleinen Mädchen aus Oradour-sur-Glane wurden von den bewaffneten Nazis lebend verbrannt. Damit sich dies nie wiederholt, spreche ich mich gegen eine deutsche Wiederbewaffnung aus."[9]

Die Kinder von Montecchia di Crossara, Torlana und Civitella

Von Juni 1940 bis September 1943 kämpfte das faschistische Italien an der Seite der deutschen Faschisten, nach dem Waffenstillstand im September 1943 nahmen die Tätigkeiten der italienischen Widerstandsbewegung gegen die deutschen faschistischen Besetzer zu und erreichten im Winter 1943/44 und im Frühjahr 1944 ihren Höhepunkt. Die Deutschen mußten sich mit der italienischen Widerstandsbewegung täglich auseinandersetzen und versuchten, durch Terror die italienische Zivilbevölkerung von einer Unterstützung der Widerstandsbewegung abzuhalten. Verantwortlich für die Partisanenbekämpfung war der deutsche Feldmarschall Kesselring, der in seinen Anweisungen zur ,,Bandenbekämpfung" am 10. Mai 1944 ausführte: ,,Die Bandenlage im italienischen Raum, insbesondere in Mittelitalien, hat sich in kurzer Zeit derart verschärft, daß sich eine ernste Gefahr für die kämpfende Truppe und ihre Versorgung sowie die Rüstungswirtschaft bildet. Der Kampf gegen die Banden muß daher mit allen zur Verfügung stehenden Mitteln und mit größter Schärfe durchgeführt werden. Ich werde jeden Führer decken, der in der Wahl und Schärfe

9 Archiv der FNDIRP, Paris.

des Mittels bei der Bekämpfung der Banden über das bei uns übliche zurückhaltende Maß hinausgeht."[10] Am 20. Juni 1944 wurde diese Maßnahme von Kesselring ergänzt: ,,Wo Banden in größerer Zahl auftreten, ist der in diesem Bezirk wohnende jeweils zu bestimmende Prozentsatz der männlichen Bevölkerung festzunehmen und bei vorkommenden Gewalttätigkeiten zu erschießen. ...werden Soldaten usw. aus Ortschaften beschossen, so ist die Ortschaft niederzubrennen. Täter oder Rädelsführer sind öffentlich aufzuhängen. ...jede Maßnahme soll hart, aber gerecht sein."[11]

,,Die Ortschaft ist niederzubrennen." Dieser grauenvollen Anweisung fielen in Italien ganze Dörfer zum Opfer, nicht nur Gebäude, Gerätschaften, in vielen dieser Orte wurde die gesamte Bevölkerung ermordet. Als Beispiel seien hier die Gemeinden Montecchia di Crossara, Torlano und Civitella aufgeführt.

Als es im September 1944 in der Nähe von Montecchia di Crossara zu einem Gefecht zwischen deutschen Soldaten und italienischen Partisanen kam, bei dem zwei Deutsche getötet wurden, durchsuchten deutsche Truppen die Häuser der Ortschaft und schleppten Kleidung, Bettzeug, Fahrräder, Vieh und anderes mit sich. Danach steckten sie die geplünderten Häuser in Brand und zerstörten auf diese Weise 40 Gebäude. Eine Frau und ein dreijähriges Kind wurden bei dieser Aktion erschossen. Man fand ihre verkohlten Überreste in den Trümmern eines Hauses.

Ein gleiches Schicksal ereilte die Ortschaft Torlano in der Nähe von Udine. Auch hier war es in der Umgebung zu Kämpfen zwischen deutschen Truppen und italienischen Partisanen gekommen. In diesem Dorf wurden 32 Menschen, Männer, Frauen und Kinder, ermordet. Die Familie de Bortoli verlor 10 Angehörige: den Vater, zwei Söhne, eine Tochter und sechs Enkelkinder zwischen zwei und 14 Jahren. Nach der Ermordung der Dorfbewohner steckten die Deutschen die Häuser in Brand.

Das Schicksal der Ortschaft Civitella wurde durch das Verhör des Generalfeldmarschall Kesselring vor dem Nürnberger Tribunal bekannt. Auch hier im Dorfe Civitella war es zu Kämpfen zwischen deutschen Soldaten und italienischen Partisanen gekommen. Da die Dorfbewohner die Rache der deutschen Faschisten befürchteten, flohen sie aus dem Dorf. Die Deutschen schoben daraufhin ihre Strafaktion auf und warteten solange, bis die Einwohnerschaft sich wieder sicher fühlte und in das Dorf zurückkehrte. Am 29. Juli 1944 erschossen sie 212 Männer, Frauen und Kinder. Das jüngste Opfer war ein Jahr alt.[12] Der Verantwortliche für diese Massenmorde, der ehemalige Generalfeldmarschall Kesselring, wurde zum Tode durch Erschießen verurteilt. Das Urteil wurde je-

10 K. Sosnowski, a. a. O., S. 413.
11 Ebenda, S. 423.
12 Nürnberger Prozeß, Band 9, S. 222 f.

doch in lebenslängliches Gefängnis umgewandelt. 1953 wurde Kesselring freigelassen.

Die Kinder von Klisura und Distomon

Auch in Griechenland wüteten die Deutschen unter der Zivilbevölkerung, um sie an der Unterstützung ihrer Partisanen zu hindern. Am 5. April 1944 hatte sich in der Nähe des Dorfes Klisura ein Kampf zwischen griechischen Partisanen und deutschen Soldaten zugetragen. Anschließend kamen die deutschen Truppen in das Dorf Klisura und forschten unter der Bevölkerung nach Anzeichen für die Unterstützung von Partisanen. Sie konnten aber keine Hinweise finden. Daraufhin erschienen am gleichen Nachmittag Angehörige des 17. SS-Grenadierregimentes in Klisura. Sie ermordeten mindestens 215 Einwohner des Dorfes, darunter 72 Kinder: neun Kinder waren unter einem Jahr, sechs Kinder zwischen ein und zwei Jahren, acht Kinder zwischen zwei und drei Jahren, 11 Kinder zwischen drei und vier Jahren und vier Kinder zwischen vier und fünf Jahren. 44 Kinder waren im Altern zwischen fünf und 15 Jahren.

Die dreizehnjährige Iphigenia Touskata überlebte als einzige dieses Massaker. Die Mörder hatten Iphigenia, die mit einem Kopfschuß bewußtlos dalag, für tot gehalten.

Wenige Wochen später, am 10. Juni 1944, wurde von den Truppen dieses gleichen 17. SS-Grenadierregimentes ein Massenmord an den Bewohnern des Ortes Distomon ausgeführt. Auch hier standen die Einwohner bei den Deutschen in Verdacht, die einheimischen Partisanen zu unterstützen. Dem Massenmord in Distomon fielen 300 Einwohner zum Opfer, Männer, Frauen und Kinder. Der Verantwortliche für diese Verbrechen war Helmut Felmy. Er wurde im Prozeß am 19. Februar 1948 vom Militärgericht der Vereinigten Staaten von Amerika für schuldig befunden und zu 15 Jahren Gefängnis verurteilt. 1951 wurde dies Urteil in 10 Jahre Haft umgewandelt, aber schon im gleichen Jahr wurde Felmy endgültig aus der Haft entlassen.[13]

13 Fall 7, Berlin 1965, S. 164 ff.

Die Kinder von Kragujevac

In Jugoslawien gingen die deutschen Faschisten in gleicher Weise gegen die Zivilbevölkerung vor wie in den anderen überfallenen Ländern. Von der Vernichtung ganzer Ortschaften, der Erschießung der männlichen Bevölkerung und der Überführung der Frauen und Kinder in Vernichtungslager berichtete vor dem Nürnberger Prozeß der sowjetische Ankläger Oberjustizrat Smirnow im Auftrage der jugoslawischen Regierung.[14]

Verantwortlich für die im folgenden geschilderten Massenmorde von Kragujevac waren der Major König sowie der Kreiskommandant Bischofshausen und der Ortskommandant Zimmermann.

Der Ortskommandant Zimmermann hatte schon im Oktober 1941 die Schuldirektoren beauftragt, darauf zu achten, daß die Schulkinder den Unterricht regelmäßig besuchen. Im anderen Falle sollten die Kinder als Saboteure betrachtet und erschossen werden. Der Zweck dieser Androhung war, daß die deutschen Faschisten sich einen Überblick über die Schüler verschaffen wollten. Aufgrund der vorliegenden Listen verhafteten sie am 18. Oktober 1941 alle Juden männlichen Geschlechts, sowie alle diejenigen, die sie für Kommunisten hielten. Die Gefangenen wurden in Baracken eingesperrt und blieben zwei Tage dort ohne Nahrung. Am Abend des 20. Oktober wurden sie erschossen. Es handelte sich um ungefähr 60 Personen. Am gleichen Tag wurden aus dem Gymnasium alle Lehrer und Schüler von der 5. Klasse aufwärts verhaftet und in den Kasernenhof gebracht. Am 21. Oktober wurden die Schüler und Lehrer in Gruppen auf ein Feld hinausgeführt und mit Maschinengewehren erschossen. Die Qual der Hinterbliebenen wurde noch verstärkt, weil man ihnen verbot, die Hinrichtungsstätte zu betreten und Seelenmessen oder Trauergottesdienste für die Erschossenen abhalten zu lassen. Außerdem durfte in den Todesanzeigen nicht erwähnt werden, daß es sich um Erschießungen handelte.

Kinder aus der Sowjetunion

Die Sowjetunion erlebte nicht nur *ein* Oradour, *ein* Lidice, sondern Hunderte. Nach dem Überfall auf die Sowjetunion mußten die deutschen Faschisten sich vom ersten Tage an mit dem starken Widerstandswillen und den Widerstandsbewegungen in allen Teilen der von ihnen besetzten sowjetischen Gebiete auseinandersetzen. Die Partisanenbewegung wuchs im Laufe der faschistischen Besetzung ständig an und wurde von den deutschen Faschisten als eine ernste, sie bedrohende Gefahr eingeschätzt. Daher ordnete der Chef des Oberkom-

14 Nürnberger Prozeß, Band 7, S. 607 ff.

mandos der Wehrmacht, Keitel, am 16. September 1941 an: „Die bisherigen Maßnahmen, um dieser allgemeinen kommunistischen Aufstandsbewegung zu begegnen, haben sich als unzureichend erwiesen. Der Führer hat nunmehr angeordnet, daß überall mit den schärfsten Mitteln einzugreifen ist, um die Bewegung in kürzester Zeit niederzuschlagen. Nur auf diese Weise, die in der Geschichte der Machterweiterung großer Völker immer mit Erfolg angewandt worden ist, kann die Ruhe wieder hergestellt werden. Hierbei ist nach folgenden Richtlinien zu verfahren: a) Bei jedem Vorfall der Auflehnung gegen die deutsche Besatzungsmacht, gleichgültig wie die Umstände im einzelnen liegen mögen, muß auf kommunistische Ursprünge geschlossen werden. b) Um die Umtriebe im Keime zu ersticken, sind beim ersten Anlaß unverzüglich die schärfsten Mittel anzuwenden, um die Autorität der Besatzungsmacht durchzusetzen und einem weiteren Umsichgreifen vorzubeugen. Dabei ist zu bedenken, daß ein Menschenleben in den betroffenen Ländern vielfach nichts gilt und eine abschreckende Wirkung nur durch ungewöhnliche Härte erreicht werden kann. Als Sühne für ein deutsches Soldatenleben muß in diesen Fällen im allgemeinen die Todesstrafe für 50 bis 100 Kommunisten als angemessen gelten. Die Art der Vollstreckung muß die abschreckende Wirkung noch erhöhen."[15]

Am 16. Dezember 1942 sah sich das Oberkommando genötigt, unter dem Titel „Bandenbekämpfung" eine geheime Kommandosache herauszubringen: „Der Führer hat hierzu befohlen: 1. Der Feind setzt im Bandenkampf fanatische, kommunistisch geschulte Kämpfer ein, die vor keiner Gewalttat zurückschrekken. Es geht hier mehr denn je um Sein oder Nichtsein. Mit soldatischer Ritterlichkeit oder mit den Vereinbarungen in der Genfer Konvention hat dieser Kampf nichts mehr zu tun. Wenn dieser Kampf gegen die Banden sowohl im Osten wie auf dem Balkan nicht mit den allerbrutalsten Mitteln geführt wird, so reichen in absehbarer Zeit die verfügbarenn Kräfte nicht mehr aus, um dieser Pest Herr zu werden. Die Truppe ist daher berechtigt und verpflichtet, in diesem Kampf ohne Einschränkung auch gegen Frauen und Kinder jedes Mittel anzuwenden, wenn es nur zum Erfolg führt. 2. Kein in der Bandenbekämpfung eingesetzter Deutscher darf wegen seines Verhaltens im Kampf gegen die Banden und ihre Mitläufer disziplinarisch oder kriegsgerichtlich zur Rechenschaft gezogen werden."[16]

Am 19. März 1943 wurde von dem Sonderkommando 4a noch einmal zusammengefaßt, was unter harten Maßnahmen der deutschen Wehrmachtsführung gegen die Bevölkerung zu verstehen war, darunter fielen z. B. unter Punkt 3 „die Erschießung von Kindern" und unter Punkt 4 „die restlose Niederbrennung von Dörfern".[17] Aufgrund dieser Befehle wurden in der Sowjetunion

15 K. Sosnovsky, a. a. O., S. 408 ff.
16 Ebenda, S. 411 ff.
17 Ebenda, S. 425.

Tausende von Ortschaften vollständig vernichtet und ihre Bewohner ermordet. 432 Dörfer wurden allein in Bielorußland zerstört und die Einwohner lebend verbrannt. Eines der grauenvollsten Beispiele ist das Dorf Chatyn bei Minsk, das im Gebiet der stärksten Partisanenbewegung lag. Hier erschien im März 1943 die SS-Brigade Dirlewanger und führte eine „Strafaktion" wegen Unterstützung der Partisanen an der Zivilbevölkerung durch. Sie erschoß die Männer des Dorfes, steckte die Häuser in Brand und trieb alte Leute, Jugendliche, Kinder, Mütter mit Babys in eine große Scheune. Die Scheune wurde verriegelt und von den SS-Leuten bewacht und in Brand gesteckt. 149 Menschen, darunter 76 Kinder, verbrannten in dieser Scheune.

Das gleiche Schicksal ereilte die Bevölkerung des Dorfes Pertschjupa in Litauen. Hier wurden am 3. Juni 1944 alle Männer, Frauen und Kinder in drei Häuser getrieben und diese von den Faschisten in Brand gesetzt. Einige, die zu fliehen versuchten, wurden von den Deutschen eingefangen und in die brennenden Häuser geworfen. Die gesamte Bevölkerung des Dorfes wurde verbrannt: 119 Menschen, unter ihnen 69 Kinder.[18]

Im August 1941 trieben Angehörige der W/SS-Reiterregimenter 1 und 2, die unter dem Befehl von SS-Sturmbannführer Lombard bzw. SS-Sturmbannführer Magill standen, im Rahmen einer „Befriedungsaktion" Frauen und Kinder in die Pripjet-Sümpfe. Dazu berichtet Magill: „Weiber und Kinder in die Sümpfe zu treiben, hatte nicht den Erfolg, den es haben sollte, denn die Sümpfe waren nicht so tief, daß ein Einsinken erfolgen konnte."[19]

In den Aussagen des Nürnberger Prozesses finden sich zu den NS-Verbrechen an Kindern in der Sowjetunion einige der unzähligen Beispiele. Aber auch diese wenigen Beispiele, die eine Ahnung von den Verbrechen geben, sind in unserem Lande nahezu unbekannt.

Neben den Morden an einzelnen Kindern, Kindern in Lagern, stehen die Opfer, die den Strafaktionen bei der Vernichtung der Dörfer zum Opfer fielen. Dazu gehören weiter Mordaktionen, wie z. B. die von Teberda. Teberda ist ein Kurort, in dem Kinder, die an Knochentuberkulose litten, zu einem Aufenthalt gebracht wurden. Im Dezember 1942 ordnete der Chef der Gestapo der Stadt Mikojan-Schachar, der Oberleutnant Otto Weber, an, daß kranke Kinder ermordet werden sollten. Am 22. Dezember wurden 54 schwerkranke Kinder, die jüngsten waren drei Jahre alt, von sieben deutschen Soldaten in einen Kraftwagen geschleppt. Es waren schwerkranke Kinder, die sich nicht selbst bewegen konnten. Man legte sie daher in mehreren Schichten in den Wagen. Nachdem alle Kinder in diesen Kraftwagen geschleppt waren, wurde die Tür geschlossen und Gas in den Wagen eingelassen. Diese fahrende Gaskammer fuhr aus dem Sa-

18 Nürnberger Prozeß, Band 7, S. 584 ff.
19 Unsere Ehre heißt Treue, Prag 1965, S. 220.

natorium weg und kehrte nach einer Stunde zurück. Alle Kinder waren tot. Ihre Leichen wurden in die Teberda-Schlucht geworfen.[20]

Zum Abschluß berichten wir über das Schicksal, das die Kinder in Leningrad während der Zeit der deutschen Belagerung ereilte. Im Oktober 1941 wurde Leningrad durch deutsche Verbände vom Hinterland getrennt. Damit begann für die Stadt nicht nur die Zeit des ununterbrochenen Kampfes gegen die Belagerer, sondern auch der Kampf um das eigene Überleben. Durch die Trennung vom Hinterland war vor allen Dingen die Lebensmittelversorgung der Zweieinhalbmillionenstadt gefährdet. Der Winter 1941/42 wurde zum Hungerwinter der gesamten Bevölkerung. Die Lebensmittel mußten rationiert, und im Oktober und November mußte die Zuteilung zweimal herabgesetzt werden. Am 20. November war es nur noch möglich, Hungerrationen zu verteilen: Das bedeutete 375g Brot für Schwerstarbeiter, 250 g für Arbeiter und leitendes technisches Personal, 125 g für Angestellte, Familienangehörige und Kinder bis zu 12 Jahren.[21] Das Brotmehl mußte mit zahlreichen Zusätzen gestreckt werden. „In den Brauereien riß man die Dielen auf, um das in Jahrzehnten durch die Ritzen gefallene Getreide zu bergen, gekochte Tannennadeln lieferten Vitamin C gegen den Skorbut. Heißes Wasser galt als Nahrungsmittel, Tischlerleim als Delikatesse. Kinder litten unter Hungerödemen ebenso wie die Erwachsenen. Ganze Familien wurden tot aufgefunden – verhungert. Über die Straßen zogen die Überlebenden ihre Toten auf Schlitten vor die Stadt. In dem eiskalt gefrorenen Boden konnten sie nicht beerdigt werden, so blieben die Leichen bis zum Frühjahr liegen. In diesem Hungerwinter verhungerten in Leningrad 632000 Männer, Frauen und Kinder. Die elfjährige Tanja Sawitschewa schrieb in ihrem Tagebuch das Schicksal ihrer Familie auf. Dieses Tagebuch befindet sich heute im Museum des Piskarjewskoje-Gedenkfriedhofs: 28. Dezember 1941: Schenja ist gestorben um 12.30 Uhr morgens. – 25. Januar 1942: Großmutter ist gestorben, 3 Uhr mittags. 17. März 1942: Leka ist gestorben um 5 Uhr morgens. – 13. April 1942: Onkel Wasja ist gestorben um 2 Uhr nachts. 10. Mai 1942: Mama, 7.30 Uhr morgens. Die Sawitschews sind gestorben, alle sind gestorben, Tanja ist allein."[22]

Nach Überwindung dieser fürchterlichen Hungertragödie hatte die Stadt Leningrad im weiteren Verlauf des Jahres 1942 vor allem durch den Beschuß ihrer Stadt zu leiden. 20000 Menschen wurden dabei getötet. Die Deutschen schossen bewußt mit schwerer Artillerie auf Schulen, Kinderheime, Krankenhäuser und andere Institute, die für Kinder bestimmt waren, dies wurde in deutschen Kriegsberichten selbst zugegeben. Unter den bombardierten Gebäuden befan-

20 Nürnberger Prozeß, Band 7, S. 589 ff.
21 H. Bergschicker, Leningrad, Ffm. 1966, S. 153.
22 Ebenda, S. 184 f.

den sich eine Schule, ein Mütter- und Säuglingsheim sowie ein Tageserholungsheim für Pioniere. Dem Nürnberger Gericht lag ein Bericht des Direktors der Schule in der Rubinsteinstraße in Leningrad vor, der über den Artilleriebeschuß seiner Schule am 18. Mai 1942 schreibt: ,,Der zwölfjährige Knabe Lenja Issarow wurde getötet. Das kleine Mädchen Dora Binamowa erblaßte und stöhnte vor Schmerzen: Mutti, wie soll ich ohne Füßchen bleiben? Leo Gendelow verblutete. Man versuchte, ihm zu helfen, es war jedoch zu spät. Mit den Worten ,,verdammter Hitler" starb er in den Armen seiner Mutter. Der schwerverwundete Eugen Kutarejow bittet, man möge seinen Vater nicht aufregen, weil er herzkrank ist. Die Schullehrer und die älteren Schüler behandelten die Heimgesuchten."[23]

Zeugenaussagen im Nürnberger Prozeß gegen die Hauptkriegsverbrecher

In den Dokumenten und Verhandlungsprotokollen des Nürnberger Prozesses gegen die Hauptkriegsverbrecher finden sich Zeugenaussagen, an denen sich kommentarlos die entschiedene Lebensfeindschaft des faschistischen Systems demonstrieren läßt. Zeugnisse über Verbrechen an Kindern, an denen sich ablesen läßt, daß das faschistische System, wo es unterwerfen will, wo es seinen Ausdehnungs- und Versklavungsanspruch durchsetzen will, antihumane zerstörerische Kräfte niedrigsten Charakters ungehindert zur Entfaltung kommen läßt. Im folgenden einige Beispiele aus den Verhandlungsprotokollen:

Über Ereignisse im Vernichtungslager Majdanek wurde eine Aussage des Zeugen Atrochov vorgelegt:

,,Sie rissen ein Kind von der Brust der Mutter weg und töteten es, indem sie es vor den Augen der Mutter gegen die Wand schmetterten; sie hielten ein ganz kleines Kind an einem Fuß fest, traten auf den anderen und rissen es auseinander."

,,Im Monat November ging die Telegraphistin Iwanova aus der Stadt Kalinin zusammen mit ihrem 13jährigen Sohn Leonid zu ihren Verwandten in das Dorf Buraschowo bei Kalinin. Als sie die Stadt verließen und die Hitlerfaschisten sie bemerkten, begannen diese aus einer Entfernung von 60 Meter auf sie zu schießen, wobei der Knabe getötet wurde. Mehrere Male versuchte die Mutter, die Leiche des Kindes aufzuheben und wegzutragen, aber jedes Mal, wenn sie es versuchte, eröffneten die Deutschen das Feuer auf sie, so daß sie gezwungen war, ihr Kind liegen zu lassen. Acht Tage lang gestatteten die deutschen Soldaten nicht, die Leiche wegzuschaffen. Sie wurde von der Frau Iwanova erst

23 Nürnberger Prozeß, Band 7, S. 600.

geborgen und beerdigt, als die betreffende Gegend von unseren Truppen besetzt wurde."

,,In diesem Lager wurden Häftlinge ohne jeden Vorwand vernichtet, oft wegen einer Wette. Die Zeugin Kirschner teilte der Untersuchungskommission mit, daß Wepke, ein Gestapo-Kommissar, in Gegenwart anderer Lagerhenker damit prahlte, daß er einen Knaben mit einem Axthieb in zwei Teile spalten könne. Man glaubte ihm nicht, daher fing er einen zehnjährigen Knaben auf der Straße, zwang ihn in die Knie, forderte ihn auf, sein Gesicht in den Händen zu verbergen, führte einen Schlag zur Probe aus, brachte das Haupt des Kindes in die passende Lage und spalte den Knaben mit einem einzigen Schlag in zwei Hälften. Die Hitleristen beglückwünschten Wepke herzlichst und schüttelten ihm die Hand."

,,In der Kreishauptstadt Wolowo, im Gebiet Kursk, wo die Deutschen sich vier Stunden befanden, schleuderte ein deutscher Offizier den zweijährigen Sohn einer Frau namens Boikowa mit dem Kopf an die Wand und tötete ihn, nur weil das Kind geweint hatte."

,,In dem Dorf Sowjetslobin, Bezirk Orel, ermordeten die Faschisten das zweijährige Kind des Kollektivbauern Kratow, weil es sie durch sein Weinen am Schlafen hinderte."

In dem Dorf Semionowskoje, im Bezirk Kalinin, ,,erschossen die Okkupanten einen Knaben von 13 Jahren, auf dessen Stirn sie einen fünfzackigen Stern einschnitten".

In Rostow am Don spielte der Schüler einer Handwerksschule, der 15jährige Witja Tscherewitschny, auf dem Hof mit seinen Tauben. Zu dieser Zeit gingen deutsche Soldaten vorbei und versuchten, ihm die Tauben wegzunehmen. Der Junge protestierte. Die Deutschen nahmen ihn mit, und an der Ecke der 28. Linie und der 2. Maiskaja Uliza erschossen sie ihn, weil er die Tauben nicht hergegeben hatte. Durch Tritte mit den Absätzen entstellten die Hitlerfaschisten das Gesicht des Knaben bis zur Unkenntlichkeit."

In dem Dorf Basmanowo, Kreis Glinkow im Bezirk Smolensk, das von Deutschen niedergebrannt wurde, ereignete sich folgendes: Die deutsche Besatzung trieb mehr als 200 Schüler und Schülerinnen, die zur Einbringung der Ernte eingetroffen waren, auf dem Felde zusammen. ,,Die Kinder wurden umzingelt und bestialisch niedergeschossen."

,,Als die Rote Armee im Januar 1942 nach Kertsch gekommen war, wurde bei der Untersuchung des Bagerowsgo-Grabens entdeckt, daß dieser, der ein Kilometer lang, vier Meter breit und zwei Meter tief war, mit Leichen von Frauen, Kindern, Greisen und Jugendlichen überfüllt war. Neben dem Graben befanden sich Pfützen von eingefrorenem Blut. Dort lagen auch Kindermützen, Spielsachen, Bänder, abgerissene Knöpfe, Handschuhe, Schnuller, Schühchen, Galoschen zusammen mit Arm- und Beinstümpfen und anderen Körperteilen herum.

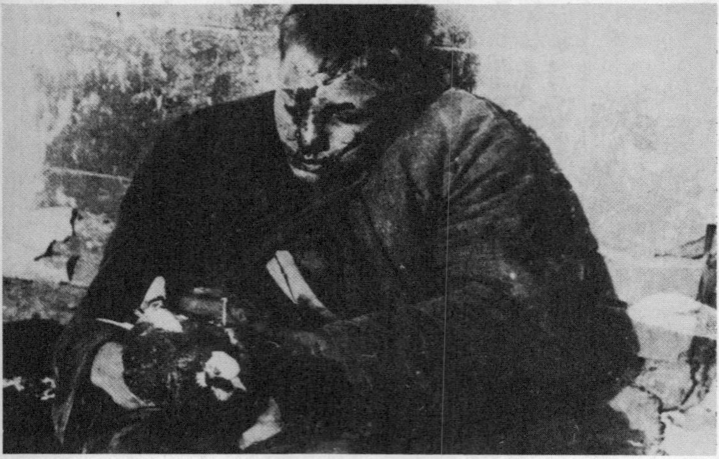

Die Leiche von Witja Tscherewitschny, Rostov am Don, Januar 1942
(Staatliches Zentralarchiv der UdSSR – Film- und Fotodokumente)

Das alles war mit Blut und Hirn bespritzt."

,,Am Rande der Grube lag eine junge zerfetzte Frau. In Todeskrämpfen hatte sie ihr in ein weißen Spitzentuch eingewickeltes Kindchen im Arm. Neben dieser Frau lagen ein achtjähriges Mädchen und ein fünfjähriges Knabe, die mit Dum-Dumm-Patronen getötet waren. Ihre Hände hatten sich an den Kleidern ihrer Mutter festgeklammert."

,,Die Lehrerin Kolesnikowa M. N. sagte aus, daß die Deutschen einen 13jährigen Jungen deshalb töteten, weil er sich einen Autoschlauchreifen aneignete, um damit im Meer zu baden."

,,Aus den Aussagen von M. H. Schumilowa geht hervor, daß im Juli ein deutscher Offizier einen sechsjährigen Jungen erschossen hatte, weil er während eines Spazierganges in der Stadt ein Sowjetlied gesungen hatte. Im Garten ,,Sacco und Vanzetti" konnte man längere Zeit die Leiche eines erhängten neunjährigen Knaben sehen, der gehenkt wurde, weil er von dem Baum Aprikosen gepflückt hatte."

Aussage des Zeugen Hamaidas, eines Einwohners aus dem Dorf Lissenizk in der Gegend von Lemberg, der von den Deutschen im Janovsky-Lager in Lemberg interniert war: ,,Ich war Augenzeuge solcher Greueltaten: Ein Henker faßte die Kinder an den Beinen, riß sie bei lebendigem Leib entzwei und warf sie ins Feuer."

„Unter 160 verwundeten und durch Folterung verstümmelten Kindern, die Opfer des Hitlerterrors in dem jetzt befreiten Gebiet Moskau geworden waren, und die zur Zeit im Rossakow-Krankenhaus in Moskau behandelt werden, befindet sich unter anderen: Der 14jährige Knabe Wanja Gromow, aus dem Dorfe Novinki, dem die Hitleristen mit einer rostigen Säge den rechten Arm abgeschnitten haben, nachdem sie ihn vorher mit Riemen an einen Stuhl gebunden hatten; der zwölfjährige Wanja Kryukow aus dem Dorf Kryukow, im Gebiet von Kursk, dem die Deutschen beide Hände abgehackt und ihn heftig blutend in die Richtung des Standortes der Sowjettruppen getrieben haben!"

Nach Dokumenten, die ebenfalls im Nürnberger Prozeß vorgelegt wurden, wurden von deutschen Faschisten im Zentralgefängnis in Riga mehr als 2000 Kinder, die sie von den Eltern weggerissen hatten, ermordet; im Lager von Salaspilsky waren es mehr als 3000 Kinder. Ein Zeuge, Wladislav Blum, hat dazu ausgesagt: „Herzzerreißende Szenen haben sich vor meinen Augen abgespielt. Die Deutschen entrissen den Müttern ihre Kinder und brachten sie fort, niemand wußte wohin, und viele Kinder wurden zusammen mit ihren Müttern erschossen."

An den Mauern der Gebäude innerhalb des Lagers fand man Aufschriften der Mütter, denen man die Kinder genommen hatte. Hier einige dieser Aufschriften: „Rächt uns! / Laßt die ganze Welt wissen, und gebt ihr zu verstehen, auf welch bestialische Weise unsere Kinder umgebracht wurden. / Unsere Tage sind gezählt, lebt wohl! / Die ganze Welt soll es wissen und nicht vergessen, unsere unschuldigen Kinder zu rächen! / Frauen der ganzen Welt! Denkt daran und versucht die Grausamkeiten, welche an unseren unschuldigen Kindern im 20. Jahrhundert begangen worden sind, zu begreifen. / Mein Kind lebt nicht mehr, mir ist jetzt alles gleichgültig."[24]

24 Alle Zitate: Nürnberger Prozeß, Band 7, S. 455 ff.

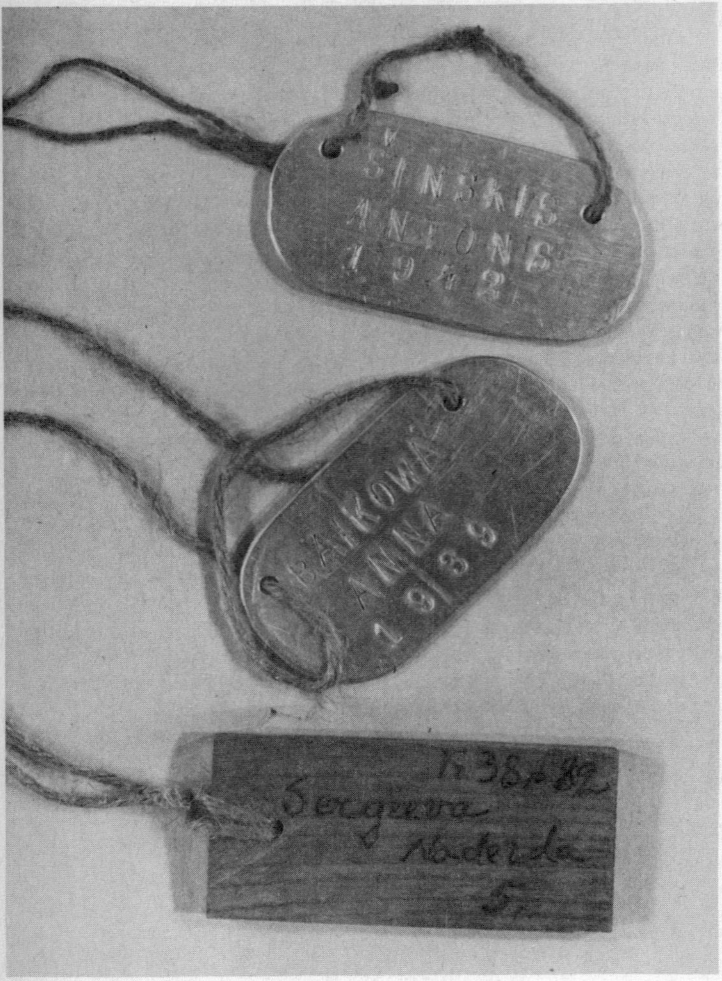

Halsschilder von Kindern aus dem Lager Salaspilskij (Zentrales Dokumentenarchiv der UdSSR, „Oktoberrevolution“)

Leichen von Kindern, die im Lager Salaspilskij zu Tode gequält wurden (Zentrales Dokumentenarchiv der UdSSR, „Oktoberrevolution“)

Dokument 9

Das Schicksal der Kinder von Lidice

I. Kinder, die in das KZ Chelmno am Ner deportiert wurden oder die deutschen Familien übergeben wurden, die in den dem „Deutschen Reich" einverleibten polnischen Gebieten lebten.

Nr.	Name und Vorname	Alter zum Zeitpunkt der Deportation	Schicksal
1.	Brejcha Josef	5	getötet in Chelmno
2.	Bulina Josef	12	,,
3 .	Bulinová Anna	14	,,
4.	Bulinova Jaroslava	11	,,
5.	Čermák Jiří	12	,,
6.	Čermák Miloslav	8	,,
7.	Čermáková Božena	10	,,
8.	Doležalová Marie	10	einer deutschen Familie gegeben
9.	Frejova Emilie	8	,,
10.	Frühauf Jiři	4	getötet in Chelmno
11.	Hanf Václav	8	einer deutschen Familie gegeben
12.	Hanfová Anna	11	,,
13.	Hanfová Marie	12	,,
14.	Hejma František	14	getötet in Chelmno
15.	Hejma Karel	8	,,
16.	Hermanová Jaroslava	8	,,
17.	Hocková Marie	10	,,
18.	Honzíková Věra	13	,,
19.	Hroník Zdeněk	8	,,
20.	Hroníková Božena	13	,,
21.	Hroníková Marta	1	,,
22.	Hroníková Zdeňka	12	,,
23.	Jedlička Václav	5	,,
24.	Kácl Karel	8	,,
25.	Kafková Eva	6	,,
26.	Kaimlová Anna	13	,,
27.	Kobera Jaroslav	10	,,

28.	Kobera Václav	8	,,
29.	Koberová Milada	11	,,
30.	Koberová Zdeňka	8	,,
31.	Kovařovská Hana	5	,,
32.	Kovařovská Ludmila	5	,,
33.	Kozel Antonin	7	,,
34.	Krásová Věnceslava	7	,,
35.	Kubela Rudolf	4	,,
36.	Kubíková Eva	5	einer deutschen Familie gegeben
37.	Kulhavý František	7	getötet in Chelmno
38.	Kulhavý Jaroslav	13	,,
39.	Liška Miloslav	8	,,
40.	Miková Milada	8	,,
41.	Moravcová Jitka	2	,,
42.	Moravec Václav	11	,,
43.	Milák Karel	12	,,
44.	Muláková Marie	15	,,
45.	Müller Zdeněk	5	,,
46.	Nerad Antonin	14	,,
47.	Nová Alena	4	,,
48.	Novotná Milada	15	,,
49.	Pek Antonin	8	,,
50.	Pelichovská Emilie	15	,,
51.	Pelichovský Václav	10	,,
52.	Pešek Josef	8	,,
53.	Pešková Anna	6	,,
54.	Pešková Jiřina	7	,,
55.	Petrák Miloslav	11	,,
56.	Petrák Zdeněk	9	,,
57.	Petráková Jiřina	15	,,
58.	Petřík Zdeněk	1	,,
59.	Pitínová Marie	11	,,
60.	Podzemský Štěpán	4	,,
61.	Průchová Věra	16	,,
62.	Příhoda Josef	12	,,
63.	Příhodová Anna	16	,,
64.	Příhodová Jaroslava	2	,,
65.	Puchmeltrova Věnceslava	14	,,
66.	Radosta Miloslav	6	,,
67.	Rameš Václav	5	,,
68.	Ramešová Jaroslava	2	,,

Nr.	Name und Vorname	Alter zum Zeitpunkt der Deportation	Schicksal
69.	Rohlová Božena	8	,,
70.	Růženecká Jiřina	13	,,
71.	Sejc Jiří	6	,,
72.	Součková Jiřina	12	,,
73.	Součková Marie	14	,,
74.	Spal Miloslav	13	,,
75.	Straková Jarmila	3	,,
76.	Straková Ludmila	2	,,
77.	Suchý Josef	1	,,
78.	Syslová Miroslava	14	,,
79.	Špotová Hana	2	einer deutschen Familie gegeben
80.	Šroubek Josej	8	getötet in Chelmno
81.	Šroubková Marie	15	,,
82.	Štorková Jaroslava	10	,,
83.	Urban Antonin	12	,,
84.	Urbanová Věra	5	,,
85.	Vandrdle Josef	14	,,
86.	Veselá Dagmar	6	,,
87.	Vlček Karel	7	,,
88.	Vokatá Věra	7	einer deutschen Familie gegeben
89.	Zelenka Jaromir	2	getötet in Chelmno
90.	Zelenka Václav	4	einer deutschen Familie gegeben
91.	Žid Ivan	8	getötet in Chelmno

Von den 91 Kindern, die aus Lidice deportiert wurden, sind 82 im Konzentrationslager Chelmno am Ner ermordet worden. Neun Kinder, die in deutsche Familien gegeben wurden, überlebten.

II. Kinder aus Lidice, die nach Prag deportiert wurden

Nr.	Name und Vorname	Alter	Schicksal
1.	Cerny Frantisek	Kind	starb im Kinderheim in Krci 1942
2.	Hanfova Vera	,,	in eine deutsche Familie gegeben oder in ein Krankenhaus gebracht, überlebte
3.	Horeskovsky Pavel	,,	,,
4.	Minarik Josef	,,	,,
5.	Müller Jiri	,,	,,
6.	Müllerova Libuse	,,	,,
7.	Pitin Jiri	,,	,,

III. Kinder, die 1942 nach der Zerstörung Lidices geboren wurden

Nr.	Name und Vorname	Schicksal
1.	Hanzl Karel	geboren und gestorben 1942 in einem Kinderheim in Dykove, bekam den Namen Marius Victor
2.	Kohlickova Venceslava	geboren und gestorben 1942 in einem Kinderheim in Dykove, bekam den Namen Carol Anna
3.	Korecky Jaroslav	in eine deutsche Familie gegeben oder in ein Krankenhaus gebracht, überlebte
4.	Müllerova Vera	,,
5.	Peskova Marie	geboren in dem Kinderheim in Dykove, starb dort 1943, bekam den Namen Erica Graf
6.	Strakova Anna	geboren in dem Kinderheim in Dykove, starb dort 1943, bekam den Namen Martha Egge

Von den 104 Kindern aus Lidice wurden 87 Kinder im Konzentrationslager ermordet oder starben in Kinderheimen, 17 überlebten.

(Aus: K. Sosnovsky, The Tragedy of Children under Nazi Rule, S. 359 ff.)

Geheime Staatspolizei [illegible] polizei

[illegible]

[illegible]

22 aufgenommen [illegible] in [illegible]
Zeit Tag [illegible]
vom 12. Juni 19[illegible]
Nr. [illegible] 05773

-B. [illegible] Pr [illegible] - I.x [illegible] -FK-
[illegible]

Geheim.

An: die [illegible] Litzmannstadt
Dringend, sofort vorlegen.

BETRIFFT: Ueberstellung von 90 Kinder.-
Bezug : Fernmündliche Unterredung von heute.-

Auf höchsten Befehl wurde in Zusammenhang mit dem Attentat auf Gruppenführer Heydrich die Gemeinde Lidits im Protektorat Böhmen und Mähren dem Erdboden gleichgemacht. Die gesamte männliche Bevölkerung wurde erschossen. Die Frauen wurden in ein Konzentrationslager auf Lebenszeit überführt. Die Kinder wurden auf ihre Eindeutschungsfähigkeit überprüft. Die nicht Eindeutschungsfähigen werden nach dort überstellt und sollen auf dem Wege über dortige Polenlager entsprechend weiter verschickt werden. Es handelt sich dabei um 90 Kinder. Angehörige sind nicht dabei. Sie werden mit den fahrplanmässigen Zügen in einem angehängten Sonderwagen nach Litzmannstadt gebracht. Der Zug trifft am [illegible], 13.6.4[illegible] [illegible] 21,30 Uhr, in Litzmannstadt ein. Ich bitte dafür Sorge zu tragen, [illegible] Kinder [illegible] Bahnhof abgeholt [illegible] in [illegible] Lager eingewiesen werden.

[illegible] sie [illegible] wie folgt

zusammen:

[illegible]

[illegible] den

[illegible].

[illegible]

gez.: Der [illegible] der Sicherheitspolizei und des SD.
[illegible] Prag - [illegible]

[illegible] Fischer, [illegible] ....

(ITS Arolsen)

Erinnere Dich! Ortsschild von Oradour sur Glane (Archiv der F.N.D.I.R.P., Paris)

„Im Stich gelassene Leute, schenkt dem deutschen Soldaten Vertrauen!“ (Plakat der deutschen Wehrmacht in Frankreich) (Centre de Documentation Juive Contemporaine, Paris)

Oradour sur Glane: Die Kirche nach dem Durchzug der Division „Das Reich" am 10. 6. 1944 (Archiv der F.N.D.I.R.P., Paris)

Ermordung der slowenischen Familie Sadovnik bei Eisenkappe durch die SS am 25. 4. 1945 (Dokumentationsarchiv des österreichischen Widerstands, Wien)

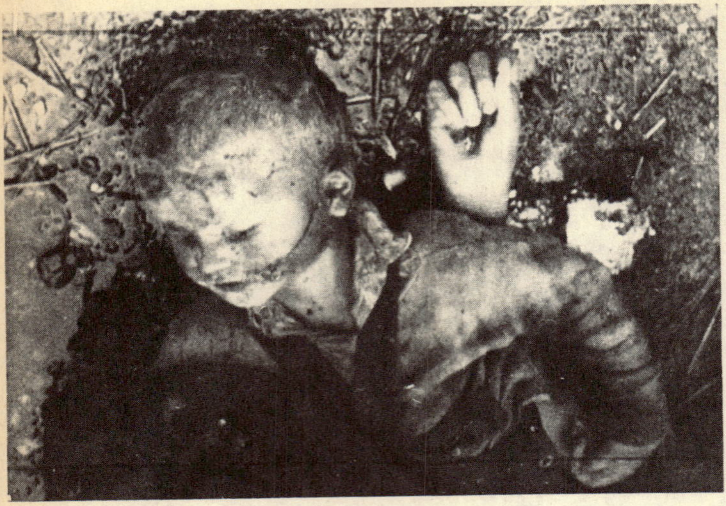

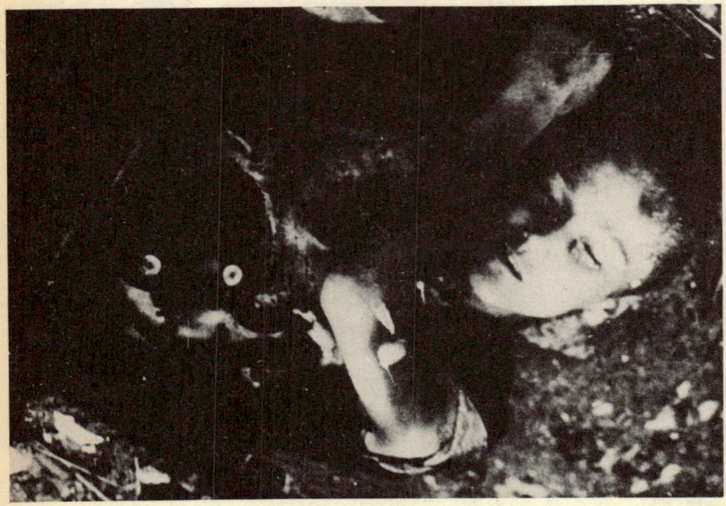

Anna Sadovnik und Adelgunde Kogoj, ihre Nichte, 4 Jahre alt

Anwesen der Familie

CES PETITES FILLES d'ORADOUR-sur-GLANE

ont été brùlées vives par des NAZIS en ARMES

Pour ne plus revoir cela, je m'oppose au REARMEMENT de L'ALLEMAGNE

NOM	Nombre de personnes au foyer	SIGNATURE

Diese kleinen Mädchen von Oradour-sur-Glane wurden lebendig verbrannt von bewaffneten Nazis.

Um so etwas nie wieder zu erleben, spreche ich mich gegen die Wiederbewaffnung Deutschlands aus.

Name
Unterschrift

Aufruf aus der Nachkriegszeit (Archiv der F.N.D.I.R.P., Paris)

Dokument 10

Der Zeuge Yakow Grigoriew schildert vor dem Nürnberger Tribunal die Zerstörung des Dorfes Kusnezow

(Der Zeuge Grigoriew betritt den Zeugenstand.)

VORSITZENDER: Wie heißen Sie?

ZEUGE YAKOW GRIGORIEW: Yakow Grigoriew.

VORSITZENDER: Schwören Sie den folgenden Eid:

„Ich, Yakow Grigoriew, Bürger der Union der Sozialistischen Sowjet-Republiken, als Zeuge vor dieses Gericht geladen, gelobe und schwöre in Gegenwart des Gerichts, dem Gericht die volle Wahrheit über alles zu sagen, was ich in Verbindung mit diesem Fall weiß."

(Der Zeuge spricht die Eidesformel auf russisch nach.)

VORSITZENDER: Sie können sich setzen.

OBERJUSTIZRAT SMIRNOW: Sagen Sie mir bitte, Zeuge, in welchem Dorf lebten Sie vor dem Kriege?

GRIGORIEW: Ich lebte im Dorf Kusnezow, im Bezirk Porchow, im Gebiet Pleskau.

OBERJUSTIZRAT SMIRNOW: In welchem Dorf überraschte Sie der Krieg?

GRIGORIEW: Im Dorf Kusnezow.

OBERJUSTIZRAT SMIRNOW: Existiert dieses Dorf jetzt noch?

GRIGORIEW: Nein, es existiert nicht mehr.

OBERJUSTIZRAT SMIRNOW: Ich bitte Sie, dem Gerichtshof zu erzählen, was sich zutrug.

GRIGORIEW: Am denkwürdigen 28. Oktober 1943 überfielen die deutschen Soldaten unerwartet unser Dorf und begannen, die friedliche Bevölkerung niederzumetzeln, erschossen sie oder trieben sie in die Häuser. An diesem Tag arbeitete ich mit meinen zwei Söhnen Alexei und Nikolai auf der Tenne. Plötzlich kam zu uns ein deutscher Soldat auf die Tenne und befahl uns, ihm zu folgen.

VORSITZENDER: Einen Augenblick, warten Sie bitte; wenn Sie diese Birne auf jenem Pult oder hier glühen sehen, dann bedeutet dies, daß Sie zu schnell sprechen, verstehen Sie?

GRIGORIEW: Ich verstehe.

VORSITZENDER: Gut.

OBERJUSTIZRAT SMIRNOW: Sprechen Sie bitte langsam, Zeuge. Fahren Sie fort, bitte!

VORSITZENDER: Sie sagten, Sie arbeiteten mit Ihren beiden Söhnen auf dem Feld?

GRIGORIEW: Ja, meine beiden eigenen Söhne.

OBERJUSTIZRAT SMIRNOW: Fahren Sie fort!

GRIGORIEW: Man führte uns durchs Dorf, und zwar in das letzte Haus am Rande des Dorfes. Im ganzen waren wir 19 Mann in diesem Hause. Da saßen wir in dem Haus. Ich saß am Fenster und sah hinaus. Ich sah, wie deutsche Soldaten noch viele Menschen zusammentrieben; ich sah auch meine Frau und meinen jüngsten Sohn, der neun Jahre alt war. Sie wurden bis zum Haus getrieben und dann wieder weggeführt, wohin, das wußte ich noch nicht. Etwas später kamen drei deutsche Soldaten mit Maschinenpistolen, gefolgt von einem vierten, der einen schweren Revolver in der Hand hielt. Man befahl uns, in ein anderes Zimmer zu gehen. Sie stellten uns alle 19 Männer an die Wand, auch mich und meine beiden Söhne, und begannen mit der Maschinenpistole auf uns zu schießen. Ich stand direkt an der Wand etwas vornübergeneigt. Als der erste Schuß fiel, sank ich vor Schreck auf den Boden und blieb regungslos liegen. Nachdem alle erschossen waren, verließen die deutschen Soldaten das Haus. Ich kam wieder zu mir, sah mich um und erblickte nicht weit von mir meinen Sohn Nikolai erschossen, das Gesicht zur Erde gekehrt. Den zweiten Sohn entdeckte ich nicht und wußte auch nicht, ob er tot war oder noch lebte. Nach einiger Zeit begann ich darüber nachzudenken, wie ich am besten fliehen könnte. Ich zog meine Füße unter einem Leichnam, der darauf gefallen war, hervor, richtete mich auf und wollte überlegen, wie ich entfliehen könnte. Aber statt nachzudenken, schrie ich, kopflos geworden, aus Leibeskräften: ,,Kann ich denn jetzt gehen?" In diesem Augenblick erkannte mich mein Söhnchen, das am Leben geblieben war.

OBERJUSTIZRAT SMIRNOW: Das war Ihr zweiter Sohn?

GRIGORIEW: Jawohl, das war der zweite Sohn; der erste lag unweit von mir erschossen. Mein zweiter Sohn rief: ,,Papa, du lebst."

OBERJUSTIZRAT SMIRNOW: War er verwundet?

GRIGORIEW: Er war am Bein verwundet. Ich beruhigte ihn und sagte ihm: ,,Fürchte Dich nicht, mein Kind, ich verlasse Dich nicht, wir werden irgendwie fliehen! Ich werde Dich hier hinaustragen." Kurz darauf fing das Haus zu brennen an. Da öffnete ich das Fenster und schwang mich mit meinem am Bein verwundeten Jungen aus dem Fenster. Kriechend stahlen wir uns vom Hause weg, damit uns die deutschen Soldaten nicht bemerkten. Unweit vom Haus war ein hoher Zaun. Wir konnten die Latten nicht verschieben, deshalb begannen wir sie zu zerbrechen. In diesem Augenblick bemerkten uns die deutschen Soldaten und begannen auf uns zu schießen. Ich flüsterte meinem Sohn zu, er solle sich regungslos verhalten, während ich versuchen würde wegzulaufen; denn ich konnte ihn ja nicht tragen. Er lief ein Stückchen und konnte sich in einem Gebüsch verstecken, während ich fortlief. Nachdem ich eine kurze Strecke gelaufen war, sprang ich in ein Gebäude, das unweit des brennenden Hauses stand. Dort blieb ich einen Augenblick und beschloß dann, weiterzulaufen. Ich lief in den nächsten Wald, der nicht sehr weit von unserem Dorf entfernt war und brachte dort die Nacht zu. Am Morgen traf ich aus dem benachbarten Dorf den Bauern Alexei N., der mir erzählte, daß mein Sohn Aljoscha am Leben sei, da er sich bis ins benachbarte Dorf geschleppt habe. Am nächsten Tag traf ich aus diesem Dorf Kusnezow den Knaben Vitja, einen Flüchtling aus Leningrad, der während der Besatzung in unserem Dorf lebte.

Auch er war wie durch ein Wunder gerettet; er entkam dem Feuer. Er erzählte mir, was sich in der zweiten Hütte zugetragen hatte, in der meine Frau und mein kleines Söhnchen waren. Dort geschah folgendes:

Die deutschen Soldaten trieben die Leute in die Hütte, öffneten die Türe zum Korridor und schossen über die Schwelle mit Maschinengewehren auf die Menschen. Nach Vitjas Erzählung brannten dort noch halb lebende Menschen. Auch mein kleiner Sohn Petja von neun Jahren verbrannte bei lebendigem Leibe. Als er aus der Hütte lief, sah er meinen Petja noch lebend unter einer Bank sitzen und seine Ohren mit den Händchen halten.

OBERJUSTIZRAT SMIRNOW: Wie alt war der älteste Bewohner Ihres Dorfes, das von den Deutschen zerstört wurde?

GRIGORIEW: 108 Jahre alt, und zwar war es eine Frau, namens Artemjova Ustina.

OBERJUSTIZRAT SMIRNOW: Sagen Sie mir bitte, wie alt war der jüngste Einwohner in dem vernichteten Dorf?

GRIGORIEW: Der jüngste Einwohner war vier Monate alt.

OBERJUSTIZRAT SMIRNOW: Wieviel Einwohner des Dorfes wurden insgesamt umgebracht?

GRIGORIEW: 47 Leute, ohne diejenigen zu zählen, die wie durch ein Wunder gerettet wurden.

OBERJUSTIZRAT SMIRNOW: Warum wurden diese Einwohner vernichtet?

GRIGORIEW: Das ist unbekannt.

OBERJUSTIZRAT SMIRNOW: Und was sagten die Deutschen dazu?

GRIGORIEW: Als der deutsche Soldat zu uns auf die Tenne kam, fragten wir ihn: „Warum bringt ihr uns alle um?" Er sagte: „Kennt Ihr das Dorf Maximowo"? Dieses Dorf liegt in der Nähe unseres „Dorfsowjets". Ich antwortete: „Ja". Er erzählte mir, Maximowo sei „kaputt" – die Einwohner seien „kaputt", und wir müßten nun auch „kaputt"gemacht werden.

OBERJUSTIZRAT SMIRNOW: Und warum „kaputt?".

GRIGORIEW: „Weil sich bei Euch Partisanen verborgen haben." – Das entsprach jedoch nicht der Wahrheit, denn bei uns waren keine Partisanen, und niemand nahm an Partisanentätigkeit teil, weil niemand da war, der es in diesem

Dorf hätte tun können. Es waren bloß alte Leute und kleine Kinder im Dorf geblieben. Wir wußten nichts von Partisanen und sahen sie nie.

OBERJUSTIZRAT SMIRNOW: Waren viele erwachsene Männer im Dorfe geblieben?

GRIGORIEW: Es war nur ein 27jähriger Mann da, aber er war krank, schwachsinnig und Paralytiker. Die anderen waren alte Leuter oder Kinder. Alle übrigen Männer waren in der Armee.

OBERJUSTIZRAT SMIRNOW: Sagen Sie, ist nur die Bevölkerung Ihres Dorfes von diesem Schicksal ereilt worden?

GRIGORIEW: Nein, nicht nur sie. Die Deutschen haben außerdem in Kurischewa 43 und in Wschiwowa 47 Personen erschossen; im Dorf Pawlow, in dem ich jetzt wohne, haben sie 23 Personen verbrannt, und in einer ganzen Reihe anderer Dörfer, wo nach unserem ,,Dorfsowjet" ungefähr 400 Leute gezählt wurden, haben sie friedliche Bürger, alte Leute und Kinder vernichtet.

OBERJUSTIZRAT SMIRNOW: Bitte wiederholen Sie die Zahl derer, die in Ihren ,,Dorfsowjet" vernichtet wurden?

GRIGORIEW: In unserem ,,Dorfsowjet" sind ungefähr 400 Personen vernichtet worden.

OBERJUSTIZRAT SMIRNOW: Sagen Sie, wer blieb von Ihrer Familie am Leben?

GRIGORIEW: Von meiner Familie blieben nur mein Sohn und ich am Leben. Erschossen wurde meine Frau, im sechsten Schwangerschaftsmonat, mein Sohn Nikolaj, 16 Jahre alt, und mein jüngster Sohn Peter im Alter von neun Jahren. Ferner meine Schwägerin, die Frau meines Bruders mit ihren beiden Kindern Sascha und Toni.

OBERJUSTIZRAT SMIRNOW: Ich habe keine Fragen mehr an diesen Zeugen, Herr Vorsitzender.

(Internationaler Militärgerichtshof Nürnberg 1948 Band VIII, S. 287ff.)

Litauen 1941, jüdische Kinder vor der Ermordung (Dokumentationsarchiv des österreichischen Widerstandes, Wien)

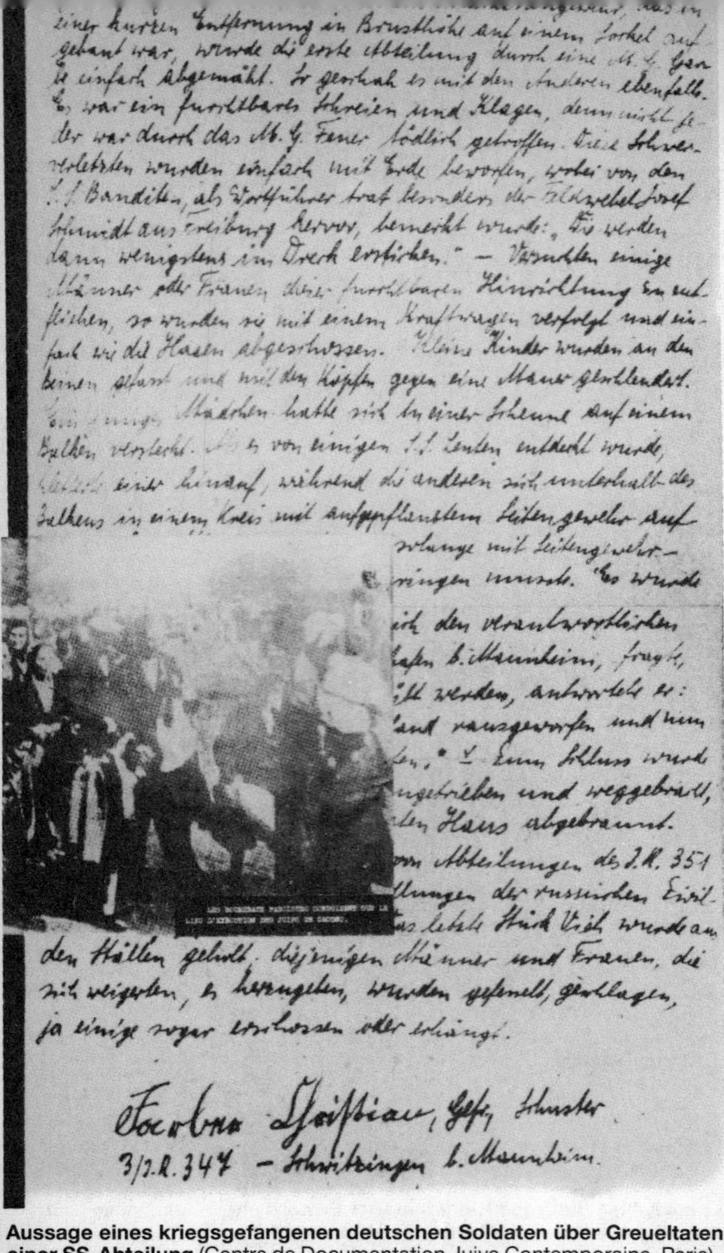

… einer kurzen Entfernung in Brusthöhe auf einem Sockel aufgebaut war, wurde die erste Abteilung durch eine M.G. Garbe einfach abgemäht. So geschah es mit den Anderen ebenfalls. Es war ein furchtbares Schreien und Klagen, denn nicht jeder war durch das M.G. Feuer tödlich getroffen. Diese Schwerverletzten wurden einfach mit Erde beworfen, wobei von den S.S. Banditen, als Wortführer trat besonders der Feldwebel Josef Schmidt aus Freiburg hervor, bemerkt wurde: „Die werden dann wenigstens im Dreck ersticken." – Versuchten einige Männer oder Frauen dieser furchtbaren Hinrichtung zu entfliehen, so wurden sie mit einem Kraftwagen verfolgt und einfach wie die Hasen abgeschossen. Kleine Kinder wurden an den Beinen gefasst und mit den Köpfen gegen eine Mauer geschleudert. Ein junges Mädchen hatte sich in einer Scheune auf einem Balken versteckt. Als es von einigen S.S. Leuten entdeckt wurde, kletterte einer hinauf, während die anderen sich unterhalb des Balkens in einem Kreis mit aufgepflanztem Seitengewehr auf…

… schlange mit Seitengewehr-
… ringen wurde. Es wurde
… ich den verantwortlichen
… hafen b. Mannheim, fragte,
… ült werden, antwortete er:
… and rausgeworfen und nun
… en." – Zum Schluss wurde
… ngetrieben und weggebracht,
… len Haus abgebrannt.
… om Abteilungen des I.R. 351
… llungen der russischen Zivil-
… as letzte Stück Vieh wurde aus den Ställen geholt. Diejenigen Männer und Frauen, die sich weigerten, es herzugeben, wurden gefesselt, geschlagen, ja einige sogar erschossen oder erhängt.

[illegible], Gefr. Schuster
3/I.R. 347 – Schwetzingen b. Mannheim.

Aussage eines kriegsgefangenen deutschen Soldaten über Greueltaten einer SS-Abteilung (Centre de Documentation Juive Contemporaine, Paris)

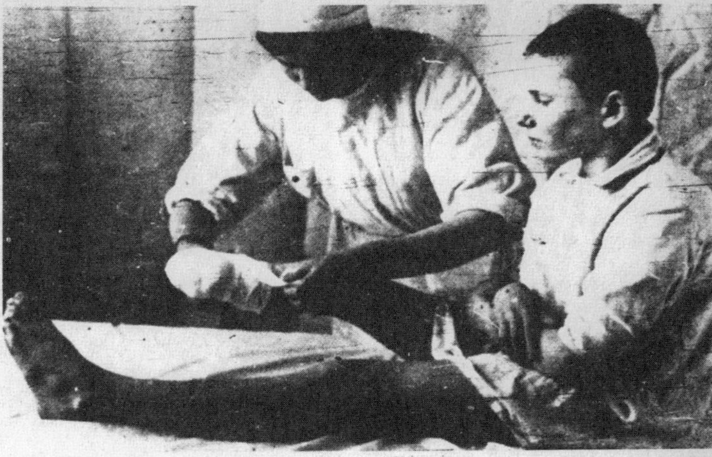

Der zwölfjährige Wasja Novikov aus Borisovo in einem sowjetischen Hospital. Er wurde im März 1942 schwer verletzt und verlor einen Fuß, als er über ein von den Deutschen vermintes Feld lief. (Staatliches Zentralarchiv der UdSSR – Film- und Fotodokumente)

Text der nebenstehenden handschriftlichen Aussage:

Im vorigen Jahr, kurz vor meiner Gefangennahme am 3. 9. 1942, war ich Zeuge von furchtbaren Greueltaten, die in einem größeren Dorf in der Nähe von Cholm verübt worden sind. Von einer SS-Abteilung sind ungefähr 300 Männer, Frauen und Kinder, zum größten Teil Juden, auf die grausamste Art hingerichtet worden. Zu kleineren Abteilungen zusammengestellt, mußten sich zunächst die Männer in Linie vor eine selbst ausgehobene Grube stellen. Mit einem Maschinengewehr, das in einer kurzen Entfernung in Brusthöhe auf einem Sockel aufgebaut war, wurde die erste Abteilung durch eine MG-Garbe einfach abgemäht. So geschah es mit den anderen ebenfalls. Es war ein furchtbares Schreien und Klagen, denn nicht jeder war durch das MG-Feuer tödlich getroffen. Diese Schwerverletzten wurden einfach mit Erde beworfen, wobei von den SS-Banditen, als Wortführer trat besonders der Feldwebel Josef Schmidt aus Freiburg hervor, bemerkt wurde: „Die werden dann wenigstens im Dreck ersticken." – Versuchten einige Männer und Frauen dieser furchtbaren Hinrichtung zu entfliehen, so wurden sie mit einem Kraftwagen verfolgt und einfach wie die Hasen abgeschossen. Kleine Kinder wurden an den Beinen gefaßt und mit den Köpfen gegen eine Mauer geschleudert.

...

Faerber, Christian, Gefr., Schuster
3/9. R. 347 – Schwitzingen b. Mannheim

Das Tagebuch der Schülerin
Tanja berichtet ...

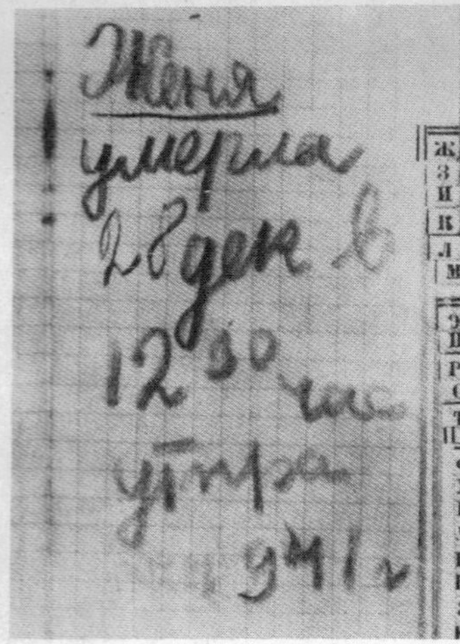

Shenia ist gestorben. 28. Dezember, um 12.30 Uhr morgens 1941

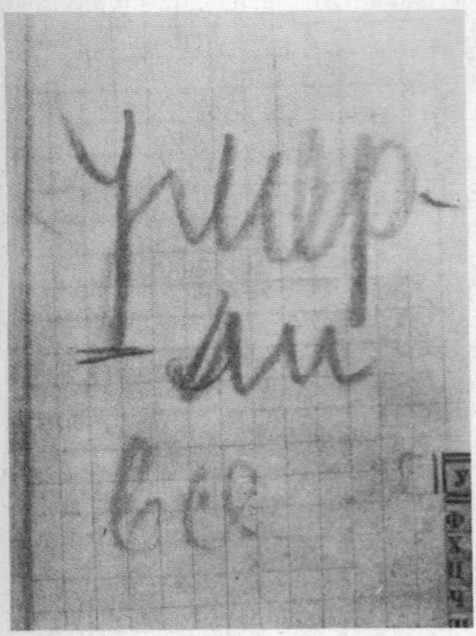

Alle sind gestorben ...

... Tanja ist allein

Aus dem Tagebuch der elfjährigen Tanja Sawitschewa aus dem belagerten Leningrad (H. Bergschicker, Leningrad, Frankfurt 1966, S. 184 f.)

42 Kinder wurden im August 1943 im Gebiet von Orlov von den Deutschen durch Gas ermordet. Ihre Leichen wurden in eine Grube im Dorf Baschovo geworfen, wo sie nach der Befreiung geborgen wurden. (Staatliches Zentralarchiv der UdSSR – Film- und Fotodokumente)

Januar 1942: Kolja Korolev aus Jarovo findet seine von den Deutschen ermordeten Geschwister Viktor und Maria. (Staatliches Zentralarchiv der UdSSR – Film- und Fotodokumente)

Major Protkov trägt die dreijährige Rachmanovaja, die bei einem Bombardement der Deutschen auf die Stadt Nevel schwer verletzt wurde.
(Staatliches Zentralarchiv der UdSSR – Film- und Fotodokumente)

Die „Heuaktion“, Verschleppung zur Zwangsarbeit

Was verbarg sich hinter dieser ländlich-friedlich klingenden Code-Bezeichnung, die in den Verhandlungsprotokollen des Nürnberger Prozesses gegen die Hauptkriegsverbrecher mehrfach wiederkehrt?

Am 181. Verhandlungstag des Nürnberger Prozesses trug der Verteidiger des Angeklagten von Schirach (dem neben Rosenberg, Sauckel u. a. Mitwirkung an der „Heuaktion“ vorgeworfen wurde), Dr. Sauter folgende Deutung dieser Aktion war:

„Diese Aktion verfolgte, soweit Schirach aus den hier vorgelegten Dokumenten entnehmen konnte, anscheinend das Hauptziel, die Jugendlichen, die im Operationsgebiet, also unmittelbar hinter der Front ohne Eltern umherirrten, zu sammeln und einer Beschäftigung und Berufsausbildung zuzuführen, damit sie vor körperlicher und sittlicher Verwahrlosung geschützt wurden. Der Angeklagte Schirach bezweifelt, ob das überhaupt unter dem Gesichtspunkt eines Verbrechens gegen die Humanität oder eines Kriegsverbrechens gewürdigt werden kann“;[1]

Dr. Sauters Deutung enthält nicht nur eine aus dem Anliegen der Verteidigung entspringende Schönfärberei dieser Aktion. Sie ist vielmehr ganz und gar unrichtig.

Die erhaltenen Dokumente über die Heuaktion beweisen zweifelsfrei, daß im Juni 1944 in den westlichen, von deutschen Truppen besetzten Teilen der UdSSR, so in Weißrußland, der nördlichen Ukraine und Galizien, Kinder im Alter von 10 bis 14 Jahren ihren Angehörigen entrissen und zum Arbeitseinsatz in das Deutsche Reich geschafft wurden.

Allein schon die Heeresgruppe Mitte bereitete die Erfassung von 40000 bis 50000 Kindern im Alter von 10 bis 14 Jahren, ihre Trennung von den Eltern (die ihrerseits zu sogenannten „Arbeitsbataillonen“ zusammengefaßt wurden) und ihre Deportation aus ihrer Heimat im Westen der Sowjetunion in das Deutsche Reich vor. Dort sollten die Kinder als Zwangsarbeiter in der deutschen Wirtschaft und in der Rüstungsindustrie (z. B. in den Junkerswerken) eingesetzt werden. Andere sollten über die berüchtigte Organisation Todt für das Handwerk angelernt werden.

1 Nürnberger Hauptkriegsverbrecherprozeß, Verhandlungsprotokolle, 181. Tag XVIII, S. 492.

Aus dem Dokument 031-PS, geheimer Vermerk des Chefs des Führungsstabes Politik vom 12. Juni 1944 über die Verschickung von 50000 Jugendlichen im Alter von 10 bis 14 Jahren aus dem Gebiet der Heeresgruppe Mitte nach Deutschland (Heuaktion), des Nürnberger Prozesses geht hervor, daß die ,,Heuaktion" im Juni 1944 bereits angelaufen war.

Wie viele Kinder von diesem verbrecherischen Unternehmen betroffen wurden, ist wohl heute kaum noch genau festzustellen. Zum Glück verhinderte die Niederwerfung des deutschen Faschismus, daß die ,,Heuaktion" planmäßig zu Ende geführt werden konnte.

Mehrfach wurde von den in Nürnberg Angeklagten versucht, die ,,Heuaktion" als eine Art Fürsorgemaßnahme hinzustellen. Tatsächlich wäre für humane Fürsorgemaßnahmen auf dem von deutschen Streitkräften besetzten Territorium der UdSSR ein weites Aufgabenfeld vorhanden gewesen, denn Wehrmacht, SS und Einsatzkommandos hatten nicht nur verbrannte Dörfer, zerstörte Fabriken und verödete Städte hinterlassen, sondern niedrigste Mordtaten begangen, wie sie die Geschichte der Neuzeit nicht kannte und bei der mißhandelten Bevölkerung nichts als Grauen und soziales Elend hervorgerufen und zugleich Ablehnung und entschiedenen Widerstand geweckt. Aber Fürsorge für eine unterworfene, nicht ,,nordische" Bevölkerung ist dem faschistischen Systemdenken sozusagen wesensfremd. Rosenberg, Sauckel, Himmler, Koch und ihre Vasallen und die Führung der Junkerswerke dachten nicht an Fürsorge bei dieser Aktion. Daß das nur ein Vorwand war, ist aus der schon genannten Geheimen Reichssache (031-PS) ersichtlich: ,,Die Maßnahme soll propagandistisch stärkstens unterbaut werden und unter dem Motto laufen: Fürsorgemaßnahme des Reiches für die weißruthenischen Kinder, Schutz vor den Banden."

Ausgangspunkt für die Aktion war zunächst ein militärischer Gesichtspunkt der Heeresgruppe Mitte: ,,Die Jugendlichen stellen im Operationsgebiet eine nicht unerhebliche Belastung dar."[2]

Die strategische Auffassung des ,,totalen" Krieges vermochte in der Zivilbevölkerung, den Kindern und Jugendlichen hier nur einen Störfaktor militärischer Pläne und Berechnungen der Generalstäbe zu sehen. Dieser Störfaktor, der schwer kalkulierbare Risiken (Versorgungsschwierigkeiten oder etwa Bildung von Widerstandsgruppen) auf den Kriegsschauplatz brachte, sollte eliminiert werden. Die Heeresgruppe Mitte wollte freie Bahn für ihre Strategie des totalen Krieges und der verbrannten Erde.

Aber zu diesem Zeitpunkt, im Sommer 1944, waren die deutschen Streitkräfte auf dem Territorium der UdSSR schon geschlagen und befanden sich, bedrängt von der vorstoßenden Roten Armee und von Partisanenverbänden, auf dem Rückzug. Die vorher so planmäßig durchgeführte Vernichtungsstrategie konnte

2 Doc. 031-PS. Nürnberger Prozeß.

sich aus der Defensive heraus nicht mehr so frei wie vorher entfalten. In dieser Situation griffen die deutsche Heeresführung und die faschistische politische Führung nach jedem Strohhalm, um die Verschlechterung der militärischen Lage aufzuhalten, leider aber auch zugleich gegenüber der eigenen, kriegsmüden Bevölkerung, gegenüber den eigenen, desillusionierten und verausgabten Soldaten und vermehrt gegenüber der Zivilbevölkerung der besetzten Länder zu häufig nicht nur „unkonventionellen", sondern durchaus verbrecherischen, wie im Falle der „Heuaktion" auch völkerrechtswidrigen Terrormaßnahmen.

Die Heuaktion war nicht nur eine Rekrutierungsaktion kindlicher Zwangsarbeiter, sondern auch eine Geiselnahme im großen Stil, wie ebenfalls aus den vorhandenen Dokumenten hervorgeht. „Die geschlossene Zusammenfassung der Eltern in Arbeitsbataillone gibt im übrigen die Möglichkeit, bei Absetzbewegungen, die sowohl bei der Herresgruppe Mitte als auch Süd durchaus im Bereich des Möglichen liegen, die Bevölkerung dieses Mal geschlossen zurückzuführen. Die inzwischen ins Reich gebrachten Kinder stellen dabei ein geeignetes Bindemittel dar."

Die unvermeidliche Niederlage vor Augen, hatte der deutsche Faschismus im eigenen Lande Kinder für die Wehrmacht und für den „Werwolf" rekrutiert, um letzte Reserven zu mobilisieren, und die Verantwortlichen trugen keine Bedenken, diese verführten Kinder zu mißbrauchen und zu verheizen. In der besetzten UdSSR wurde nicht weniger verbrecherisch vorgegangen, indem man 10- bis 14jährige Kinder raubte und verschleppte. Die Maßnahme war schließlich auch Teil des faschistisch-rassistischen Genozid-Arsenals, wie ein weiteres Zitat belegt: „Es kommt bei dieser Aktion nicht nur auf die Vermeidung der direkten Stärkung der militärischen Kraft des Gegners an, sondern auch auf die M i n d e r u n g s e i n e r b i o l o g i s c h e n K r a f t a u f w e i t e r e S i c h t." (Hervorhebung durch die Autoren)[3]

Aus Berichten ehemaliger Zwangsarbeiter ist bekannt, daß die verschleppten Kinder gezwungen wurden, ohne ausreichende Erholungszeit Schwerarbeit zu leisten. Ein mit 15 Jahren nach Deutschland verschleppter Pole schrieb z. B.: „Die Arbeit begann um vier Uhr früh mit dem Melken. Dann wurde von sechs oder sieben Uhr bis zum Sonnenuntergang auf den Feldern gearbeitet. Nach dem Abendbrot ging die Arbeit weiter, erst um elf Uhr war Feierabend."[4]

Während bei der „Heuaktion" der Hauptzweck in der Rekrutierung von Kindern und Jugendlichen zur Zwangsarbeit bestand, wurde bei der sog. „Bandenbekämpfung", den Mord- und Verschleppungsaktionen gegen die Zivilbevölkerung in Gebieten mit Partisanentätigkeit, für die Überlebenden, einschließ-

3 Doc. 031-PS. Nürnberger Prozeß.

4 W. Rusinski, Polozenie robotnikow polskich w czasie wojny 1939–1945..., Poznań 1949, Bd. 1, S. 202, zitiert nach Seeber, E., Zwangsarbeiter in der faschistischen Kriegswirtschaft, Berlin 1964, S. 172.

lich Frauen und Kinder, Auffanglager errichtet, deren Insassen ebenfalls zur Zwangsarbeit deportiert werden sollten, wie bei der Aktion „Zigeunerbaron" im Gebiet Brjansk, UdSSR.[5]

★

Dokument 11

Geheimer Vermerk des Chefs des Führungsstabes Politik vom 12. Juni 1944 über die Verschickung von 50 000 Jugendlichen aus dem Gebiet der Heeresgruppe Mitte nach Deutschland (Heu-Aktion)

Der Chef des Führungsstabes Politik — Berlin, den 12. Juni 1944

– pers.Ref. –

Geheime Reichssache!

2 Ausfertigung:

1. Ausfertigung

Betr.: Evakuierung von Jugendlichen aus dem Gebiet der Heeresgruppe Mitte (Heu-Aktion).

1.) Vermerk:

Die Heeresgruppe Mitte hat die Absicht, in den Armeegebieten 40-50.000 Jugendliche im Alter von 10–14 Jahren zu erfassen und ins Reich zu bringen. Diese Massnahme geht auf Anregung der 9. Armee zurück. Die Jugendlichen stellen im Operationsgebiet eine nicht unerhebliche Belastung dar. Die Jugendlichen sind zum grossen Teil ohne elterliche Betreuung, da im Operationsgebiet die Frauen und Männer zu Arbeitsbataillonen zusammengezogen sind bezw. noch werden, um beim Stellungsbau zum Arbeitseinsatz zu gelangen. Für die jüngeren Jahrgänge sollen daher hinter der Front Kinderdörfer unter einheimischer Betreuung errichtet werden. Die 9. Armee hat, um entsprechende Erfahrungen zu sammeln, bereits ein solches Kinderdorf erstellt und bisher auch in politischer Hinsicht gute Ergebnisse mit dieser Aktion erzielt. Die Heeresgruppe hält es darüber hinaus für erforderlich, bei evtl.

5 Vgl. Bestand, „Unternehmen Zigeunerbaron", Internationaler Suchdienst Arolsen und Bundesarchiv – Militärarchiv – Freiburg.

Absetzbewegungen die Jugendlichen nicht in die Hände der Bolschewiken fallen zu lassen, da man hierin eine Stärkung des Kriegspotentials des Gegners sieht. Die Massnahme soll propagandistisch stärkstens unterbaut werden und unter dem Motto laufen: Fürsorgemassnahme des Reiches für die weissruthenischen Kinder, Schutz vor den Banden. In der 5 km-Zone ist die Aktion bereits angelaufen. Von der Abt. Jugend haben bereits unverbindliche Vorbesprechungen mit der Organisation Todt und den Junkers-Werken stattgefunden. Es ist beabsichtigt, über die Organisation Todt als einer auf Grund ihrer technischen und sonstigen Möglichkeiten hierfür besonders geeigneten Organisation die Jugendlichen in erster Linie dem deutschen Handwerk als Anlernlinge zuzuführen, um sie nach 2 Jahren Ausbildung als Facharbeiterkräfte zu verwenden. Von Seiten des deutschen Handwerks wird diese Aktion äusserst begrüsst, da man hierin eine entscheidende Massnahme zur Behebung des Mangels an Lehrlingen sieht.
Der Chef des Führungsstabes Politik, SS-Obergruppenführer Berger, hat am 10.ds.Mts. dem Herrn Minister denVorgang vorgetragen. Der Minister befürchtet, dass diese Aktion sich politisch sehr ungünstig auswirken würde, dass sie als Kinderverschleppung angesehen wird, andererseits die Jugendlichen für den Gegner keine wesentliche Stärkung der militärischen Kraft darstellen. Der Minister möchte daher die Aktion auf die 15–17jährigen beschränkt wissen.
Gegen diese Entscheidung des Herrn Ministers sprechen folgende Gesichtspunkte:

1. Es kommt bei dieser Aktion nicht nur auf die Vermeidung der direkten Stärkung der militärischen Kraft des Gegners an, sondern auch auf die Minderung seiner biologischen Kraft auf weitere Sicht. In diesem Sinne haben sich nicht nur der Reichsführer-SS, sondern auch der Führer geäussert. Bei den Absetzbewegungen des vorigen Jahres im Südabschnitt wurden entsprechende Befehle erteilt.
2. Eine ähnliche Aktion wird zurzeit bereits im Gebiet der Heeresgruppe Ukraine-Nord (Generalfeldmarschall Model) durchgeführt, wo sogar im politisch besonders bevorzugten galizischen Raum Abschöpfungsmassnahmen getroffen werden mit dem Ziel, 135.000 Arbeitskräfte in Arbeitsbataillonen zusammenzufassen und für den Stellungsbau zu verwenden, die Jugendlichen über 17 Jahre der SS-Division und unter 17 Jahren der SS-Helferaktion zuzuführen. Die Aktion, die dort bereits einige Wochen im Gange ist, hat bisher zu keiner politischen Beunruhigung geführt. Die Bevölkerung muss zwar zwangsweise erfasst werden, bringt aber hinterher doch ein gewisses Verständnis für diese aus rein militärischer Notwendigkeit erforderliche Massnahme auf. Voraussetzung dabei ist eine korrekte Behandlung, gute Verpflegung, Unterkünfte usw.

Die geschlossene Zusammenfassung der Eltern in Arbeitsbataillone gibt im übrigen die Möglichkeit, bei Absetzbewegungen, die sowohl bei der Heeresgruppe Mitte als auch Süd durchaus im Bereich des Möglichen liegen, die Bevölkerung dieses Mal geschlossen zurückzuführen. Die inzwischen ins Reich gebrachten Kinder stellen dabei ein geeignetes Bindemittel dar.

3. Die Massnahme soll bei der Heeresgruppe Mitte zunächst in den Armeegebieten durchgeführt werden, d. h. den Gebieten, die der Zivilverwaltung nicht unterstehen. Ich glaube auf Grund des Eindrucks, den ich bei der Besprechung mit dem Chef des Stabes bei der 9. Armee gewonnen habe, dass die Aktion notfalls auch ohne Zustimmung des Reichsministeriums für die besetzten Ostgebiete durchgeführt wird.
4. Wenn das Ostministerium diese Aktion nicht unterstützt bezw. durchführt, wird die Abschöpfung voraussichtlich durch den GBA. erfolgen. Die Heeresgruppe Mitte und besonders die 9. Armee legen aber entscheidenden Wert darauf, dass die Kinder nicht durch den GBA. zum Arbeitseinsatz im Reich gelangen, sondern durch Dienststellen des RMfdbO, da sie nur dann glauben, die Gewähr für eine korrekte politische und sachliche Behandlung zu haben. Dieser Wunsch der Heeresgruppe stellt einen besonderen Vertrauensbeweis gegenüber dem Ostministerium dar. Die Heeresgruppe möchte, dass die Aktion unter loyalsten Bedingungen durchgeführt wird, ähnlich wie die derzeitige Werbung der SS-Helfer. Sie möchte besondere Regelung hinsichtlich der Betreuung, des Postverkehrs mit den Eltern usw. getroffen haben. Die Kinder sollen möglichst nach Dörfern geschlossen bleiben, im Reich in kleinen Lägern zusammengefasst werden und von dort aus den handwerklichen Betrieben zur Verfügung stehen usw. Diese technischen Dinge sind bereits vorbesprochen worden. Sie lassen sich durchführen mit Hilfe der Dienststellen der HJ. über die Abt. Jugend des Ministeriums, dem daher auch jederzeit eine politische Steuerung und eine Verfügungsmöglichkeit über die Jugendlichen gegeben ist. Bei einer evtl. Wiederbesetzung des Gebiets kann daher das Ostministerium in geeigneter Weise Jugendliche zurückführen, die dann beim Aufbau des Gebiets mit ihren Eltern zusammen sicherlich ein politisches Positivum darstellen werden.

2.) Chef Führungsstab Politik,
SS-Obergruppenführer Berger,

mit der Bitte vorgelegt, dem Herrn Minister an Hand dieses Vermerks noch einmal Vortrag zu halten mit dem Ziel einer Überprüfung seiner Entscheidung.

Brandenburg

(Internationaler Militärgerichtshof Nürnberg 1948, Doc. Nr. 031-PS)

Dokument 12

Geheimes Fernschreiben Rosenbergs an Lammers vom 20. Juli 1944 über die Erfassung und Überführung von Jugendlichen (Heu-Aktion) aus dem Ost-Operationsgebiet in das Reichsgebiet

Reichsminister
für die besetzten Ostgebiete

Berlin, den 20. Juli 1944

Geheim!

KR.

1. Fernschreiben

Herrn
Reichsminister und Chef der Reichskanzlei
Dr. Lammers

Führerhauptquartier

Betr.: Führervorlage wegen Rückführungsmassnahmen.

1. Auf Grund einer Vereinbarung zwischen dem Reichsmarschall als Oberbefehlshaber der Luftwaffe, dem Reichsführer-SS, dem Jugendführer des Deutschen Reiches und dem Reichsminister für die besetzten Ostgebiete findet durch Kriegseinsatzkommandos, die bei meinen nachgeordneten Dienststellen aufgestellt worden sind, eine Anwerbung auf freiwilliger Basis von Jugendlichen russischen, ukrainischen, weissruthenischen, litauischen und tatarischen Volkstums im Alter von 15 bis 20 Jahren für einen Kriegseinsatz im Reich statt.

   Die Jugendlichen werden zunächst der Luftwaffe zur Verfügung gestellt, wodurch kv.-Männer der Luftwaffe zum Einsatz in anderen Wehrmachtsteilen freigemacht werden können. Später finden die Jugendlichen als SS-Helfer Verwendung.
2. Eine gleiche Vereinbarung ist zwischen den angeführten Dienststellen hinsichtlich der Anwerbung von weiblichen Kräften desselben Alters und gleicher Volkstumszugehörigkeit als Luftwaffenkampfhelferinnen getroffen worden.
3. Auf Grund einer Anregung militärischer Dienststellen findet in einem Teil des Operationsgebietes die Erfassung und Überführung von Jugendlichen im Alter von 10–14 Jahren in das Reichsgebiet statt (Heuaktion), da die Jugendlichen im Operationsgebiet eine nicht unerhebliche Belastung darstellen. Das

Ziel der Aktion ist eine weitere Betreuung der Jugendlichen unter Einschaltung der Reichsjugendführung und die Heranbildung von Anlernlingen für die deutsche Wirtschaft, in ähnlicher Form, wie dies beim Weissruthenischen Jugendwerk bereits mit Erfolg im Einvernehmen mit dem GBA durchgeführt worden ist. Eine politische Steuerung dieser Aktion von Seiten des Reichsministeriums für die besetzten Ostgebiete ist unerlässlich, da diese Jugendlichen später als besonders zuverlässige Aufbaukräfte in den besetzten Ostgebieten verwendet werden sollen.

4. Gemäss einer Vereinbarung mit dem Oberbefehlshaber der Luftwaffe, habe ich angeordnet, dass in den Generalbezirken Estland und Lettland Jugendliche zu einem Luftwaffeneinsatz herangezogen werden, der dem Einsatz deutscher Luftwaffenhelfer entspricht. Hierdurch werden kv.-Männer der Luftwaffe freigemacht.

Die Aktionen unter Punkt 1.) und 3.) sind dem Führer bekannt. Sie haben seine ausdrückliche Zustimmung gefunden. Wegen der Durchführung der SS-Helfer-Aktion hat der Führer kurzfristige Termine gestellt. Ausser der Aktion zu 3.) haben sämtliche Massnahmen rein militärischen Charakter und stehen somit ausserhalb des Zuständigkeitsbereichs des GBA. Eine besondere Bestätigung der Erteilung der Zuständigkeit ist in meinem Fernschreiben vom 10. 7. – II 1 d 931/44 g – deshalb erbeten worden, weil sich der GBA auf den Standpunkt stellt, dass sämtliche Flüchtlinge dem Arbeitseinsatz im Reich zuzuführen sind. Deshalb hat er die Auffanglager für die jetzt anfallenden Flüchtlinge für die Kriegseinsatzkommandos gesperrt.

Ich bitte im Hinblick darauf, dass meine Verhandlungen mit dem GBA gescheitert sind, eine Entscheidung des Führers dahin herbeizuführen, dass die Massnahmen zu 1.) bis 4.) unter den Flüchtlingen, und zwar auch in den Lagern des GBA vorzusetzen sind. Wie ich erfahre, ist Gauleiter Sauckel am 21.7.44 im Führerhauptquartier. Ich bitte, dort mit ihm Fühlung zu nehmen und alsdann dem Führer Vortrag zu halten.

gez. Rosenberg
Reichsminister für die
besetzten Ostgebiete

(Internationaler Militärgerichtshof Nürnberg 1948, Doc. Nr. 345–PS)

Dokument 13

Geheimes Fernschreiben des Ostministers an Sauckel vom 11. Juli 1944

RMfdbO. Berlin, den 11. Juli 1944

Fernschreiben!

Geheim

An den
Generalbevollmächtigten für den Arbeitseinsatz
Gauleiter Sauckel
Berlin SW 11.

Erfahre soeben, dass Flüchtlingslager für Weissruthenen in Bialystok, Krajewo und Olitai für die Werbetätigkeit des Kriegseinsatzkommandos Mitte gesperrt worden sind. Ich weise hierzu auf folgendes hin:

1. Das bisher in Minsk stationierte Kriegseinsatzkommando Mitte muss seine Tätigkeit in der Einberufung jugendlicher weissruthenischer und russischer Kräfte für einen militärischen Einsatz im Reich unter allen Umständen fortsetzen. Das Kommando hat zusätzlich die Aufgabe, Jugendliche von 10–14 Jahren ins Reich zu überführen.
2. Es handelt sich hierbei um einen vom Führer genehmigten militärischen Einsatz, der gemäß neu ergangener Führerweisung noch verstärkt werden soll. Derartige militärische Aufgaben müssen allen anderen Aufgaben vorgehen.
3. An dieser Zuständigkeit kann sich nichts ändern durch die Räumung der Gebiete, in denen die Werbetätigkeit ursprünglich stattfand. Der Werbungsbefehl bezieht sich nicht auf Territorien, sondern auf die in den Territorien ansässigen Menschen.
4. Ich muss jede Verantwortung für die aus der Schliessung der Flüchtlingslager entstehenden Konsequenzen ablehnen und bin gezwungen, bei weiterer Schließung der Lager sofort eine Führerentscheidung herbeizuführen.

Derselbe Grundsatz muss im Falle der Werbung von Luftwaffenhelfern in Estland und Lettland für das Kriegseinsatzkommando Nord gelten. Ich weise hierauf vorsorglich hin, falls dort ähnliche Verhältnisse eintreten sollten.

In Vertretung
gez. Alfred Meyer

(Internationaler Militärgerichtshof Nürnberg 1948, Doc. Nr. 199–PS)

Dokument 14

Aus dem Geheimbericht der Dienststelle Hauptbannführer Nickel vom 19. Oktober 1944 an Rosenberg über die Rekrutierung von baltischen und russischen Jugendlichen als Helfer für die deutsche Wehrmacht

Der Reichsminister für die besetzten Ostgebiete
Dienststelle Hauptbannführer Nickel
Berlin C 2, Klosterstr. 79
No. 717/44 geh

Berlin, den 19.10.1944

Geheim!

An den
Herrn Reichsminister für die
besetzten Ostgebiete
Michendorf

Betr.: Vorlage über die Tätigkeit der Dienststelle Hauptbannführer Nickel im Reichsministerium für die besetzten Ostgebiete.

Am 5. 3. 1944 wurde mir der Auftrag erteilt, eine Dienststelle zu errichten, die eine Anwerbung 15–20-jähriger junger Kräfte aus den Völkern der besetzten Ostgebiete für einen Kriegseinsatz im Reich vornehmen sollte. Die Klärung der politischen und arbeitsmässigen Fragen, die Zusammenstellung und Einweisung des Personals sowie die Erstellung der Erfassungslager, die Bereitstellung der Einkleidung und Ausrüstung, die Einrichtung der Dienststellen, die Entwürfe und die Beschaffung des ersten Propagandamaterials sowie die Einrichtung von Aussenkommandos erforderte Zeit bis zum 27. 5. 1944. Die längste Zeit wurde benötigt zur Klärung der politischen Fragen, die zu ständigen Auseinandersetzungen mit den nachgeordneten Dienststellen des Reichsministeriums für die besetzten Ostgebiete führten, besonders in Riga und Kauen. Die Dienststelle konnte:

a) am 27. 5. 1944 im mittleren Abschnitt der damaligen Ostfront
b) am 4. 6. 1944 im Südabschnitt der damaligen Ostfront
c) am 15. 6. 1944 in Litauen
d) am 15. 6. 1944 in Estland
e) am 18. 7. 1944 in Lettland

mit der praktischen Arbeit beginnen.

Von da ab bis zum 20. 9. 1944 – also in knapp 4 Monaten – wurden einem Einsatz zugeführt:

	1.	18.917	Jungen
	2.	2.500	Mädchen
Insgesamt		21.417	

Zu 1.: Die eingesetzten Jungen verteilen sich wie folgt:

a) 1.383 russische SS-Helfer
b) 5.953 ukrainische SS-Helfer
c) 2.354 weissruthenische SS-Helfer
d) 1.012 litauische SS-Helfer
e) 3.000 estnische Luftwaffenhelfer
f) 3.614 lettische Luftwaffenhelfer

Die unter a–f bezeichneten sind alle bei der Luftwaffe eingesetzt, und zwar

1000 bei Luftnachrichten
1000 bei LS mot.
265 auf Werften
alle übrigen bei der Flakartillerie.

g) 302 russische SS-Helfer konnten nicht mit zurückgeführt werden und wurden dem AOK 9 in Bobruisk übergeben, sind bei der Truppe eingesetzt worden und zum grössten Teil gefallen.
h) 346 estnische Luftwaffenhelfer erhielt die Kriegsmarine als Marinehelfer.
i) 250 ausgelesene ukrainische SS-Helfer erhielt nach 8-wöchentlicher vorbereitender Ausbildung in einem WE-Lager die galizische Schützendivision als Unterführernachwuchs.
k) 96 über 20 Jahre alte Kräfte erhielt das SS-Hauptamt zum Austausch gegen germanische Freiwillige aus der deutschen Rüstungsindustrie.
l) 81 Jungen mit Grösse unter 1,40 m erhielt die Luftnachrichten-Instandsetzungs-Werkstatt 8/III in Hohenfried/Ostpr. zur Ausbildung als Anlernlinge.
m) 99 untaugliche Kräfte erhielt das Bauamt der Reichsjugendführung zu KLV-Bauten.
n) 427 über 45 Jahre alte Kräfte erhielt die Luftwaffe.

41 Jungen sind bisher im Einsatz gefallen, 2 Jungen wurden mit dem EK II ausgezeichnet.

...

Über diese Kräfte hinaus wurden schon vorher der deutschen Rüstungsindustrie Kräfte zugeführt, und zwar

1.	3.500	Jungen und
	500	Mädchen den Junkers-Werken
2.	2.000	Jungen und
	700	Mädchen der OT.
Insgesamt		

Aus den besetzten Ostgebieten sind somit durch die unter Führung der Hitler-Jugend stehende Dienststelle

	18.917	Jungen der Luftwaffe
	5.500	Jungen der Rüstungsindustrie
	2.500	Mädchen der Luftwaffe
	1.200	Mädchen der Rüstungsindustrie
Insgesamt	28.117	

(Internationaler Militärgerichtshof Nürnberg 1948, Doc. Nr. 1137-PS)

634 Geheime Kommandosache! Anlage 1 zu Pz.A.O.K. 2, Der Chef des Gen. St., Ia Nr. 824/43 g.Kdos.v.17.5.43.

Panzerarmeeoberkommando 2
Ia/O.Qu./Qu.2/Verw.VII
Nr. 8/43 g.Kdos.

A.H.Qu., den 11.5.43.
NOKW - 47..
14 Ausfertigungen
4. Ausfertigung.
15

Betr.: Unternehmen "Zigeunerbaron", hier Evakuierung und Beuteerfassung.

Bezug: Pz.A.O.K.2, Ia, Nr. 753/43 g.Kdos. vom 8.5.43

1 Anlage-

Zur Durchführung der Aktion "Zigeunerbaron" wird folgendes befohlen:

I. Evakuierung:

1.) Die Bevölkerung der innerhalb des zu säubernden Feindgebietes gelegenen Dörfer und Ortschaften ist restlos zu evakuieren. Das Gebiet, welches als Feindgebiet anzusehen und demnach zu evakuieren ist, ist im Einvernehmen mit dem Stab Rübsam, Hptm. Köneke und dem Leiter des SVB, Ing. Kaminski festzulegen. Die Festlegung des Feindgebietes ist auf das eigentliche Waldgebiet zu beschränken.

2.) Die Evakuierung der Bevölkerung in dem festzulegenden Feindgebiet hat durch die kämpfende Truppe im Zuge der Säuberungsaktion zu erfolgen. Soweit möglich sind hierbei die La-Führer einzuschalten, die für Übernahme und Abtransport des vorhandenen Viehs und Kleintiers sowie von Pferden, Ackergeräten usw. zu sorgen haben. Die La-Führer sind hierbei durch die Truppe zu unterstützen.

3.) Bei Besetzung der einzelnen Ortschaften sind sofort schlagartig die vorhandenen Männer im Alter von 15 - 65 Jahren, soweit sie als wehrfähig angesehen werden können, zu erfassen und unter Bewachung mit Bahntransport in das Dulag 142 nach Brjansk zu überführen. Den erfassten Wehrfähigen ist zu eröffnen, daß sie bis auf weiteres als Kriegsgefangene gelten und daß bei irgendwelchen Fluchtversuchen von der Schußwaffe Gebrauch gemacht wird. Den Erfassten ist Möglichkeit zu geben, ihre notwendigste Habe sowie ausreichende Bekleidung mitzunehmen. Als Verpflegung ist ihnen Kgf.-Verpflegung zu gewähren.
Seuchenkranke dürfen hierbei nicht erfasst werden.

4.) Die übrige zu evakuierende Bevölkerung ist in den Dörfern zu sammeln und in geschlossenen Sammeltransporten ostwärts in die

Anweisung zur Aktion „Zigeunerbaron", S. 1 (ITS Arolsen)

Kinderraub für das Germanisierungsprogramm

Das Germanisierungsprogramm der Nationalsozialisten erstreckte sich auf alle überfallenen Länder. Es war in den Ländern im Osten und Südosten Europas wesentlich brutaler und offener als im Westen und Norden. Es gab hier keinerlei Mitgefühl mit den Betroffenen, keinerlei Rücksicht auf ihre Gefühle und auf ihr Schicksal. Die Politik für das Germanisierungsprogramm in diesen Ländern war schon im Oktober 1939 festgelegt worden und mündete 1941/42 in den sogenannten „Generalplan Ost". Danach war im Zuge des Germanisierungsprogrammes vorgesehen, die slawische Bevölkerung um mindestens 30 Millionen Menschen zu „dezimieren". Der „Generalplan Ost" wurde am 12. Juli 1942 von Himmler bestätigt. Das Germanisierungsprogramm, das „der Stärkung der eigenen Rasse" dienen sollte, war eng verknüpft mit der Ausrottungspolitik gegenüber den überfallenen Ländern im Osten und Südosten Europas. Die Stärkung der eigenen Rasse sollte gleichzeitig verbunden sein mit der Schwächung der biologischen Substanz dieser Länder. Dazu wurde im eigenen Land eine psychologische Kriegsführung bei der Bevölkerung durchgeführt. Nach der Diskriminierung der Juden wurden nun die slawischen Völker, vor allem die Polen und die Völker der Sowjetunion, Zielscheibe dieser Diskriminierungsmethoden. Das alte Schimpfwort „Pollack" für Polen wurde häufig verwandt, die Menschen in der Sowjetunion wurden allgemein als „Untermenschen" bezeichnet. Zu dieser psychologischen Vorbereitung der Ausrottungspolitik schrieb die Zeitung „Telegraf" am 11. März 1948 rückblickend:

„Es genügte ihnen nicht, die östlichen Menschen zu morden, zu sterilisieren, Schwangerschaften zwangsweise zu unterbrechen, sie umzusiedeln, zu befehlen, Kinder zu rauben und mit Gewalt einzudeutschen, sie auszubeuten und ganze Volksteile zwangsweise zu germanisieren, sondern es kam ihnen darauf an, sie noch im Innersten zu entwürdigen. Man wollte eine menschliche Viehherde aus ihnen machen."[1]

Die Mittel, die in diesen Ländern angewandt wurden, um das Germanisierungsprogramm durchzuführen, kann man zusammenfassend nur mit den Begriffen Menschenraub und Völkermord bezeichnen. Betroffen waren vor allem Polen, die Sowjetunion (und hier die Landesteile Estland, Lettland, Bjeloruß-

1 Zitiert nach Sosnowski, a. a. O., Posen und Warschau 1962, S. 209.

land, Ukraine) sowie Jugoslawien, die Tschechoslowakei, Ungarn und Rumänien. Das Programm lief sofort kurz nach Kriegsbeginn an, am 1. Oktober 1939. Die Instruktionen dafür gab das Rasse- und Siedlungshauptamt unter Leitung Himmlers. Es übertrug die Ausführung dem Verein „Lebensborn".

Nach den „Richtlinien zur Behandlung der Bevölkerung der ehemaligen polnischen Gebiete nach rassenpolitischen Gesichtspunkten" wurde zuerst in Polen und in der Folgezeit auch in allen anderen überfallenen Ländern in Osteuropa das Germanisierungsprogramm durchgeführt. Es bedeutete, daß die Deutschen in diesen Ländern das, was sie „gutes Blut" nach ihren rassistischen Kriterien nannten, rauben wollten. Es sollte der Stärkung der deutschen Nation dienen, während man alle anderen Menschen aus diesen Ländern, die als „rassisch minderwertig" eingestuft wurden, auf die Stufe von Arbeitssklaven, Untermenschen, die noch unter Tieren zu rangieren hatten, stellen und behandeln wollte.

Der nächste Schritt war die Massenvernichtung dieser Menschen.

Für den Raub von Kindern gab Himmler am 14. Juni 1941 eine Anweisung heraus, die sich auf polnische Kinder bezog, die aber im Verlauf des Krieges auch auf die Kinder aller anderen im Osten und Südosten Europas besetzten Länder übertragen wurde:

„1.

Ich halte es für richtig, wenn besonders gutrassische kleine Kinder polnischer Familien zusammengeholt und von uns in besonderen, nicht zu großen Kinderhorten und Kinderheimen erzogen werden. Das Wegholen der Kinder müßte mit gesundheitlicher Gefährdung begründet werden.

2.

Kinder, die nicht einschlagen, sind den Eltern zurückzugeben."[2]

Hier wird der offene Raub proklamiert und zugegeben, der in den folgenden Jahren unendliches Leid über Tausende von Familien brachte. Auf der anderen Seite wurden aber Kinder, die nicht als „gutrassisch" eingestuft wurden, keineswegs den Eltern zurückgegeben, sondern auf vielfältige Weise auf den Weg in die Vernichtung geschickt.

Die geraubten Kinder sollten zwischen 2 und 10 bzw. 12 Jahren alt sein, weil die verantwortlichen Nazifunktionäre glaubten, daß in diesen Altersgruppen eine „echte Umvolkung" gewährleistet sei. Es gab unter den geraubten Kindern aber schon bald solche, die jünger als sechs Monate waren.

Die geraubten Kinder wurden in spezielle Heime, Durchgangslager, gebracht, in denen täglich mehrere hundert auf ihre „rassischen Merkmale" überprüft wurden. Dies war eine körperliche Untersuchung, die ausschließlich nach dem Erscheinungsbild des Kindes eine Einstufung vornahm, und zwar nach Kri-

2 Internationaler Suchdienst Arolsen.

17123

COPY

Abschrift.

86

Der Reichsfuhrer SS

Tgb.Nr. AK/38/8

RF/V.

Berlin SW 11, den 14.6.1941.

Prinz - Albrecht Str.8.

Lieber Parteigenosse G r e i s e r .

Ich darf die Anregung, die ich kürzlich mündlich gegeben habe, schriftlich wiederholen.

1.) Ich halte es fur richtig, wenn besonders gutrassige klein Kinder polnischer Familien zusammengeholt und von uns in besonderen, nicht zu grossen Kinderhorten und Kinderheimen erzogen wurden. Das Wegholen der Kinder müsste mit gesundheitlicher Gefährdung begründet werden.

2.) Kinder, die nicht einschlagen, sind den Eltern zurückzugeben.

3.) Ich rate, zunächst einmal nur mit zwei oder drei solchen Einrichtungen zu beginnen, um Erfahrungen zu sammeln.

4.) Von den Kindern, die sich als einigermassen gut herausstellen, wäre nach einem halben Jahr Ahnentafel und Abstammung einzuholen. Nach insgesamt einem Jahr ist daran zu denken, solche Kinder als Erziehungskinder in kinderlose gutrassige Familien zu geben.

5.) Als Leiter und Leiterinnen für solche Institutionen dürfen nur die besten und rassisch klarsehenden Kräfte genommen werden.

Heil Hitler !

gez. Ihr H. Himmler

Za zgodność : Sekretarz Okręgowej Komisji Badania Zbrodni Niemieckich w Polsce

Kaczmarek

mgr. Marian Kaczmarek

Poznań, dnia 25 września 1947 r.

(Okręgowa Komisja Badania Zbrodni Niemieckich w Poznaniu)

(ITS Arolsen)

terien, die jeder wissenschaftlichen Grundlage entbehrten und die von den faschistischen Rassenideologen aufgestellt worden waren.
Nach diesen rassistischen Vorstellungen sollte es möglich sein, Kinder in drei verschiedene Kategorien einzustufen, wobei die erste Kategorie die ,,Eindeutschungsfähigkeit" bescheinigte. Die zweite Kategorie bescheinigte ,,Eindeutschungsfähigkeit mit Einschränkung". Die dritte Kategorie wies die Kinder als ,,unerwünscht", ,,rassisch minderwertig" und ,,erblich stärkstens belastet" im Sinne der pseudowissenschaftlichen faschistischen Rassevorstellungen ab. Die Einstufung in diese dritte Kategorie drückte dem Kind den Stempel ,,nichtwiedereindeutschungsfähig" auf und war oft gleichbedeutend mit dem Todesurteil für dieses Kind.

82 Kinder aus Lidice, die in die Umwandererzentrale nach Lodz (Litzmannstadt) gebracht worden waren, wurden in diese dritte Kategorie eingeordnet und kurze Zeit später in Chelmno a/Ner ermordet. Über acht dieser Kinder, zum größten Teil Geschwister, liegt ein Vermerk aus Lodz (Litzmannstadt) vom 20. Juni 1942 vor, der durch seine Sprachführung schon signalisiert, welches Schicksal diese Kinder erwartete (Auszug):

,,Betr.: Nichtwiedereindeutschungsfähige tschechische Kinder

Aus dem Schreiben der RuS-Außenstelle Böhmen und Mähren vom 12. 6. 1942 geht hervor, daß folgende tschechische Kinder erblich stärkstens belastet sind:

1. Koberova, Milada 10. 6. 1930
2. Koberova, Zdenka 6. 2. 1934
3. Kober, Jaroslav 19. 10. 1932
4. Kober, Waclav 6. 11. 1936
5. Cermak, Jiri 4. 5. 1930
6. Cermak, Miroslav 2. 9. 1934
7. Cermakova, Bozena 27. 12. 1932
8. Radoš, Miroslav 23. 5. 1935."[2a]

Als ,,nichtwiedereindeutschungsfähig" galten auch die Kinder, bei denen die Rasseideologen feststellten, daß entweder ihr Vater oder ihre Mutter jüdischer Abstammung waren. Die Kinder wurden als ,,Judenstämmlinge" bezeichnet und damit nach den Rassevorstellungen der deutschen Faschisten verworfen. Im Falle der Familie Muszynski aus Polen wurde die Mutter, weil sie Jüdin war, in ein Konzentrationslager gebracht. Ihre beiden Kinder, vier und sieben Jahre alt, wurden auf Anordnung Himmlers sterilisiert. Himmler hatte auf die Anfrage Kaltenbrunners, was mit diesen Kindern geschehen solle, handschriftlich am 17. Mai 1944 vermerkt: ,,sterilisieren".

Kinder, die als ,,wiedereindeutschungsfähig" eingestuft worden waren, wur-

2a IML Berlin. ST 31/8.

den in Heime zusammengefaßt, in denen man begann, die Spuren ihrer Herkunft zu verwischen. Die Kinder bekamen neue Vor- und Familiennamen, die Angaben über ihr Geburtsdatum und ihren Geburtsort wurden geändert und so gefälschte Dokumente ausgestellt. Das erfolgte nach einer Anweisung von Himmler: „Die Verdeutschung ist so vorzunehmen, daß die neuen Namen sich möglichst dem Stamm und Klang der bisherigen Namen anpassen, und wenn eine Verdeutschung der bisherigen Namen nicht möglich ist, neue deutsche Namen zu geben. Es sind dann allgemein gebräuchliche deutsche Namen (selbstverständlich nicht konfessioneller Richtung) auszuwählen; von der Verwendung betont nordischer Namen ist Abstand zu nehmen."[3]

Die Kinder wurden dann mit ihren gefälschten Papieren nach Deutschland gebracht und vor allem die jüngeren zur Adoption in Familien von SS-Angehörigen freigegeben. Die älteren Kinder zwischen sechs und 12 Jahren sollten erst in besonderen Heimen erzogen werden, bevor man sie weitervermitteln wollte. Diese Kinder sollten, ebenso wie die deutschen Kinder, ganz vom Geist der nationalsozialistischen Erziehungsvorstellungen geprägt werden. Daher war es nötig, sie vollständig von ihrem Sprach- und Kulturkreis zu trennen. Die Kinder sollten ihre Heimat vergessen. Daher durften sie sich nicht mehr in ihrer Muttersprache verständigen, sie wurden gezwungen, deutsch zu sprechen. Es gab grausame Strafen, wenn sich die Kinder untereinander in ihrer Heimatsprache unterhielten.

Die Wege, die zum Raub der Kinder eingeschlagen wurden, waren vielfältig und hinterlistig. So wurden im August 1941 und verstärkt im Februar 1942 die polnischen Waisenhäuser nach Kindern durchsucht, die nach den pseudowissenschaftlichen Kategorien ein erwünschtes „rassisches Erscheinungsbild" boten. Ebenso wurden Waisenkinder, die bei polnischen Pflegeeltern lebten, in diese Raubaktion einbezogen. Auch diese Kinder wurden auf ihre „Eindeutschungsfähigkeit" untersucht. Die ausgewählten Kinder wurden in ein Gau-Kinderheim gebracht, in dem sie ungefähr sechs Wochen blieben. Die kleineren Kinder wurden, wie geplant, vom „Lebensborn" zur Adoption nach Deutschland gebracht, die älteren in sogenannte deutsche Heimschulen überstellt, wo sie im nationalsozialistischen Sinne erzogen werden sollten. Den polnischen Pflegeeltern wurde gesagt, daß die Kinder in Erholungs- und Ferienheime gebracht würden.[4]

Offensichtlich machte aber den faschistischen Behörden die Unruhe unter der polnischen Bevölkerung, besonders bei den Verwandten und bei den Pflegeeltern der geraubten Kinder, große Sorgen, so daß der „Reichsstatthalter" im Warthegau am 23. Dezember 1942 dem Regierungspräsidenten in Litzmann-

3 Sosnowski, a. a. O., S. 388.
4 Sosnowski, a. a. O., S. 375.

stadt (Lodz) schreiben mußte, daß die Angehörigen nach den Kindern fahndeten, um ihren Aufenthaltsort herauszufinden. Da aber auf jeden Fall verhindert werden sollte, daß die Kinder noch irgendeinen Kontakt mit ihren Verwandten und in ihrer Muttersprache erhielten, da man ihre „Eindeutschung“ forcieren wollte, wies der „Reichsstatthalter“ an, daß eine besondere Meldestelle für diese Kinder errichtet wurde, die keinerlei Auskunft mehr geben durfte.

Die beauftragten Häscher schreckten nicht davor zurück, kleine Kinder auf der Straße aus den Armen ihrer Mütter zu reißen und mitzunehmen.[5] Diesen offenen Raub belegt auch das Zeugnis einer Mutter, Feliksia Dzieginska. Sie lebte mit ihrer kleinen Tochter 1941 in Lodz und wurde aufgefordert, das Kind zur „Rassenüberprüfung“ zu bringen. Bei dieser Behörde wurde ihr das Kind abgenommen und in ein Heim gebracht. Im März 1942 sprach die Mutter bei dem Heimleiter vor und bat ihn, ihr das Kind für einen Tag zu überlassen, damit sie es taufen lassen könne. Unter dieser Bedingung wurde ihr das Kind mitgegeben. Feliksia Dzieginska versteckte sich mit ihrem Kind bei Freunden und lebte dort sechs Monate. Im September 1942, als sie mit dem Kind in einem Park spazierenging, wurde sie erkannt und von der Polizei festgenommen. Man entriß ihr nun endgültig das Kind, und sie selbst wurde von den Kindesräubern geschlagen. Erst nach dem Krieg, am 20. Dezember 1946, fand sie endlich eine Spur ihrer Tochter. Das Kind war nach Deutschland gebracht worden und lebte bei einer Familie in Hamburg. Zur Zeit ihrer Aussage war die Mutter noch nicht wieder mit ihrem Kind vereint.[6]

Eine weitere Methode, Kinder zu rauben, war, polnische Familien zu zwingen, sich in die „Deutsche Volksliste“ einzutragen. Eltern, die sich in die „Deutsche Volksliste“ aufgrund von Versprechungen und Erpressung eintrugen, wurden die Kinder fortgenommen, um sie „einzudeutschen“. Eltern, die sich nicht eintrugen, erwartete ein hartes Schicksal. Die Kinder wurden ihnen in jedem Fall fortgenommen. Sie selbst wurden in einigen Fällen aus ihrem Heimatort in entferntere Gebiete ausgewiesen, die Kinder blieben in „Fürsorgeerziehung“ der Nationalsozialisten.[7] Weitaus zahlreicher waren die Fälle, in denen Eltern, die sich weigerten, sich in die „Deutsche Volksliste“ einzutragen, in Konzentrationslager gebracht wurden. Viele von ihnen wurden ermordet.
ermordet.

Die Familie Zajdel aus Lodz, deren Name in Seidel eingedeutscht wurde, traf dieses Schicksal. Der Vater und der 14jährige Sohn Stefan wurden in das KZ Groß-Rosen gebracht. Die Mutter kam in das Konzentrationslager Ravensbrück. Wie der Kommandeur der Sicherheitspolizei in Litzmannstadt mitteilte,

Hillel, Lebensborn, S. 199.
6 Internationaler Suchdienst Arolsen, vgl.: Dokument 15, S. 208.
7 Internationaler Suchdienst Arolsen.

Blonde Kinder werden auf der Straße geraubt. Bei einem deutschen Soldaten gefundenes Foto (Politische Kommission für Hitler-Verbrechen; nach Hillel/Henry: Lebensborn e.V., Wien, Hamburg 1975)

war mit ihrer Haftentlassung in absehbarer Zeit nicht zu rechnen.[8] Nachdem die Eltern in die Konzentrationslager gebracht worden waren, erschienen Beamte der Kriminalpolizei und der Gestapo bei der polnischen Großmutter der alleingebliebenen beiden kleinen Kinder der Familie und entführten die Kinder in ein Kinderheim. Obwohl offensichtlich von seiten der Kriminalpolizei dafür gesprochen wurde, die Kinder bei der polnischen Großmutter zu lassen, wurde von den mitanwesenden Gestapobeamten darauf gedrungen, die Kinder fortzunehmen, weil „die deutsche Erziehung der Kinder" gewährleistet sein müsse.[9]

Die Zahl der für dieses Germanisierungsprogramm geraubten Kinder aus den Ländern Ost- und Südosteuropas wird wohl nie mehr vollständig zu ermitteln sein. Über 200000 Kinder aus Polen wurden verschleppt, von denen nach Kriegsende nur 15 bis 20 Prozent wiedergefunden werden konnten. Für die geraubten Kinder aus der Sowjetunion ist es noch schwieriger, Zahlen zusammenzustellen, weil in den meisten Fällen die Angehörigen ermordet wurden. Aus einem Bericht des „Reichskommissariats für die Festigung des deutschen Volkstums" vom 13. Mai 1942 geht hervor, daß zu diesem Zeitpunkt schon allein aus dem Gebiet Estland 1167 Kinder und aus dem Gebiet Lettland 3950 Kinder geraubt worden waren. Dies war aber erst der Beginn der Raubaktion. Auch über das Ausmaß der Zahl der geraubten Kinder aus Rumänien sind kaum Unterlagen erhalten geblieben. Unter den Kindern, die aus der Tschechoslowakei fähig" eingestuft worden waren.

Bei den Kindern aus Jugoslawien handelte es sich in vielen Fällen um Kinder von Widerstandskämpfern. Die Maßnahmen, die Kinder von Widerstandskämpfern betrafen, gingen auf eine Anweisung Himmlers vom 25. Juni 1942 zurück, in der befohlen wurde, daß Kinder von Widerstandskämpfern, die ja in der faschistischen Terminologie als „Bandenkinder" bezeichnet wurden, da man ihre Eltern, die als Partisanen gekämpft, als Banditen diskriminierte, klassifiziert werden sollten, um die „Wiedereindeutschungsfähigen" herauszusuchen und zu rauben.[10]

Aufgrund dieser Maßnahme kamen im August 1942 10 jugoslawische Kleinstkinder mit der Eisenbahn in Frohnleiten in Österreich an. Sie waren in Wäschekörben transportiert worden. Zu diesem Transport gehörte auch eine Anzahl jüngerer Kinder, deren Anzahl unbekannt geblieben ist.[11]

Die Eltern dieser Kinder waren als Widerstandskämpfer teils in Konzentrationslager verschleppt, teils ermordet worden. Der ehemalige Lagerbetreuer Albert Limmer gab zu Protokoll, daß sich bis September 1943 ungefähr 60 jugoslawische Kinder in einem Kinderheim in Mainburg befunden hatten. Auch von

8 Internationaler Suchdienst Arolsen, vgl.: S. 213.
9 Internationaler Suchdienst Arolsen, vgl.: S. 212.
10 Internationaler Suchdienst Arolsen.
11 ITS Arolsen, vgl.: das Bild auf S. 210.

Zehn kleine jugoslawische Babys (sog. „Bandenkinder") stehen in Wäschekörben auf dem Bahngelände von Frohnleiten, Österreich, im August 1942, zum Transport in ein nahegelegenes Lager des SS-Eindeutschungsbüros. Ihre Eltern, antifaschistische Partisanen, waren entweder erschossen oder in Konzentrationslager gebracht worden. Im Vordergrund: eine deutsche Krankenschwester und ein Feldjäger (ITS Arolsen)

diesen Kindern war bekannt, daß sie Waisen von Widerstandskämpfern waren.[12]

Im Lager Himmelberg in Oberösterreich waren slowenische Kinder, die von ihren Müttern getrennt und deren Väter als Partisanen umgebracht worden waren. Diesen Kindern wurde dann vom Lagerleiter auf Anordnung der übergeordneten Behörde mitgeteilt, daß ihre Mütter im Konzentrationslager Auschwitz verstorben seien. Der ehemalige Lagerleiter Karl Schafhauser sagte dazu aus:

„Als diese Nachrichten sich häuften, kamen mir Bedenken, ob diese Angaben über den natürlichen Tod der Mütter auf Wahrheit beruhen oder nicht, zumal die Kinder selbst äußerten, daß sie an diese Todesursache nicht glaubten."[13]

Diejenigen Kinder von Partisanen, die als „nichtwiedereindeutschungsfähig" eingestuft worden waren, wurden – sofern man sie nicht sofort ermordete – in Lager gebracht, wo sie zu Arbeitssklaven herangezogen werden sollten. Ein solches Lager befand sich in Lebrechtsdorf an der Netze, in das Kinder polnischer und sowjetischer Partisanen verschleppt wurden. Die 12 bis 16 Jahre alten Jungen und Mädchen mußten Zwangsarbeit leisten. Es wurde angeordnet, daß für diese Kinder in der „Insassenschneiderei" des Lagers Arbeitsanzüge und Wäsche aus grauem Stoff und Flanell angefertigt wurden. Außerdem wurden für die Bandenkinder im Lager Lebrechtsdorf insgesamt 511 Paar Holzschuhe mit Werkstoffoberteil angefordert. Die beigefügten Angaben über die Schuhgrößen geben Aufschluß darüber, daß sich im Lager sehr viele Kleinkinder befunden haben:

Gr	26	27	28	29	30	31	32	33	34	35	36	37	38	39	40	41	43
Pr	10	10	20	54	44	25	37	38	36	43	36	38	70	26	20	10	4

(Anforderungen von 511 Paar Holzschuhen, Gr. = Größe, Pr. = Anzahl der Schuhpaare.)

Tatsächlich befanden sich am 1. September 1944 196 Kinder, die noch nicht acht Jahre alt waren, und 122 Kinder, die noch nicht einmal zwei Jahre alt waren, im Lager Lebrechtsdorf.

Nach dem Krieg wurde in dem Prozeß vor dem amerikanischen Militärtribunal, der von Oktober 1947 bis März 1948 dauerte, das Ausmaß der Tragödien, die sich aus dem Germanisierungsprogramm ergaben, deutlich. In dem sogenannten Fall 8 standen die noch greifbaren Verantwortlichen für dieses Programm vor Gericht. Zum Abschluß des Prozesses schrieb der „Telegraf" am 11. März 1948:

„Man wünscht sich nur, daß die 147 Seiten dieser Urteilsbegründung gedruckt und dem ganzen deutschen Volk in Buchform zugänglich gemacht würden, damit es endlich seine ehemaligen ‚Größen' ohne schöne Uniformen und

12 ITS Arolsen.
13 Sosnowski, a. a. O., S. 400.

Propagandaphrasen in ihrer ganzen Niedertracht und verbrecherischen Gemeinheit sehen und erkennen könnte."[14]

Tausende der geraubten Kinder haben ihre Eltern und Verwandten nie wiedergefunden. Viele von ihnen, die im Kleinkindalter geraubt wurden, wissen weder ihren richtigen Namen, noch kennen sie ihr Geburtsdatum und den Geburtsort. Auch Angaben über ihre Eltern können sie nicht machen. Bis heute werden in vielen öffentlichen Einrichtungen unseres Landes Plakate ausgehängt, auf denen Menschen abgebildet sind, die als Kinder geraubt wurden, und die noch immer hoffen, ihre Eltern und Angehörigen wiederzufinden.

In das Germanisierungsprogramm wurden auch die Kinder der sogenannten „Ostarbeiterinnen", Kinder von Frauen und Mädchen, die aus Polen und der Sowjetunion nach Deutschland verschleppt worden waren, um als Zwangsarbeiterinnen in der deutschen Industrie zu arbeiten, einbezogen. Bei den schwangeren Zwangsarbeiterinnen, bei denen nach den pseudowissenschaftlichen Kriterien der Nationalsozialisten ein „gutrassisches" Kind zu erwarten war, wurde keine Erlaubnis zur Schwangerschaftsunterbrechung gegeben. Dieses Kind wurde schon vor seiner Geburt als wertvolles Beutestück betrachtet. Kurz nach der Geburt wurden diese Kinder ihren Müttern fortgenommen und in Kinderheime oder in deutsche Familien zur Adoption gegeben. Den unglücklichen Müttern wurde keinerlei Auskunft gegeben, wohin ihre Kinder verschwunden waren. Aber nicht nur neugeborene Kinder wurden geraubt. Es sind Fälle bekanntgeworden, in denen Kinder, die mit ihrer ganzen Familie aus Polen oder aus der Sowjetunion zur Zwangsarbeit nach Deutschland verschleppt worden waren, geraubt wurden. Dazu gehört der Fall eines zweijährigen polnischen Kindes, das wegen einer Erkrankung in ein Krankenhaus in der Nähe von Haslach kam; das Kind wurde aus dem Krankenhaus heraus verschleppt.[15] Die Eltern haben das Kind nie wiedergefunden. So wie diese Familie noch immer ihr Kind sucht, so ergeht es heute noch Tausenden von Familien aus Polen und der Sowjetunion. Die Mehrzahl der geraubten Kinder, deren Mütter Zwangsarbeiterinnen waren, konnte nicht wiedergefunden werden.

Im gleichen Maße, wie man den sowjetischen und polnischen Frauen ihre „gutrassigen" Kinder raubte, versuchten die Nationalsozialisten, Kinder derjenigen Zwangsarbeiterinnen, die als „rassisch unerwünscht" galten, zu vernichten. Himmler selbst wies die zuständigen Stellen an, bei „rassisch minderwertigen Ostarbeiterinnen und Polinnen" Abtreibungen zu forcieren. Waren diese Kinder, die schon vor der Geburt von den Faschisten mit einem Todesmakel behaftet worden waren, geboren, so wurden sie wenige Tage nach der Geburt ihren Müttern fortgenommen. Die Mütter mußten 14 Tage nach der Entbindung

14 Sosnowski, a.a.O., S. 211.
15 E. Seeber, Zwangsarbeit in der faschistischen Kriegswirtschaft, S. 167.

wieder zurück an die Maschinen, weil ihre Arbeitskraft in den kriegswichtigen Betrieben dringend benötigt wurde. Ihre Kinder kamen in „Kindersammelstellen". In den allerwenigsten Fällen wurde es den Müttern erlaubt, ihre Kinder noch einmal zu sehen. Diese „Kindersammelstellen" hatten den einzigen Zweck, Kinder, unbemerkt von der Öffentlichkeit, langsam zugrunde gehen zu lassen. Aus einer Anfrage vom 11. August 1943 des SS-Gruppenführers Hilgenfeld geht hervor, daß er das Säuglingsheim „für Ostarbeiterkinder" besucht hatte, das sich in Spital am Phryn befand. Hilgenfeld mußte dort feststellen, daß „sämtliche in dem Heim befindlichen Kinder unterernährt sind". Diese Kinder bekamen täglich nur einen halben Liter Vollmilch und eineinhalb Stück Zucker. Sie waren bei dieser Ernährung zum langsamen Tod durch Verhungern verurteilt. Hilgenfeld schrieb diesen Bericht nicht, um Mitleid für die Kinder der Zwangsarbeiterinnen zu erwecken, sondern lediglich, um von Himmler eine Anweisung zu erhalten, ob man diese Kinder sterben lassen oder ob man sie aufziehen sollte, um später ihre Arbeitskraft zu nutzen.[16]

Heime wie das in Spital am Phryn gab es mehrere, und die Situation für die Kinder war in allen die gleiche. Die Säuglinge erhielten keinerlei Pflege, so daß die meisten von ihnen nicht einmal ein Alter von drei Monaten erreichten. Die Kinder der Zwangsarbeiterinnen, die im Volkswagenwerk Wolfsburg beschäftigt waren, wurden in ein Kinderheim in Rühen gebracht. Der verantwortliche Arzt und die Oberschwester ließen die Kinder dort hilflos umkommen. Der Arzt untersuchte nie selbst ein krankes Kind und holte auch keinen Spezialisten für erkrankte Kinder. Die Oberschwester kümmerte sich am Tage kaum um die Kinder und war nachts nie im Heim anwesend. Die Kinder waren alle krank und geschwächt, sie wurden von Ungeziefer gepeinigt. Waren die Kinder den Krankheiten erlegen, wurden die kleinen Leichen eingesammelt, in Kartons verpackt und auf dem Friedhof verscharrt. Die Mütter wurden nie benachrichtigt, wenn ihr Kind krank wurde oder wenn es gestorben war. Von April 1943 bis April 1945 starben dort 400 Kinder, allein im August 1944 60 Kinder.[17]

Das gleiche Schicksal erlitten die Kinder derjenigen Zwangsarbeiterinnen, die in der Nähe in der Landwirtschaft arbeiten mußten. Für ihre Kinder wurde in Velpke, unweit von Wolfsburg, ein Heim errichtet, das aus zwei Baracken auf einem Bauernhof bestand. Auch in diesem Heim fehlte es an Pflegepersonal für die Säuglinge und an allem, was die Kinder zum Leben brauchten. Kinder, die bei der Aufnahme ins Heim noch gesund waren, hatten bald eingefallene Wangen und skelettartige Glieder. Sie waren wegen der mangelnden Pflege vollkommen wundgelegen. Die Sterblichkeit war so hoch, daß von Mai bis September 1944 von 100 eingelieferten Kindern 84 starben. Die Kinderleichen wurden

16 IML Berlin, St 3 1-16, vgl.: S. 214 ff.
17 Lord Russell, Geißel der Menschheit, S. 233.

Friedhof Rühl.

Name Bezowitsch

Stand .... Nation Russen Kind

Wohnung ....

Alter ....

Todesursache ....

Beerdigungszeit 21. 12. 44 194 14 Uhr Erd- / ~~Feuer~~ Bestattung

---

Bestattungs-Institut August Wiese

Zweiggeschäft Reichswerke Hermann Göring, Heerte üb. Wolfenbüttel

BTZ 1. 44 2000 D 4 2. T. Feld 2a.

Friedhof neuer Hallendorf

Name Bochdan Kostichina

Stand Kind 3 Mon. Nation Russe

Wohnung Lager 24 (Kessmer)

Alter 10. 1944

Todesursache schwäche

Beerdigungszeit .... 194 5 Uhr Erd- / Feuer- Bestattung

Bestattungs-Institut August Wi e

Zweiggeschäft Reichswerke Hermann Göring, Heerte üb. Wolfenbüttel

BTZ 1. 44 2000 D 4

(ITS Arolsen)

auch hier in Kartons gepackt und hinter dem Friedhof verscharrt.[18]

Die Ärzte vermerkten gleichgültig irgendeine angebliche Todesursache auf den Totenscheinen, in vielen Fällen „Schwäche", „Zahnkrämpfe", sehr oft wurde überhaupt keine Todesursache angegeben. Auch die Angaben über Namen und Geburtsdatum sowie Angaben zu den Eltern wurden, wenn überhaupt, so wenig sorgfältig eingetragen, daß eine Identifizierung nicht mehr möglich war. Diese willkürlich angegebenen Todesursachen wurden wiederum von den Beerdigungsinstituten auf den Bestattungsbögen übernommen. So legen noch heute Unterlagen eines Bestattungsinstitutes aus Heerte bei Wolfenbüttel Zeugnis dafür ab, welches grausame Schicksal die Kinder der Zwangsarbeiterinnen aus den ehemaligen Hermann-Göring-Werken in diesem Gebiet erleiden mußten.[19]

★

Dokument 15

Zeugenaussage von Feliksia Dzieginska

Ich, Feliksa Dzieginska, geboren am 18. Mai 1910, Näherin, mit Wohnsitz in Lodz, Ulisza Franziskanska (Franziskanerstr.). App. 54, nachdem ich darauf aufmerksam gemacht worden bin, daß ich mich strafbar mache, wenn ich falsche Aussagen mache, erklärte hiermit Folgendes unter Eid, freiwillig und ohne jeden Zwang:

Im November 1941 erhielt ich eine Aufforderung, mich mit meinem Kind bei dem deutschen „Departement Jugend" in Lodz, Piotrkowska Str. 114, zu melden. Als ich mich dort meldete, wurde mir gesagt, daß ich mein Kind dort lassen müßte und daß ich selbst zur Arbeit zu gehen hätte; daraufhin ließ der deutsche Beamte sofort eine deutsche Frau, ohne meine Schreie zu beachten, mir das Kind wegnehmen und hinausgehen.

Später teilte mir der Beamte auf meine Bitte hin mit, daß das Kind in der Einrichtung für polnische Kinder in der Karalewskastr. 51 untergebracht werden würde. Dort konnte ich das Kind vier Monate lang besuchen. Im März 1942 ging ich zu dem Leiter der Einrichtung und bat ihn, mir das Kind für einen Tag zurückzugeben, weil ich es taufen lassen wollte; er erklärte sich einverstanden unter der Bedingung, daß ich es zurückbringen würde. Aber ich kehrte niemals mehr in die Einrichtung zurück und versteckte mich mit dem Kind für sechs Monate bei einer Freundin, Antonina Majchrzak, in Lodz, Skladowastr. 23.

18 Ebenda, S. 235.
19 Internationaler Suchdienst Arolsen, vgl.: S. 207.

Im September 1942, als ich mit dem Kind in einem Park war. wurde ich von einer Deutschen, Berta Ochtig, bemerkt, mit der ich früher in der Kilinskiegostr. 40 zusammengelebt hatte. Sie meldete mich der Polizei in der Kilinskiegostr. 152. Bald darauf kamen zwei Gestapoleute mit einer Beamtin und befahlen mir, mich fertigzumachen und mit dem Kind in die Kilinskiegostr. 152 zu gehen, wo mir das Kind weggenommen wurde, obwohl ich schrie, und wo ich geschlagen wurde.

Für eine lange Zeit mußte ich in das „Departement Jugend" in der Piotrkowstastr. 114 gehen, um herauszufinden, wo mein Kind war. Sie wollten es mir nicht sagen, aber schließlich fand ich heraus, daß es in der Einrichtung für deutsche Kinder in der Krzieneckastr. 15 war. Ich wurde dort nicht hineingelassen und erhielt immer die Antwort, daß das Kind nicht mehr dort wäre. Ich weiß nicht, was danach mit meiner Tochter geschah, weil ich sie niemals mehr wiedersah.

Nun versuchte ich, das Kind durch die Abteilung für die Rückführung polnischer Kinder in Lodz und durch das polnische Rote Kreuz zu finden und am 20. Dezember 1946 erhielt ich die Nachricht, daß das Kind bei dem Deutschen Albert Monz lebte, in Hamburg in der Horner Rampe 8, aber bis zum heutigen Augenblick ist das Kind noch nicht zu mir zurückgekehrt.

Nachdem ich sorgfältig das obige Affidavit durchgelesen habe und es mit meiner eigenen Handschrift unterzeichnet habe, schwöre ich, daß es die volle Wahrheit enthält nach meinem besten Wissen.

(Deutsche Übersetzung, ITS Arolsen)

Dokument 16

Zeugenaussage von Albert Limmer

Ich, Albert Limmer, schwöre, gebe zu Protokoll und stelle fest:

1. Ich wurde am 19. Mai 1917 in Notzenhausen, Kreis Mainburg, geboren. Ich ging in Notzenhausen in die Volksschule und in die Berufsschule. Ich bin von Beruf Metzger. Ich arbeitete als Metzger in Mainburg bis 1937. Von 1937 bis 1938 war ich im Arbeitsdienst. Von 1938 bis 1939 arbeitete ich als Metzger in Unterpfaffenhofen in der Nähe von München. Ich war im Heer vom September 1939 bis September 1943. Ich wurde aus dem Heeresdienst entlassen wegen einer ernsten Kriegsverletzung. Ich war beurlaubt von Mai 1943 bis zu meiner Entlassung aus dem Kriegsdienst im September 1943. Während dieser Zeit war ich auch Betreuer des Kinderheimes der VOMI (Rückdeutschungsbüro für Volksdeutsche). Von September 1943 bis September 1944 war ich Lagerbetreuer im Lager der Volksdeutschen Mittelstelle (Repatriierungsbüro für Volksdeutsche in Regensburg). Vom September 1944 bis zum Ende des Krieges war

ich Lagerbetreuer des VOMI-Lagers (Rückdeutschungsbüro für Volksdeutsche) in Radertzhausen bei Mainburg. Ich war niemals Mitglied der NSDAP oder einer der ihr angegliederten Organisationen.
Meine gegenwärtige Adresse ist:
Notzenhausen Kreis Mainburg, Haus 2

Es waren etwa 60 jugoslawische Kinder im Kinderlager des VOMI (Rückdeutschungsbüro für Volksdeutsche) in Mainburg während meiner Tätigkeit als Lagerbetreuer. Diese Kinder waren schon im Lager, als ich dem Lager zugeteilt wurde und wurden nach der Schließung des Lagers, die im September 1943 begann, in die Lager Metten und Seligenporten gebracht, die ebenfalls zu der VOMI (Rückdeutschungsbüro für Volksdeutsche) gehörten.

Die Kinder waren zwischen einem Jahr und 18 Jahren alt. Ihre Umgangssprache war jugoslawisch. Diese jugoslawischen Kinder waren Waisen von exekutierten Banditen (Partisanen, Anmerkung des Übersetzers), wie ich durch Frau Fellner, die Frau des Kreisleiters von Mainburg, durch den SS-Obersturmführer Panzer, Leiter der Zweigstelle der VOMI (Rückdeutschungsbüro für Volksdeutsche) in Bayreuth und durch seinen Sachbearbeiter, SS-Untersturmführer Braun informiert wurde. Die oben erwähnten Personen informierten mich weiterhin, daß das Vorhaben, weswegen diese Kinder durch die Büros der VOMI (Rückdeutschungsbüro für Volksdeutsche) nach Deutschland gebracht wurden, war, diese jugoslawischen Kinder zu germanisieren.

(Deutsche Übersetzung der Autoren aus dem Englischen, ITS Arolsen)

Jugoslawische Kinder werden nach ihrer Ankunft in Frohnleiten, Österreich, im August 1942, von deutschen Feldjägern zum Transport in ein nahe gelegenes Umsiedlungslager zusammengestellt (ITS Arolsen)

Abschrift

Neuer Entwurf.

7

Satzung des Vereins "Lebensborn" e.V.

§ 1.

Der Verein führt den Namen "Lebensborn" e.V. mit dem Sitz in München.
Als solcher ist er im Vereinsregister des Amtsgerichts München eingetragen.

§ 2.

Der Verein dienst ausschliesslich gemeinnützigen und wohltätigen Zwecken mit dem Ziel:

1.) rassisch und erbbiologisch wertvolle, kinderreiche Familien zu unterstützen,
2.) rassisch und erbbiologisch wertvolle, werdende Mütter zu betreuen, bei denen nach sorgfältiger Prüfung der eigenen Familie und der Familie des Erzeugers durch den Verein anzunehmen ist, dass gleich wertvolle Kinder zur Welt kommen,
3.) für diese Kinder zu sorgen,
4.) für die Mutter der Kinder zu sorgen,
5.) gemäss § 47 RJWG die Vereinsvormundschaft jeweils nach eigenem Ermessen zu übernehmen.

Die Voraussetzung der Betreuung von Müttern ist, dass sie in rassischer und erbbiologischer Hinsicht alle Bedingungen erfüllen, welche in der Schutzstaffel allgemein gelten.
Auf diese Leistungen besteht kein Rechtsanspruch.

§ 3.

Die weltanschaulichen Richtlinien erhält der Verein durch den Reichsführer-SS, Rasse- und Siedlungshauptamt.

§ 4.

Zur Erfüllung dieser Aufgaben kann der Verein alle ihm notwendig erscheinenden Massnahmen ergreifen.
Er kann andere Vereine, die ähnliche Zwecke verfolgen, in sich aufnehmen oder zur Mitarbeit heranziehen.

§ 5.

Der Verein wird vom Vorstand geleitet. Vorstandsvorsitzender ist jeweils der Reichsführer-SS.

(ITS Arolsen)

Abschrift!

219

Der Reichsführer-SS
Tgb.Nr. AR 654/14/42
Rf/V.

Führer-Hauptquartier
26. Januar 1942

An den
Lebensborn e.V.

München

Bei der Durchsicht der Fragebogen der Lebensbornmütter bin ich zu der Überzeugung gekommen, dass die Klassifizierung mit I, II und III nicht ausreichend ist. Es hat sich praktischerweise folgender Klassifizierung herausgestellt:

I = für die Mutter und den Vater charakterlich, weltanschaulich, rassisch erbgesundheitlich und gesundheitlich in Ordnung;

II = charakterlich und weltanschaulich in Ordnung, jedoch rassisch, erbgesundheitlich oder gesundheitlich gewisse Mängel;

III = gewisse Mängel und unreife charakterliche oder weltanschaulich Art oder rassische erbgesundheitliche und gesundheitliche stärkere Fehler;

IV = unerwünschte Mutter oder unerwünschter Vater, charakterlich oder weltanschaulich fehlerhaft oder rassisch abzulehnen oder erbgesundheitlich und gesundheitlich ernsthaft zu beanstanden und deswegen als Erzeuger von Kinder unerwünscht.

Die Gründe für eine schlechte Klassifizierung werden von mir jeweils im Fragebogen angestrichen.

gez. H. Himmler

F.d.R.d.A.
München, den 29.3.43

SS-Oberführer

(ITS Arolsen)

Lor ungs telle

DOCUMENT NO. NO- 4945

OFFICE OF CHIEF OF COUNSEL
FOR WAR CRIMES

Der Kommandeur
der Sicherheitspolizei
in Litzmannstadt

-IV 5 b - 5626/43 Schm.-

Litzmannstadt, den 23. Dezember 44
Gardestrasse 1-7

Stempel:
Der Oberbuergermeister

Jugendamt
Litzmannstadt

Eing. 28. Dezember 19..
Anlagen: 0 Abt.:

Stempel:
Stadtverwaltung Litzmannstadt
27.XII. 1944
Amt: 460 Anlagen:

An den
Herrn Oberbuergermeister
- Jugendamt -

in Litzmannstadt.

Betr.: Familie Z a j d e l (Seidel), wohnh.gew.hier, Toepfergasse 3.
Vorg.: Dort.Schreiben v.11.12.44 - Gesch.Z.4601 Hk.Z.250.

Die Eheleute Zajdel sowie ihr Sohn Stefan sind wegen Ablehnung der Deutschen Volksliste in ein Konzentrationslager eingewiesen worden. Der Ehemann und Sohn befinden sich im KL.-Gross-Rosen, die Ehefrau in Ravensbrueck. Mit ihrer Haftentlassung ist in absehbarer Zeit nicht zu rechnen.

Im Auftrage:

gez.: Weiss

Dro.

A CERTIFIED TRUE COPY

END

Nationalsozialistische Deutsche Arbeiterpartei
Reichsleitung

NSDAP. Reichsleitung
Hauptamt für Volkswohlfahrt
Fernsprecher 62 30 01 u. 62 30 11 Sammel-Nr.

Postscheckkonto: Berlin Nr. [illegible] Reichsleitung
Bankkonto: Bank der Deutschen Arbeit [illegible] Berlin, Konto Nr. [illegible] NS-Volkswohlfahrt [illegible]

Aktenzeichen: -Hl. Br- 010/43
Bei Beantwortung unbedingt angeben.

Der Oberbefehlsleiter

Berlin SO 36, den 11. August [illegible]
Maybachufer 48-51

Geheim

Einschreiben!

An den
Reichsführer ℌ
und Chef der deutschen Polizei H i m m l e r

B e r l i n SW 11
Prinz-Albrecht-Straße 8

Betrifft: Versorgung der Kinder von ausländischen Arbeitskräften.

Sehr geehrter Reichsführer ℌ!

Vor einigen Tagen war ich mit meinem Gauamtsleiter ℌ-Oberführer L a n g o t h in Spital am Pyhrn und habe das dort gelegene Säuglingsheim für Säuglinge und Kleinkinder von Ostarbeiterinnen in Augenschein genommen.

Die Einrichtung dieses Heimes ist seinerzeit auf Grund Ihres Schriftwechsels vom 9.10.1942 mit Gauleiter E i g r u b e r versuchsweise erfolgt. Auf Grund Ihres damaligen Auftrages hat ℌ-Oberführer Langoth das Heim eingerichtet.

Bei der Besichtigung habe ich festgestellt, daß sämtliche in dem Heim befindlichen Säuglinge unterernährt sind. Wie mir ℌ-Oberführer Langoth mitteilte, werden auf Grund einer Entscheidung des Landesernährungsamtes dem Heim täglich nur 1/2 l Vollmilch und 1 1/2 Stück Zucker für den einzelnen Säugling zugewiesen. Bei dieser Ration müssen die Säuglinge nach einigen Monaten an Unterernährung zugrunde gehen. Es wurde mir mitgeteilt, daß bezüglich der Aufzucht der Säuglinge Meinungsverschiedenheiten bestehen.

- 2 -

(Institut für Marxismus-Leninismus, Berlin)

Zum Teil ist man der Auffassung, die Kinder der Ostarbeiterinnen sollen sterben, zum anderen Teil der Auffassung, sie aufzuziehen. Da eine klare Stellungnahme bisher nicht zustande gekommen ist und, wie mir gesagt wurde, man "das Gesicht gegenüber den Ostarbeiterinnen wahren wolle", gibt man den Säuglingen eine unzureichende Ernährung, bei der sie, wie schon gesagt, in einigen Monaten zugrunde gehen müssen.

Ich habe ϟϟ-Oberführer Langoth gebeten, Gauleiter Eigruber von der Sachlage in Kenntnis zu setzen und ihn zu bitten, eine ausreichende Ernährung der Säuglinge bis zum Eingang ihrer Stellungnahme zu veranlassen. Die augenblickliche Behandlung der Frage ist m.E. unmöglich. Es gibt hier nur ein Entweder-Oder. Entweder man will nicht, daß die Kinder am Leben bleiben - dann soll man sie nicht langsam verhungern lassen und durch diese Methode noch viele Liter Milch der allgemeinen Ernährung entziehen; es gibt dann Formen, dies ohne Quälerei und schmerzlos zu machen. Oder aber man beabsichtigt, die Kinder aufzuziehen, um sie später als Arbeitskräfte verwenden zu können. Dann muß man sie aber auch so ernähren, daß sie einmal im Arbeitseinsatz vollwertig sind.

Eine ausreichende Ernährung sieht z.B. der Erlaß des Reichsernährungsministeriums vom 6.10.1942 - Nr. 1305 - vor, in dem angeordnet ist, daß den Kindern von Ostarbeiterinnen die halben Rationen der den Erwachsenen zustehenden Verpflegungsmengen und 1/2 l Milch täglich gewährt werden soll, wobei der Umtausch von Lebensmitteln in solche für Säuglinge geeignete zugelassen ist.

Ich bitte Sie, sehr geehrter Reichsführer ϟϟ, sich der Frage anzunehmen und eine grundsätzliche Entscheidung zu treffen, die auch deshalb notwendig ist, weil, wie mir ϟϟ-Oberführer Langoth mitteilte, die Errichtung eines zweiten Säuglingsheimes für Ostarbeiterinnen in Kürze beabsichtigt ist, da das in Spital am Phyrn gelegene Heim mit zur Zeit 62 Säuglingen überfüllt ist und weitere Säuglinge nicht mehr aufnehmen kann.

Heil Hitler!

Hilgenfeldt

Gruppenführer.

15 ...
11. AUGUST
34/11/43

Reichssicherheitshauptamt

IV B 2 -Nr. 571/44

Im Antwortschreiben dieses Geschäftszeichen, das Datum und den Gegenstand angeben

Berlin SW 11, den 8. Juni 1944
Prinz-Albrecht-Straße 8
Ortsanruf 12 00 40 · Fernanruf 12 64 21

Der Chef der Sicherheitspolizei u. des SD
UWZ Danzig, Dienststelle Lebrechtsdorf
12. JUN. 1944

Am den
Chef der Sicherheitspolizei und des SD
-UWZ.Danzig-Westpreußen-

in Lebrechtsdorf b. Nakel (Netze)
-.-.-.-.-.-.-.-.-.-.-.-.-.-.-.-.-.-

Betr.: Häftlingsbekleidung.
Bezug: Bericht vom 13.5.44 - I - 40 51/44 -.

Die Beschaffungsstelle der Sicherheitspolizei, Freiwalde Krs. Sprottau/NS., ist angewiesen worden, für die Bandenkinder im Lager Lebrechtsdorf insgesamt 511 Paar Holzschuhe mit Werkstoffoberteil in folgenden Größen dorthin zu übersenden:

Gr.	26	27	28	29	30	31	32	33	34	35	36	37	38	39	40	41	43
Pr.	10	10	20	54	44	25	37	28	36	43	36	38	70	26	20	10	4.

Im Auftrage:
gez. [redacted].

[redacted]

(ITS Arolsen)

Kinder im KZ

„Es ist ein Fehler, Unrecht zu vergeben, bevor der Wille, neues Unrecht zu begehen, gestorben ist." Dieses Wort des polnischen Arztes und Erziehers Janusz Korczak ist unmittelbar anwendbar auf die in den Konzentrationslagern begangenen Verbrechen.

Daß auch Kinder in diese Lager gebracht wurden, hat Janusz Korczak selbst erleben müssen. Er hat daraus eine persönliche Konsequenz gezogen, die der Ausdruck seines Eintretens für eine humanistische Pädagogik gewesen ist. Er hat die ihm anvertrauten Kinder nicht im Stich gelassen, hat sie verteidigt, bis er den Zugriff der SS nicht mehr abwenden konnte und ist dann gemeinsam mit den Kindern in das Vernichtungslager gegangen, obwohl man ihm freigestellt hatte, in Warschau zu bleiben.

Daß auch Kinder in Konzentrationslager gebracht werden konnten, daß der Schutz und die Fürsorge, die man Kindern zu geben in aller Welt für selbstverständlich hält, im deutschen Faschismus für viele Kinder nicht mehr existierte, ist ein sehr bezeichnendes Merkmal für den durch und durch antihumanen Charakter dieses Systems.

Die Regel, daß der Faschismus gerade für die verwerflichsten und verbrecherischsten Vorhaben und Einrichtungen unscheinbare, undurchsichtige administrative Tarnbezeichnungen einführte, trifft auch für die Bezeichnung „Konzentrationslager" zu. In diesen Lagern erfolgte die „Zusammenfassung" derjenigen, die nach der Auffassung der NS-Führung der unmittelbaren und der dauerhaften Durchsetzung ihrer politischen und rassistischen Systemziele im Wege standen. Dazu gehörten:

Die politischen Gegner des Faschismus: Antifaschisten verschiedener politischer Herkunft, Kommunisten, Sozialdemokraten, Angehörige verschiedener kleinerer sozialistischer Gruppierungen, Gewerkschafter, fortschrittliche Liberale und engagierte Demokraten des bürgerlichen Lagers, Pazifisten. Die Häftlinge aus diesem Personenkreis kamen aus Deutschland selbst und aus verschiedenen europäischen Ländern. Es waren Männer und Frauen darunter. Kinder waren insofern betroffen, als auch schwangere Frauen als politische Häftlinge in Lager eingewiesen wurden und dort ihre Kinder zur Welt bringen mußten.

Religiöse Gegner des Faschismus: engagierte Demokraten aus christlichen

Kreisen, antifaschistisch eingestellte Katholiken und katholische Priester, Protestanten und protestantische Pfarrer, Bibelforscher und religiös motivierte Kriegsdienstverweigerer.

Angehörige diskriminierter und sozial deklassierter Gruppen, wie z. B. Nichtseßhafte, Homosexuelle und Prostituierte.

Angehörige aus der geistigen und politischen Führungsschicht der unterdrückten Völker West- und Osteuropas, Kriegsgefangene und sogenannte ,,Ostarbeiter". Soweit Frauen darunter waren, waren auch ihre im Lager geborenen Kinder den Lebensbedingungen des Konzentrationslagers ausgesetzt.

Angehörige derjenigen ethnischen Gruppierungen, die nach den Willkürmaßstäben des ,,nordisch-germanischen" Rassenideals als ,,minderwertig" als ,,Untermenschen" diskriminiert und verfolgt wurden: Juden, Zigeuner und Angehörige der osteuropäischen Völker. Zum Teil erfolgte bei ihnen die Verschleppung ganzer Familien mit den Kindern, zum Teil wurden die Kinder nach der Trennung von den Eltern in ganzen Transporten aus west- und osteuropäischen Ländern in Konzentrationslager gebracht, zum Teil wurden die Familien während der Transporte, bei der Ankunft im Lager oder während des Aufenthalts im Lager auseinandergerissen. Da auch unter diesem Personenkreis häufig schwangere Frauen waren, waren auch die im Lager geborenen Kinder dieser Frauen Konzentrationslagerhäftlinge.

Nicht zufällig oder als Ausdruck organisatorischer Mißstände, sondern sehr gezielt wurde auf eine getrennte Unterbringung von kriminellen und politischen sowie aus rassistischen Gründen eingewiesenen Häftlingen in den meisten Fällen verzichtet. Die unterschiedslose Behandlung von Kriminellen und Nichtkriminellen war Teil des Diskriminierungskalküls der faschistischen Führung, insbesondere auch um gegenüber der deutschen und ausländischen Öffentlichkeit den wirklichen Charakter der Konzentrationslager verschleiern zu können. Für den nicht sehr großen Anteil weiblicher Häftlinge, die als ,,Berufsverbrecher" eingestuft waren, gilt ebenfalls, daß ihre Säuglinge den Lagerbedingungen ausgesetzt waren und damit Sozialisationsbedingungen vorfanden, die von vornherein eine schwere Beeinträchtigung ihrer Entwicklungschancen darstellten.

,,Euthanasie" und ,,Germanisierung Osteuropas" waren weitere NS-Programme, zu deren Durchführung man sich der Konzentrationslager mitbediente, und auch hier waren Kinder in erheblichem Umfang mitbetroffen.

Welchem Zweck die Konzentrationslager dienten und welches Schicksal die Inhaftierten erwartete, läßt sich an der stufenartigen Entwicklung der Konzentrationslager vom ,,Schutzhaftlager" zum Vernichtungslager erkennen. Drei größere Phasen des Lagerausbaus lassen sich im deutschen Faschismus von 1933–1945 unterscheiden, wobei zu beachten ist, daß die anfängliche Zweckbestimmung weiter fortgeführt wurde und der Kreis der in den Lagern Erfaßten sowie der Unterdrückungscharakter der Lager sich im Laufe des Ausbaus der faschistischen Herrschaft in Europa immer mehr erweiterte. Diese Tatsache ist auch für die Einbeziehung von Kindern in KZs von Bedeutung.

Von 1933–1938, von der Machtergreifung des Faschismus bis zum Beginn des Zweiten Weltkrieges, dienten die Konzentrationslager zunächst vor allem der Sicherung der Machtergreifung und der Befestigung der politischen Herrschaft. In dieser Zeit wurden in allen Teilen Deutschlands über 60 Lager errichtet. Gegner des Faschismus der verschiedensten politischen Richtungen und der verschiedensten weltanschaulichen Prägung, an Zahl aber weit vorwiegend Kommunisten, Sozialdemokraten und Gewerkschafter, wurden als „Schutzhäftlinge" in diese Lager eingewiesen. Die größten Lager waren: Dachau (das erste Konzentrationslager überhaupt), Buchenwald, Ravensbrück und Sachsenhausen. Zugleich setzte die staatsrechtliche, berufliche und soziale Diskriminierung und Isolierung der deutschen jüdischen Bevölkerung und der Zigeuner mit beginnenden Transporten in Konzentrationslager, ihre rassistische Entrechtung auf allen Ebenen des öffentlichen und privaten Lebens ein.

Die Zeit von 1939–1941/42 ist die Ausbauphase des Konzentrationslagersystems. Nach dem Einfall und Überfall in west- und osteuropäische Nachbarländer wurde das Lagersystem insbesondere auf große Teile Osteuropas ausgedehnt und den Erfordernissen der faschistischen Kriegsführung angepaßt. Rassistische Verfolgung und Schaffung von Gettos sowie die Vernichtung der jüdischen Bevölkerung setzten in großem Maßstab ein. Zugleich begannen die Maßnahmen des Genozids am polnischen Volk, der Bevölkerung der besetzten Teile der UdSSR, den slawischen Völkern Osteuropas. In dieser Zeit wurde z. B. Auschwitz errichtet und das sogenannte „Generalgouvernement Polen" mit einem KZ-Lagersystem überzogen.

Von 1942 an dienten, bei gleichzeitigem weiteren Ausbau, die Konzentrationslager sowohl der Zwangs- und Sklavenarbeit für die faschistische Wirtschaft und Rüstungsindustrie im Massenmaßstab, dem fortgesetzten und erweiterten politischen Terror, als auch der Durchführung des rassistischen, bevölkerungspolitischen und machtpolitisch motivierten Genozids gegenüber dem jüdischen Volk, den Zigeunern und den osteuropäischen Völkern. 1944 existierten schon 28 Hauptlager mit insgesamt über 2000 Nebenlagern und Außenkommandos. Der örtliche und funktionelle Zusammenhang von Konzentrationslagern und Produktionsstätten der Wirtschaft und Rüstung wurde immer systematischer. In der Nähe der Vernichtungslager Auschwitz, Maidanek, Treblinka und vieler anderer waren Industriebetriebe, wie z. B. die der IG Farben, angesiedelt, in denen die Arbeitskraft der Häftlinge rücksichtslos bis zur Vernichtung ausgebeutet wurde.[1]

Die Einbeziehung von Kindern in das System der Konzentrationslager erfolg-

1 Vgl. dazu Peter Kaiser: „Massenmord und Profit", Köln 1976.

te, wenn auch nicht ausschließlich, so doch hauptsächlich in der zweiten und dritten Ausbauphase. Lager, in denen in größerem Umfang Kinder inhaftiert waren und umkamen (zum Teil auch überlebten), waren u. a.: Buchenwald, Ravensbrück, Theresienstadt, Auschwitz, Treblinka, Maidanek, Nordhausen, Lublin, Mauthausen, Bergen-Belsen, Dachau, Großrosen und Neuengamme, Stutthof, Sobibor und Belzec.

In diesen Lagern befanden sich Kinder aus nahezu allen europäischen Ländern, vor allem aus Deutschland, Polen, der UdSSR, der Tschechoslowakei, Österreich, Ungarn, Rumänien, Bulgarien, Jugoslawien, Italien, Frankreich, den Niederlanden, Belgien und Luxemburg. Die größten Gruppen entstammten der jüdischen Bevölkerung West- und Osteuropas, dann die Kinder osteuropäischer Völker, vorwiegend slawischer Herkunft, insbesondere aus Polen und der UdSSR, Kinder aus dem Volk der Zigeuner, sowie die Kinder von Partisanen (sogenannte „Bandenkinder") und die Kinder von Angehörigen des antifaschistischen Widerstands.

Eine umfassende Aufstellung über die genaue Anzahl der Kinder, die in Konzentrationslager gebracht wurden, gibt es bisher unseres Wissens nicht. Es existieren jedoch eine Reihe von Monografien aus verschiedenen Ländern sowie Berichte und Aufstellungen über einzelne Lager, die eine Vorstellung vom Ausmaß der KZ-Verbrechen an Kindern zu vermitteln vermögen. Wir zitieren im folgenden aus derartigen Aufstellungen unter Betonung der Tatsache, daß die Verantwortlichen für den Genozid und für die KZ-Verbrechen den Charakter und das Ausmaß ihrer Unternehmungen von Anfang an zu verschleiern und zu verhehlen trachteten und gegen Ende des Krieges, als sich abzeichnete, daß sie für ihre Taten zur Verantwortung gezogen werden würden, die Mehrzahl der Dokumente beiseitegebracht und vernichtet haben. Dennoch ist an erhaltenen Dokumenten genug vorhanden, um die Größenordnung der Einbeziehung von Kindern zu erkennen und für eine Reihe von Lagern auch gesicherte Bilanzen zu erstellen:

„Im Zeitraum vom 1. September 1939 bis zum 8. Mai 1945 kamen um und wurden ermordet in Polen etwa 1 800 000 Kinder bis zum 16. Lebensjahr, davon etwa 600 000 jüdische Kinder einschließlich der Jahrgänge bis zu 18 Jahren, was zusammen mit den 225 000 Kleinkindern insgesamt 2 025 000 ermordete Kinder und Kleinkinder in Polen ergibt[2]

2 Zahlenangaben nach R. Hrabar: Das Kind im hitlerschen Vernichtungssystem, aus: Verbrechen an den Kindern und der Jugend Polens, Warschau 1969, S. 15, sowie nach Czeslaw Pilichowski, Der Widerstandskämpfer, Juli bis September 1972, S. 32 ff.; Czeslaw Pilichowski: Die Lage der polnischen Kinder und Naziverbrechen an Kindern während des 2. Weltkriegs, Zusammenfassung seines Referats auf der Internationalen Wissenschaftlichen Tagung: „Das Kind im 2. Weltkrieg", Warschau, April 1979.

,,Unter den 6 Millionen durch die Nazis in Europa ermordeten Juden gab es 1200000 Kinder.“[3]

Die Zahl der Zigeunerkinder, die in Konzentrationslagern inhaftiert waren, ist uns nicht bekannt. Es existieren Fotografien von Zigeunerkindern und Lagerlisten von Zigeunern mit Kindern in beträchtlicher Anzahl aus einzelnen Lagern.

Im Lager Auschwitz wurden nach dem Kriege die Kleider von mehr als 115000 Kindern und Säuglingen im Alter bis zu elf Jahren gefunden. Gelebt hatten bei der Befreiung nur noch etwas weniger als 200 Kinder.[4]

Aus einem Bericht der Besonderen Staatskommission zur Untersuchung deutscher Verbrechen in der Stadt Lublin geht hervor: ,,Der Zeuge Stanislawski, ehemaliger Gefangener im KZ Maidanek bezeugte ..., daß er sah, wie im Mai 1943 157 Kinder in den Gaskammern des Lagers ermordet wurden.“[5]

,,Im Zentralgefängnis in Riga haben sie mehr als 2000 Kinder, die sie von den Eltern weggerissen hatten, ermordet; im Lager von Salaspilsky waren es mehr als 3000 Kinder.“[6]

,,Im Lager von Janov in Lemberg töteten die Deutschen 8000 Kinder in 2 Monaten.“[7]

In Slowenien wurden in dem Auffanglager bzw. Durchgangslager in der Kreisschule von Celje Kinder und Familienmitglieder von Partisanen in mehreren Verhaftungswellen zusammengetrieben. Die Säuglinge und die Kinder bis zu 3 Jahren kamen in das Lager Mainburg und in Lebensborn-Heime, um zu willigen Gefolgsleuten des Faschismus erzogen zu werden (in den jugoslawischen Dokumenten wird der aus der Türkenherrschaft bekannte Begriff ,,Janitscharen“ verwendet). Die übrigen Kinder, mehr als 500 aus dem Gebiet der Untersteiermark, wurden zur Vernichtung nach Auschwitz gebracht.[8]

Diese Aufstellung ist, wie gesagt, erklärlicherweise unvollständig. In vielen Fällen sind keine genauen Aufzeichnungen angefertigt worden. In anderen Fällen wurden vorhandene Listen, Dolumente und Aufzeichnungen in der Endphase der faschistischen Herrschaft beiseitegeschafft oder vor dem Eintreffen der Alliierten vernichtet. Selbst von dem nach 1945 noch vorhandenen doku-

3 Öffentliche Erklärung des Dr. Herzog, Großrabbiner von Palästina, im Oktober 1946 nach seiner Rückkehr aus Europa, dokumentiert im Centre de Documentation Juive Contemporaine, Paris.

4 Zitiert nach Klaus Bednarz: Geheime Reichssache Kinderlager, eine Dokumentation. Die Zahl beruht auf Angaben des Auschwitz-Museums der Volksrepublik Polen.

5 Zitiert nach Kiryl Sosnowski, The Tragedy of Children under Nazi Rule, Warschau und Posen 1962, S. 87.

6 Nürnberger Prozeß gegen die Hauptkriegsverbrecher. Verhandlungsprotokolle vom 61. Tag, dem 18. Februar 1946.

7 Eröffnungssitzung des Nürnberger Prozesses, 18. 10. 1945, S. 54.

8 Dokument des Instituts Za Savremenu Istoriju, Belgrad, den 29. 4. 1976, aus dem Archiv des Internationalen Suchdienstes Arolsen (ITS).

mentarischen Material ist manches in der Nachkriegszeit verlorengegangen.

Wie gerieten die Kinder in die Transporte zu den Konzentrationslagern?

In vielen Fällen wurden die Familien schon am ursprünglichen Wohnort getrennt. Die Kinder blieben als Waisen zurück, fanden zum Teil zunächst Unterschlupf bei Freunden, Verwandten, ihnen Wohlgesinnten, wurden jedoch meist später wieder „erfaßt". Es gab Sammeltransporte, die nur aus Kindern bestanden. Andere Transporte setzten sich aus vollständigen Familien mit ihren Kindern zusammen. Schließlich ist es auch vorgekommen, daß die Kinder zunächst von den Eltern und Familien getrennt wurden, dann aber, um nach außen hin den Eindruck eines reinen Kindertransportes zu verwischen, systematisch auf Transporte von den Kindern fremden Erwachsenen aufgeteilt wurden. Dies trifft z.B. für die größten bekannten französischen Kindertransporte zu, die in der Gegend von Pithiviers bei Orleans, Drancy und Beaune-la-Rolande zusammengestellt und als „Kinderabschub" in Richtung Auschwitz und in andere Vernichtungslager abgesandt wurden.

Das bekannteste Einzelschicksal ist das der Anne Frank, die sich längere Zeit mit Familienangehörigen in einem Versteck in Amsterdam verbergen konnte, dann aber doch inhaftiert, nach Bergen-Belsen verschickt und ermordet wurde.

Für Österreich und den südosteuropäischen Raum war Mauthausen eines der zentralen Lager. Dorthin kamen nicht nur österreichische, sondern auch polnische und jugoslawische Kinder.

In der Tschechoslowakei, im damals sogenannten „Protektorat Böhmen und Mähren", ließ die NS-Führung das Getto und KZ Theresienstadt errichten, das eine begrenzte, von der SS kontrollierte Selbstverwaltung erhielt. Die Mehrzahl der dort Gefangenen stammte aus folgenden fünf Städten: Prag, Wien, Berlin, Brünn und Frankfurt. Insgesamt waren dort folgende Nationalitäten in der Reihenfolge der Anzahl der Häftlinge vertreten: Tschechoslowakei, Deutsches Reich, Österreich, Niederlande, Polen, Ungarn, Dänemark, Luxemburg, Frankreich.

Theresienstadt ist das einzige Lager, von dem wir eine Aufstellung der Häftlinge nach Geschlechtern und Altersstufen gefunden haben. Daraus läßt sich ablesen, wie viele Kinder bis zum 1. Oktober 1944 in Theresienstadt waren.

Theresienstadt	1941	1942	1943	1944
Kinder im Alter von 0–14 Jahren	516	4955	1202	7407[9]

9 Zahlenangaben aus H. G. Adler: Theresienstadt, 1941–1949, Tübingen 1960, S. 42–44.

Von Theresienstadt gingen Vernichtungstransporte nach Auschwitz und in andere Lager. Von den 141000 Theresienstädter Häftlingen starben 33000 im Lager selbst, 88000 wurden aus dem Lager verschickt, und von ihnen kamen 84500 ums Leben.[10]

In den meisten Fällen wußten die Verschickten, Kinder und Erwachsene, nicht, wohin die Reise ging und was ihnen bevorstand, da die Transporte mit Tarnbezeichnungen, wie z.B. „Arbeitseinsatz", versehen wurden.

In zwei Fällen sind aus Theresienstadt regelrechte Kindertransporte abgegangen: 1260 Kinder aus dem Ghetto Bialystok verließen mit 53 Begleitpersonen am 5. Oktober 1943 Theresienstadt und wurden nach Auschwitz transportiert.

Wurden in Westeuropa und zum Beispiel auch in Theresienstadt noch gewisse Anstrengungen gemacht, um den Zielort der Transporte und den Zweck der Vernichtung zu verschleiern, um bei der Bevölkerung den Schein zu wahren, so wußte man doch in Deutschland selbst sehr wohl, daß diese Transporte in Konzentrationslager gingen und daß die meisten der Betroffenen niemals wieder zurückkehren würden. Es ist daran zu erinnern, daß die Konzentrationslager auch den politischen Zweck hatten, Terror auf die Bevölkerung auszuüben und sie zum Stillhalten gegenüber den Zielen des Faschismus zu bewegen. Um diesen letztgenannten Zweck zu erfüllen, wurden in Osteuropa die entsprechenden Maßnahmen wesentlich brutaler und häufig direkt vor den Augen der Öffentlichkeit durchgeführt. Überhaupt zeigten die Kriegsführung und das politische und polizeiliche Auftreten des deutschen Faschismus insbesondere in Polen und der UdSSR ganz unverhüllt sein wahres verbrecherisches Antlitz.

Entsprechend der Einstufung der den Osten Europas bewohnenden Völker als „Untermenschen", die nur zur Versklavung im Dienste der germanischen Herrenrasse zu taugen hatten, wurden dort ganze Landstriche und Provinzen entvölkert, um deutschen Siedlern Platz zu machen. Jüdische, polnische und russische Familien wurden deportiert, auseinandergerissen, niedergemacht, in Konzentrationslager verschleppt – und mit ihnen ihre Kinder. Für Polen und die UdSSR wurde von Vertretern der NS-Führung offen ausgesprochen, daß Kinderraub, Zwangsgermanisierung, Zwangsarbeit und Vernichtung von Kindern in Konzentrationslagern unter anderem dazu dienen sollten, die biologische Substanz der beiden Völker zu schädigen.

In Polen wurde das „Polen-Jugendverwahrlager Litzmannstadt" (Lodz) errichtet. Hinter dieser Bezeichnung verbarg sich ein Konzentrationslager für Kinder und Jugendliche. Seine Insassen, Kleinkinder, Kinder im Schulalter und Jugendliche, wurden nicht etwa verwahrt und sozial betreut, sondern durch willkürliche und brutale Disziplinarmaßnahmen physisch und psychisch erniedrigt

10 H. G. Adler: a. a. O., S. 59.

und gequält sowie durch Zwangsarbeit und Unterernährung bis zur Erschöpfung und Vernichtung ausgebeutet oder direkt ermordet.

In der UdSSR richtete sich der Haß der NS-Führung und ihrer Beauftragten vor allem gegen die Mitglieder und Funktionäre der Kommunistischen Partei, die als „jüdisch-bolschewistische Kommissare" der offiziell befohlenen, skrupellosen „Liquidierung" unterlagen. In Dörfern und kleinen Städten wurden entsprechend dem Prinzip der Sippenhaft ihre Angehörigen und Kinder häufig mit umgebracht oder in Konzentrationslager verschickt.

Kinder, die in diese Transporte gerieten, erlebten in der Regel in den überfüllten Waggons hungernd, krank und bei kaum erträglichen Temperaturen Furchtbares. Im folgenden ein Auszug aus dem Bericht eines 13jährigen ungarischen Schulmädchens, das 1944 in Richtung Auschwitz verschleppt wurde:

„Der Wagen fuhr und fuhr, blieb dann wieder lange stehen, rollte weiter, blieb wieder stehen. Niemand von uns wußte, wohin es ging, niemand konnte zählen, wie viele Tage und Nächte wir unterwegs waren. Das Licht des Tages kam nur ganz spärlich mit wenigen Strahlen durch das kleine vergitterte Fenster; die Türen waren dicht verschlossen. Die Luft war unerträglich schlecht. Etwas Proviant hatte noch jeder bei sich; dagegen plagte uns der Durst ununterbrochen. Wenn der Wagen irgendwo stehenblieb, wo wir draußen menschliche Stimmen hörten, riefen wir durch das Fensterchen hinaus und bettelten um frisches Wasser. Manchmal bekamen wir etwas, meistens aber nichts. Auf einer Station warfen die Insassen unseres Waggons Geldscheine aus dem Fensterlein, um Wasser zu bekommen. Das Geld wurde draußen eingesammelt, aber wir bekamen nichts, und der Waggon rollte weiter. Wieder an einer anderen Station wurden diejenigen, die sich ans Fenster wagten, mit rohen Worten zurückgetrieben. Niemand wußte, wohin diese furchtbare Reise ging."[11]

Was im Lager geschah

Bei der Ankunft im Lager waren die Waggoninsassen zunächst einmal erleichtert, aus der drückenden Enge der Züge herauszukommen. Aber was sie im Lager erwartete, war schlimmer als alles vorherige. Für die Kinder waren alle diese Ereignisse nahezu unbegreiflich. Hatten sie nicht ihren Halt in der Nähe ihrer Verwandten oder Eltern, so mußten sie in Trostlosigkeit und tiefe Angst fallen.

Häufig begannen noch auf den Rampen, wo die Züge hielten, die Selektionen nach Arbeitsfähigen und Arbeitsunfähigen und die Verteilung der Häftlinge. Für

11 M. Laszlo: Noch immer Richtung Auschwitz, aus Gerhard Schoenberner: Wir haben es gesehen, Hamburg 1962, S. 370/371.

viele Kinder wurde hier schon die Entscheidung getroffen, die das Ende ihres Lebens bedeutete. Andere, die überleben würden, wurden von den Müttern und Angehörigen getrennt, und nicht nach menschlichen Bedürfnissen, sondern entsprechend dem nackten Ausbeutungs- und Vernichtungscharakter der Lager wurde mit ihnen verfahren.

Nach der verbrecherischen Rationalität des faschistischen Systems und des KZ-Lagerlebens wurden in vielen Fällen, da als Arbeitskraft nicht mehr zu verwerten, Mütter mit Kindern, ganze Gruppen von Kindern, zur Vernichtung bestimmt und alsbald in die Gaskammern gebracht.

In den Verhandlungsprotokollen des Nürnberger Prozesses (188. Tag, 27. Juli 1946) wird erwähnt, daß sehr häufig Frauen ihre Kinder unter den Kleidern verbergen wollten, um sie vor der Vernichtung zu bewahren. Das gleiche ist von Lord Russell of Liverpool beschrieben worden: „Oft versteckten die Frauen ihre Kinder zwischen den Kleidern, die sie an die Haken hängten, und nahmen sie nicht mit in die Gaskammer. Die Angehörigen der Häftlingskommandos mußten daher stets unter Aufsicht der SS die Kleider durchsuchen, und wenn dort Kinder versteckt waren, wurden sie in die Gaskammer gebracht."[12]

Diejenigen Kinder, die nicht sofort der Vernichtung überantwortet wurden, wurden wie die erwachsenen Häftlinge registriert, eingekleidet und häufig auch durch Eintätowierung einer Häftlingsnummer gekennzeichnet.

Aus der Aussage der Zeugin Schmaglewskaja in Nürnberg geht hervor, daß neugeborene Kinder, die im Konzentrationslager zur Welt kamen, den Müttern wenige Minuten nach der Geburt weggenommen wurden und ab Anfang 1943 Häftlingsnummern auf ihren Beinen eintätowiert wurden.

Über das Zigeunerlager, das als Familienlager geführt wurde, berichtete der ehemalige Häftlingsschreiber des SS-Standortarztes, Hermann Langbein, vor dem Frankfurter Schwurgericht:

„Wie ich den Zahlen entnehmen konnte, die durch meine Hand gingen, war 1944 die Sterblichkeit im Zigeunerlager in Birkenau am höchsten. Da dieses Lager offiziell als ein bevorzugtes geführt wurde, wollte ich mir selbst ein Bild über die Gründe der hohen Sterblichkeit machen und verschaffte mir eine Möglichkeit, unter irgendeinem Vorwand einmal dorthin zu kommen.

Man ist in Auschwitz furchtbar hart geworden. Aber was ich dort gesehen habe, war schlimmer als alles andere. Das Lager war in einem unbeschreiblichen Zustand. Am schlimmsten sahen die Kinder aus; vielleicht hatte man diesen Eindruck nur, weil einen Kinder in einer solchen Situation am meisten bewegten. Ich besuchte den Krankenbau und auch die Baracke, in der die Frauen lagen, die entbunden hatten. Die einzige Sorge, die die SS dort zeigte, war die, daß man den Neugeborenen sofort die Häftlingsnummer auf den Oberarm täto-

12 Lord Russell of Liverpool, Geißel der Menschheit, S. 172.

wierte. Der Unterarm eines Babys ist zu klein für eine Häftlingsnummer. Es gab keine spezielle Ernährung, kaum Wasser. In der Baracke war Lehmboden.

Am Ende der Baracke war ein Verschlag. Dort habe ich einen Berg von Leichen gesehen, Kinderleichen. Dazwischen waren Ratten."[13]

In den Konzentrationslagern gab es für die verschiedenen Häftlingskategorien besondere Kennzeichen, die auf der gestreiften Häftlingskleidung getragen werden mußten:

Rotes Dreieck	:	Politische Häftlinge
Grünes Dreieck	:	Kriminelle Häftlinge
Lila Dreieck	:	Bibelforscher (= „Zeugen Jehovas")
Schwarzes Dreieck	:	„Asoziale" und Zigeuner
Blaues Dreieck	:	Emigranten
Rosa Dreieck	:	Homosexuelle

Juden wurden durch den gelben Davidstern, einem gelben Streifen über dem Dreieck oder durch ein auf das jeweilige Dreieck zusätzlich umgekehrt aufgenähtes gelbes Dreieck, wodurch die Umrisse eines Davidsterns entstanden, gekennzeichnet.

Vielfach ist beschrieben worden, wie schwer das Leben in Konzentrationslagern für erwachsene Häftlinge, für Frauen und Männer, zu ertragen war. Für jeden einzelnen war es schwer, die Erniedrigungen und die schwere psychische und physische Belastung zu überstehen, ohne den inneren Halt zu verlieren. Der beste Schutz war eine gefestigte innerliche Ablehnung des faschistischen Systems beim einzelnen und der solidarische Zusammenschluß zum Widerstand in Gruppen, wie er vielerorts insbesondere unter Anleitung der politischen und kirchlichen Häftlinge heimlich organisiert wurde.

Für die Kinder, die mit oder ohne ihre Eltern in Konzentrationslager gerieten, war die Situation sehr schwer zu verstehen und sehr schwer zu ertragen. Kinder brauchen zur Entfaltung und Weiterentwicklung ihrer Persönlichkeit Möglichkeiten zum Spielen, die helfende Hand der Eltern, eine freundliche, aufmunternde Umgebung und einen ihren Bedürfnissen angemessenen Tagesablauf. Kinder brauchen verständliche und ihrem Alter entsprechende Erklärungen über das, was um sie herum vorgeht. Kinder brauchen mehr als Erwachsene die Abschirmung von für sie unverständlichen Leiden. In allem sind sie empfindlicher und schutzbedürftiger als die Erwachsenen.

Nur in Ausnahmefällen konnte die selbstlose Hilfe und Solidarität erwachsener Häftlinge den Kindern wenigstens einen Teil dessen geben, was sie brauchten, um die Situation ohne Schaden zu überstehen. In der Regel waren sie vielfältigen Umgebungseinflüssen ausgeliefert, die schwere Schäden in ihrer psy-

13 H. Langbein, Der Auschwitz-Prozeß, Bd. II, S. 594–595, zitiert nach: F.K. Kaul, Ärzte in Auschwitz, S. 158.

chischen und physischen Entwicklung hinterlassen mußten.

Eine der grausamsten Maßnahmen war die erzwungene Trennung von den Eltern. Eine Trennung kann ohne Schaden überstanden werden, wenn sie befristet ist und die Kinder wissen, daß die Eltern einverstanden sind und man sich bald wiedersieht. Hier jedoch erfolgte die Trennung mit brutaler Gewalt, und die Kinder erlebten das offenkundige Widerstreben ihrer Lieben und blieben im Ungewissen; ob sie sie je wiedersehen würden.

Die Behandlung der Kinder unter Lagerbedingungen war in vielem ähnlich wie die der Erwachsenen, in manchem wesentlich schlimmer. Kinder hungerten und froren wie schon auf den Transporten auch in den Lagern, und viele kamen durch Hunger und Kälte um. Untergebracht in unzureichenden Massenunterkünften und ohne angemessene Betreuung waren sie Krankheiten hilflos ausgeliefert.

Der Anblick physischer und psychischer Terrormaßnahmen, denen die Erwachsenen unterworfen wurden, und die Anwendung solcher Maßnahmen auch gegen sie selbst konfrontierte die Kinder mit einem Schrecken, der sich tief in ihr Gemüt einprägte.

Wie die Erwachsenen wurden auch sie zu pseudowissenschaftlichen Experimenten herangezogen. Wie die Erwachsenen wurden die älteren von ihnen, zum Teil schon ab 10 Jahren, zur Zwangsarbeit herangezogen.

Aus einer Lageraufzeichnung geht hervor, daß man einem kleinen Mädchen zur Strafe die Haare abschnitt.

Häufig wurden die Kinder „Erziehungsmaßnahmen" unterzogen, die diesen Namen nicht verdienten: „Wie waren die Bedingungen im Lager?" – „Sehr schlimm. Wir wurden geschlagen und mußten stundenlang wie die Frösche hüpfen. Preußentanz nannten sie das. Und auf Schritt und Tritt wurden wir geschlagen. Für jedes Vergehen. Wenn der Aufseher zum Beispiel in den Saal kam und nachprüfte, ob Hände und Füße sauber sind, und er meinte, daß sie nicht sauber seien, hat er alle im Saal geprügelt – manchmal bis zur Bewußtlosigkeit."[14]

Im Zusammenhang mit dem Verbot, sich der polnischen Sprache zu bedienen, wandte man den Jungen gegenüber die öffentliche Prügelstrafe von fünf bis 25, sogar bis zu 100 Peitschenhieben bei wiederholtem Vergehen an.[15]

Für die Säuglinge gab es in der Regel keine Milch und keine angemessenen Nahrungsmittel. Unter den Kleinkindern insbesondere herrschten Epidemien, Diphtherie, Scharlach, Tuberkulose. Es fehlte eine ausreichende medizinische

14 Geheime Reichssache Kinderlager; Schicksale in Polen – Dokumentation von Klaus Bednarz, Manuskript einer Sendung des Hessischen Rundfunks vom 21. November 1971.

15 Czeslaw Pilichowski: „Die Lager der polnischen Kinder und Naziverbrechen an Kindern während des zweiten Weltkrieges."

Kinderzeichnung aus dem KZ Buchenwald (Archiv der F.N.D.I.R.P., Paris)

Arbeitsstatistik
KL. Buchenwald

.den 4.12.1944.

An den
Arbeitseinsatzführer.

Betrifft: Jugendliche aus Transport
vom 2.12. - 354 Juden.

Folgende Jugendlichen konnten festgestellt werden:

2 1/2 jähriger:	87874				
8 jahriger:	87900				
9 jahrige:	87878	87859	87921		
1o jähriger:	87875				
11 jährige:	87876	87866			
12 jährige:	87918	87896			
13 jahrige:	87877	87897	87883		
14 jahrige:	87899	94947	87983-	87879-	
15 jährige:	9491o	94824			
16 jährige:	87855	94792			= 21

Arbeitsstatistik

Statistik über jugendliche Hälftlinge im KZ Buchenwald (R. Schnabel. Macht ohne Moral. a. a. O., S. 154)

Betreuung. Dementsprechend hoch war die Sterblichkeit in den Lagern.

Unter solchen Bedingungen wurden gelegentlich sogar schon sechsjährige Kinder für viel zu schwere Arbeiten eingesetzt, zum Tragen von Steinen für den Straßenbau, zum Zerkleinern von Steinen oder zum Sammeln von Brennesseln für die Ernährung.

In einigen Lagern hat man gar keine Versuche unternommen, die kleineren Kinder am Leben zu erhalten, und ist zu immer unmenschlicheren Vernichtungsakten geschritten: Säuglinge wurden unmittelbar nach der Geburt ertränkt, insbesondere im Lager Ravensbrück, aber auch in Auschwitz. Kinder wurden durch Gas umgebracht, durch Injektion, durch Erschießen. Kinder wurden erschlagen und verschiedentlich noch lebend ins Feuer geworfen.

Vom Lager Ravensbrück wird beschrieben, wie im Juni 1939 als erste kleine Zigeunerinnen mit ihren Müttern ankamen. Ab Frühjahr 1942 seien manchmal 100, manchmal sogar 400 Kinder im Lager gewesen, wobei in dieser Zahl die im Lager geborenen Säuglinge, von denen fast keiner älter als vier Wochen wurde, nicht berücksichtigt seien. Polinnen, Ukrainerinnen, ungarische Jüdinnen waren mit ihren Kindern in diesem Lager, und beispielsweise die Holländerinnen hätten etwa 140 Töchter und Söhne, darunter auch Kleinstkinder, mit ins Lager gebracht.[16] In der gleichen Veröffentlichung wird beschrieben, wie furchtbar es für die Kinder war, wenn sie miterleben mußten, wie ihre geliebte Mutter von SS-Leuten angeschrien oder geprügelt wurde.

Wo es eine Möglichkeit gab, den Kindern zu helfen, haben sich die Häftlinge zusammengetan und die Kinder unter ihren Schutz genommen. In Ravensbrück wurden die Kinder durch in der Küche arbeitende Polinnen heimlich mit Brot versorgt.[17] Kinder wurden heimlich versteckt und bis zur Befreiung der Lager vor dem Zugriff der Lagerleitung geschützt.

Zeugenaussagen über die Existenz, die Lebensbedingungen und das Schicksal von Kindern in Konzentrationslagern in größerer Anzahl finden sich bei Inge Deutschkron. Folgende Lager, in denen sich Kinder befanden, werden erwähnt: Auschwitz, Maidanek, Janowska, Birkenau, Treblinka.[18]

Im folgenden Aussagen eines überlebenden Kindes:

„Im Lager wurde ich wie ein Spielzeug behandelt. Sie nannten mich Spinnefix, weil ich so klein und flink war. Und sie machten ihre Späße mit mir.“ ...

„Eines Tages kam Bothmann von der Jagd zurück. Er hatte Füchse gefangen und brachte ein paar angeschossene Tiere mit ins Lager. Er sperrte die verängstigten Tiere in einen Käfig und befahl mir, ebenfalls in den Käfig hineinzugehen. Die Tiere haben mich schrecklich gebissen, und draußen standen Burmeister, Häfele und Bothmann und amüsierten sich über das Schauspiel.

Ein anderes Mal sagte Bothmann zu mir: ‚Spinnefix, wenn du innerhalb von zwei Stunden die beiden Kaninchen, die ich jetzt freilasse, nicht wieder einfängst, lege ich dich um.‘ Ich habe sie gefangen, und Bothmann sagte zu mir: ‚Du bist ein braves Schwein. Zur Belohnung bekommst du zwei Wochen gute Verpflegung.‘“ ...

„Eines Tages sagte er zu mir: ‚Spinnefix, mach die Fresse auf‘, und dann riß er mir die Zähne heraus. Ich habe fürchterliche Schmerzen gehabt.“[19]

16 Vgl. Frauen-KZ Ravensbrück, Berlin 1973, S. 52.

17 Frauen-KZ Ravensbrück, Berlin 1973, S. 54.

18 Inge Deutschkron: „... denn ihrer war die Hölle: Kinder in Gettos und Lagern“, Köln 1965.

19 Shimon Srebnik aus Nes Ziona (Israel), ehemals Lodz. Srebnik war 13 Jahre alt, als sein Vater von der SS im Getto von Lodz erschossen wurde. Kurze Zeit darauf wurde S. nach Kulmhof gebracht; Aussage am 14.–16. 1. 1963 im Kulmhof-Prozeß; zitiert nach Inge Deutschkron: „... denn ihrer war die Hölle“, Köln 1965, S. 91/92.

Befreiung

In mehreren Konzentrationslagern wurden bei der Befreiung durch die alliierten Truppen (bzw. nach der Selbstbefreiung der Lager bei Eintreffen der alliierten Truppen, wie z. B. in Buchenwald) Kinder angetroffen. In einer Reihe von Fällen sind die genauen Zahlen dokumentiert:

„Unter den befreiten Auschwitz-Gefangenen, die ärztlich untersucht wurden, befanden sich 180 Kinder, von denen 52 unter acht Jahren und 128 zwischen acht und fünfzehn Jahren waren. Alle waren in der zweiten Hälfte 1944 ins Lager gekommen, d. h., sie haben zwischen drei und sechs Monaten im Lager zugebracht. Alle 180 Kinder sind ärztlich untersucht worden. Die ärztliche Untersuchung ergab, daß 72 Kinder an Lungentuberkulose litten oder drüsenkrank waren, 49 an Folgen von Unterernährung und schwersten Erschöpfungszuständen litten und 31 Kinder Erfrierungen hatten."[20]

Im März 1944 befreiten im Verlauf einer Offensive sowjetische Soldaten u. a. die kleine Stadt Ozarytche. Sie entdeckten dort drei Konzentrationslager, in denen 33 000 Kinder, Frauen und alte Männer hinter Stacheldraht und verminten Straßen lebten. Gesunde und Typhuskranke waren nicht voneinander getrennt. Befreit wurden 15 960 Kinder unter 13 Jahren, von denen 2370 so krank waren, daß sie zur Behandlung in Krankenhäuser geschickt werden mußten.[21]

Nach der Selbstbefreiung des Lagers Buchenwald fand eine amerikanische Kommission dort 1000 Kinder unter 14 Jahren.

500 Kinder wurden in Bergen-Belsen befreit.

Etwa die gleiche Anzahl wurde in Ravensbrück vorgefunden.[22]

☆

Dokument 17

Bericht über Kinder im Lager Celje

Die Kreisschule in Celje wurde im Jahre 1927 von der Gemeinde Celje – Umgebung – gebaut. Die Besatzung richtete sie als Lager für die Familien der Partisanen und die Familien der erschossenen Geiseln (Aktivisten und Sympathisanten des nationalen Befreiungskrieges) der ehemaligen Untersteiermark ein.

20 Verhandlungsprotokoll Nürnberg, 61. Tag, 18. 2. 1946.
21 USSR-4, Nürnberger Prozeß, zitiert nach Kiryl Sosnowski, The Tragedy of Children under Nazi Rule, Warschau und Posen 1962, S. 98.
22 Angaben nach Sosnowski, a. a. O., S. 99.

Die Besatzung nannte dieses Lager Auffanglager – Durchgangslager. Im Jahre 1937 befand sich das Gebäude in der Gemeinde Celje, Kreis Celje, und im Jahre 1962 ebenfalls in der Gemeinde Celje, Kreis Celje. Während der Besatzung lag das Lagergebäude in der Gemeinde Celje (Gemeinde Cilli), Kreis Celje (Kreis Cilli).

Das Schulgebäude befand sich zu der Zeit am Rande der Stadt Celje in Dugo Polje, heute Vrunčeva Straße dicht an der Eisenbahn von Savinjska. Heute ist es die erste Volksschule.

Seit 1942 benutzte die Besatzung diesen Bau als provisorisches Auffanglager nur für die Familien der Partisanen sowie für die Familien der erschossenen Geiseln, die man im Gebiet der besetzten Untersteiermark verhaftet hatte. Die meisten dieser Familien kamen aus der Savinjskadolina und dem Gebiet Kozjansko, eine kleinere Anzahl aus dem Gebiet Maribor und Ptuj. Es handelte sich um slowenische Familien, die in der Untersteiermark lebten.

Das Lager wurde von den Soldaten des 19. Polizeiregiments bewacht. Die Gefangenen trugen Zivilkleidung und weder Zeichen noch Nummern. Man rief sie mit ihren Namen, die auf den Listen standen. Diese Listen wurden für sie später in die Konzentrationslager mitgenommen.

Im Erdgeschoß lagen die Dienststellen der Wachtposten und der Gestapo, im ersten und zweiten Stock und in der Turnhalle die Räume für die Familien. Ein besonderer Saal im Erdgeschoß war für die Säuglinge – ungefähr 50 – vorgesehen.

Um den 15. Mai 1942 begann man mit dem Bau einer Stacheldrahtumzäunung mit einem Wachtturm um das Schulgebäude und den Hof. Mehrere Partisanenfamilien wurden in das Lager – Kloster Reichenburg-Brestanica – weggebracht. Das erste Durchgangslager für die Kinder der Partisanen und der „erschossenen Banditen" war das Altenheim Kristinenhof in Medlog bei Celje.

Die Besatzungsbehörden zogen in Betracht, daß die Kreisschule nur ein provisorisches Lager war. Sie wollten das Lager in einem Gebäude im Leibacher Weg (Ljubljanska cesta) unterbringen, wo die ehemalige jugoslawische Armee ihre Warenmagazine hatte. Heute befindet sich dort die Schule für die Lehrlinge „Boris Kidrič". Das Kommando des 18. Wehrkreises von Salzburg hat diesen Antrag abgelehnt, ein Beschluß, der den Betreffenden durch den Chef der Zivilverwaltung in Untersteiermark in einem Schreiben vom 27. Oktober 1942 mitgeteilt wurde. So blieb die Schule während der ganzen Besatzungszeit ein Durchgangslager.

Die verhafteten Familien aus allen Gebieten der Untersteiermark kamen ab 3. August 1942 nach und nach im Lager an. Diese Aktion, die die größte war, dauerte bis zum 6. August 1942. Einige Personen brachte man ab 7. August hierher. Man nahm die Verhaftungen vor nach einem genauen Unterlagenmaterial, das von der Gendarmerie, der Štajerski domovinski (Patriotischer Bund der Steiermark), ihren Pfarrern und der Regierungspartei aufgestellt war.

Im Verlauf der ersten Verhaftungswelle wurden 1262 Personen festgenommen. Unter ihnen befanden sich 526 Kinder und Jugendliche bis zu 18 Jahren. Die zweite fand am 18. August 1942 statt mit ungefähr 220 Festnahmen. Im Verlauf der dritten am 5. Oktober 1942 verhaftete man 228 Personen; während der 4. am 7. November 1942 170 Personen, bei der fünften am 10. März 1943 etwa 350 Personen. Die sechste Aktion fand im Laufe der ersten Junitage 1943 statt. Man besitzt keine genauen Angaben über diese Aktion. In den Kreisen Maribor, Ptuj und Ljutomer standen 120 Personennamen in den Listen.

Der Chef des Sicherheitshauptamts, Berlin gab am 16. Juli 1943 einen Erlaß zur Beendigung dieser Art Aktionen heraus. Trotz dieses Beschlusses gingen die Aktionen der Deportation in der Untersteiermark weiter. So verhaftete man im Dezember im Verlauf der Offensive gegen das befreite Gebiet des Tales Gornja Savinska und Kozjansko 72 Erwachsene und 37 Kinder, und im Tal Ptuj 37 Personen, darunter 8 Kinder. Der letzte Befehl zur Verhaftung der Verwandten der Partisanen, der bis jetzt bekannt ist, wurde am 23. März 1945 von dem Leiter des patriotischen Bundes der Steiermark in Trbovlje erteilt. Die Zeugen versichern, daß die Deportation der verhafteten Familien bis zur Befreiung fortgesetzt wurde.

Etwa 2000 Familienmitglieder von Partisanen führte man aus der Untersteiermark fort. Während der beiden ersten Verhaftungswellen im August 1942 und der letzten siebenten im Dezember 1944 trennte man die Kinder von ihren Eltern. Diese wurden in das Konzentrationslager Auschwitz gebracht. Die Kinder schickte man zunächst in das Lager Frohnleiten und dann in die Kinderlager: Saldenburg, Neustift und Vielshofen, Himmelberg und Selingenporten, Eisenstein und Kastel-Amberg. Die Säuglinge und die Kinder bis zu drei Jahren kamen in das Lager Mainburg und in verschiedene Heime der Organisation „Lebensborn". Nach deren Aussagen waren es ungefähr 600 Kinder, die von ihren Eltern getrennt waren. Die Kontrolle über diese Kinder, die bestimmt waren, „Janitschare" zu werden, befand sich in den Händen der Organisation VOMI. Der größte Massenmord wurde hier an dem slowenischen Volke begangen. Die Kinder und die Erwachsenen, die in den Lagern inhaftiert waren, wurden durch die Alliierten im Jahre 1945 befreit.

(Internationaler Suchdienst Arolsen)

Dokument 18

Bericht über einen Transport in ein Vernichtungslager

Die Unglücklichen flehten verzweifelt um frisches Wasser und baten, daß man die Türen wenigstens für kurze Zeit öffnen möge, da in den dicht gedrängten Waggons unerträgliche Hitze herrschte. Wir wandten uns immer wieder an die Gendarmen, versuchten sie zu rühren, auch der Stationsvorsteher und einige Eisenbahner, an deren Menschlichkeit wir appelliert hatten, legten sich ins Mittel. Aber es blieb alles umsonst. Die Gendarmen blieben unerbittlich und erlaubten auch nicht, einen einzigen Becher Wasser, nicht eine einzige Schnitte Brot zu den Waggons hinüberzubringen. Einige unserer Leute, die die Stimmen ihrer Ehefrauen oder Mütter gehört hatten, liefen verzweifelt durch die Kette der Gendarmen hindurch, aber bevor sie noch die Waggons erreichten, wurden sie gepackt und mit Kolbenstößen und Fußtritten zurückgetrieben. Wir warteten stundenlang, machten immer neue Versuche; nach Eintritt der Dunkelheit schlichen einige Leute von der Rückseite des Bahnhofs bis dicht an einen Zug heran und konnten einige Worte aus der Nähe mit den Eingesperrten wechseln, wurden dann aber von den Gendarmen entdeckt und vertrieben. Sie hatten bei dieser Gelegenheit erfahren, daß in dem einen Waggon – es war ein Zug aus Gyoengyoes – eine junge Frau, schwanger im achten Monat, ohnmächtig geworden war. Am nächsten Morgen verbreitete sich diese Nachricht in der Stadt. Der Zug stand noch immer auf dem Perron. Mehrere nichtjüdische Zivilisten, die sich einen Funken von Menschlichkeit bewahrt hatten, gingen zu den Gendarmen und begannen zu ihnen zu reden; es entstand eine Ansammlung vor dem Bahnhof, und der Kommandant der Gendarmen, der wohl einen Skandal befürchtete, gab schließlich in diesem einzigen Fall die Erlaubnis, die Tür des Waggons für einige Minuten zu öffnen. Wir sahen, daß im Innern des Waggons, wo die Eingesperrten dicht gedrängt nebeneinander standen und saßen, viele sich in der unerträglichen Hitze die Kleider vom Leibe gerissen hatten. In aller Eile wurde ein Kübel Trinkwasser in den Waggon gebracht, aber als wir noch einige Brote und andere Lebensmittel hineingeben wollten, geriet der Kommandant in Wut und gab den Befehl, die Tür des Waggons wieder zu schließen. Ein Aufschrei der Empörung und des Entsetzens ging durch die Menge. Es half alles nichts. Der Waggon mit seiner Fracht menschlichen Elends wurde wieder verschlossen, und die Gendarmen drängten mit aufgepflanztem Bajonett die Menge vom Bahnsteig zurück. Kurze Zeit später setzte sich der Zug in Bewegung und fuhr, während noch immer Hilferufe aus dem Innern ertönten, in nördlicher Richtung davon.

Bericht eines Unbekannten

(Wir haben es gesehen, Hrsg. von S. Schoenberner, Hamburg 1962, S. 372)

Dokument 19

Bericht einer Geburtshelferin aus Auschwitz

Von den 38 Jahren meines Berufes als Geburtshelferin, verbrachte ich zwei Jahre als Häftlingsgeburtshelferin im Frauenkonzentrationslager Auschwitz-Birkenau.

In den zahlreichen in dieses Lager eingelieferten Transporten fehlte es nicht an schwangeren Frauen. Die Funktion der Geburtshelferin erfüllte ich dort nacheinander in drei Blocks, die sich weder durch ihren Bau noch durch die Inneneinrichtung unterschieden, nur besaß einer der Blocks einen mit Backstein ausgelegten Fußboden. Diese Bretterbaracken von ungefähr vierzig Meter Länge wiesen viele von Ratten ausgefressene Spalten auf.

Das Gelände des Lagers war ein lehmiges Tiefland, weshalb auch während größerer Niederschläge das ins Innere der Baracken strömende Wasser bis zehn Zentimeter Höhe und in den noch tiefer gelegenen Baracken – sogar einige zehnte Zentimeter Höhe erreichte.

Die Inneneinrichtung der Baracke bestand aus dreistöckigen, zu beiden Seiten angebrachten Pritschen. Ein schmutziger mit erstarrtem Blut und Exkrementen befleckter Strohsack in jeder Pritsche war für drei oder vier kranke Frauen bestimmt. Es war also sehr eng, die Kranken mußten die Beine bis über die Koje hinaus hängen lassen oder die Knie bis ans Kinn ziehen. Überdies war die Pritsche auch hart, da das völlig zerriebene Stroh schon lange als Staub verflog und die kranken Frauen auf den nahezu nackten und außerdem nicht glattgehobelten Brettern lagen, die aus Tür- oder Fensterrahmen aus alten Gebäuden stammten und viele den Körper und die Knochen drückende „Füllungen" besaßen.

Durch die Mitte der Baracke zog sich in der ganzen Länge ein aus Backstein gebauter Ofen in Form eines Kanals, mit Feuerstellen an beiden Enden. Dieser Ofen diente als einzige Stelle, an der die Geburten stattfanden, da eine andere, wenn auch improvisierte für diesen Zweck bestimmte Einrichtung nicht vorhanden war. Im Laufe des Jahres wurde kaum einige Male im Ofen geheizt. Deshalb war auch, besonders im Winter die durchdringende Kälte unerträglich, von der die von der Decke oder eigentlich vom Dach herunterhängenden, langen Eiszapfen zeugten.

Dreißig dem Ofen am nächsten befindliche Pritschen bildeten die sogenannte Entbindungsstube.

Im Block herrschten allgemein: Infektionen, Gestank, und es gab alle Art von Ungeziefer. Es wimmelte von Ratten, die den entkräfteten und sich schwer in ihrem Zustand bewegenden schwerkranken Frauen die Nasen, Ohren, Finger oder Fersen abfraßen.

Abwechselnd mit der in der Nacht diensttuenden Frau, der sogenannten ,,Nachtwache", vertrieben wir nach Möglichkeit die Ratten von den Kranken. Dabei halfen uns die bereits im Zustand der Rekonvaleszenz befindlichen Kranken, indem sie ihren Schlaf opferten. Die an den Leichen gemästeten Ratten waren von der Größe einer Katze. Sie hatten keine Angst vor den Menschen und mit Stöcken vertrieben, versteckten sie oft nur die Köpfe, krallten sich an die Pritschen und gingen dann zu einem neuen Angriff über; der abscheuliche Körpergeruch der schwerkranken Frauen, die nicht gewaschen werden konnten und für die wir keine frische Kleidung hatten, lockte die Ratten besonders an. Um das unerläßliche Waschwasser für die gebärende Mutter und den Säugling mußte ich mich selbst sorgen, wobei ich zumindest zwanzig Minuten brauchte, um einen einzigen Eimer mit Wasser zu bringen.

Die unglaublichen Mengen von Ungeziefer aller Art nutzten ihre biologische Überlegenheit über die verlöschende Lebenskraft des Menschen aus. Zu den Opfern der dauernden Offensive des Ungeziefers und der Ratten wurden nicht nur die kranken Frauen, sondern auch die neugeborenen Kinder. Die durch Hunger und Kälte ausgemergelten, durch Folterungen und Krankheit gequälten Organismen erlagen sehr schnell. Die Gesamtzahl der Kranken im Block betrug von 1000 bis 1200 Personen. Davon starben Tag für Tag etwa fünfzehn. Die vor dem Block im Freien aufgeschichteten Leichen waren Tag für Tag ein stummer Rapport der sich abspielenden Tragödie.

Unter diesen Umständen war das Schicksal der Hebamme beklagenswert und die Rolle der Geburtshelferin äußerst schwierig. Es herrschte ein völliger Mangel an aseptischen Mitteln, Verbandzeug und Medikamenten; die Gesamtzuteilung der Medikamente für einen Block bestand aus kaum einigen Aspirintabletten pro Tag.

Anfangs war ich ausschließlich auf die eigenen Kräfte angewiesen. In komplizierten, die Behandlung eines Spezialarztes erfordernden Fällen, wie z. B. mit dem Ablösen des Mutterkuchens ohne Instrumente mußte ich mir selbst helfen. Die deutschen Lagerärzte Thode, Koenig und Mengele konnten ja nicht ihre ärztliche Berufung durch die den Nichtdeutschen erteilte Hilfe ,,besudeln", deshalb hatte ich auch kein Recht, ihre Hilfe in Anspruch zu nehmen. Zu späterer Zeit genoß ich mehrfach den Beistand der polnischen Ärztin Janina Wegierska, die sich ungemein aufopferungsvoll in einer anderen Abteilung betätigte und noch später stand mir die sehr geschätzte polnische Ärztin, Irena Konieczna, zur Seite. Als ich selbst an Fleckfieber erkrankte, erwies sich die opferwillige Dr. Irena Bialówna, die sorgfältig für mich und meine Kranken sorgte, als ein hilfreicher Engel.

Über die Arbeit der Ärzte in Auschwitz will ich hier nicht sprechen, da die Wertung der Aufopferung der ärztlichen Berufung und der heldenhaft erfüllten Pflicht meine Möglichkeit überschreitet. Der Edelmut und die Aufopferung der Ärzte erstarrten in den Augen derjenigen, die durch Sklaverei und Leiden zu Tode gequält, nie mehr sprechen werden. Der Arzt kämpfte um das verlorene Leben und für dieses verlorene Leben setzte er sein eigenes Leben ein. Er hatte bloß einige Aspirintabletten und sein warmes Herz zur Verfügung. Dort arbeitete der Arzt nicht um des Ruhmes oder der Befriedigung des Berufsehrgeizes willen: all diese Antriebe kamen nicht in Frage. Hier verblieb nur die ärztliche Pflicht, das Leben in jedem Fall und in jeder Situation zu retten, durch das Mitleid mit dem Menschen noch verstärkt.

Die vor allem die Frauen dezimierende Krankheit war die rote Ruhr. Oft sikkerten die fast flüssigen Exkremente auf die darunterliegende Pritsche durch. Unter anderen schweren Krankheiten herrschten Bauch- und Flecktyphus und bösartige Hautgeschwülste. Falls auf dem Körper der Kranken einige eitrige Geschwülste, ungefähr von Tellergröße erschienen, so trat zumeist der Tod ein. Die Fleckfieberfälle wurden nach Möglichkeit vor dem SS-Lagerarzt auf diese Weise verheimlicht, daß sie auf der Krankenkarte als „Grippe" eingetragen wurden. Die Fleckfieberkranken gingen nämlich sofort in das Krematorium. Eigentlich gelang es niemandem, dieser Krankheit zu entgehen: es gab eine solche Unmenge von Läusen, daß die Ansteckung mit Flecktyphus geradezu unvermeidlich war.

Die Hauptnahrung der Kranken, faules, zerkochtes Grünzeug, enthielt ohne Übertreibung etwa 20 Prozent Rattenexkremente.

Unter den geschilderten Bedingungen arbeitete ich zwei Jahre lang, Tag und Nacht, ohne Vertretung. Manchmal war mir bei der Arbeit meine Tochter Sylvia behilflich, doch die schweren Krankheiten verschonten auch sie nicht und machten sie zumeist arbeitsunfähig.

Die Kranken gebaren auf dem Ofen. Dort führte ich über dreitausend Entbindungen durch. Trotz des entsetzenerregenden, ungeheuren Schmutzes, Ungeziefers, und der Ratten, trotz der Infektionskrankheiten, des Wassermangels und anderer unsagbarer Greulichkeiten, ging dort etwas Unglaubliches vor.

Eines Tages befahl mir der Lagerarzt, eine Berichterstattung über Wochenbettinfektionen und Sterblichkeit unter Müttern und Säuglingen zusammenzustellen. Als ich daraufhin antwortete, daß ich keinen einzigen Todesfall unter Müttern und Neugeborenen zu verzeichnen habe, blickte mich der Lagerarzt ungläubig an. Er sagte, daß selbst die vorzüglich geführten Kliniken der deutschen Universitäten sich keines derartigen Erfolges rühmen können. Seine Augen verrieten dabei Zorn und Haß.

Möglicherweise waren die überaus ausgemergelten Organismen ein allzu unfruchtbarer Boden für Bakterien.

Eine ihre Entbindung erwartende Frau hatte eine längere Zeit hindurch die ihr zugeteilte Brotration gespart, um ein Bettlaken – wie das allgemein bezeichnet wurde – „organisieren" zu können. Das Laken riß sie in Fetzen und verfertigte daraus Windeln und Hemdchen für das Kind, da die Mütter natürlich keine Babyausstattung erhielten.

In unserer Abteilung mangelte es immer an Wasser, weshalb das Windelwaschen große Schwierigkeiten bereitete, insbesondere wegen des strengen Verbots, den Block zu verlassen und der Unmöglichkeit, sich in der überfüllten Stube zu bewegen. Die gewaschenen Windeln trockneten die Wöchnerinnen am eigenen Rücken oder an den Schenkeln, da es verboten war und mit Todesstrafe bedroht, sie an sichtbaren Stellen aufzuhängen. Grundsätzlich bekamen die Kinder keine Zusatzernährung, nicht einmal einen Tropfen Milch. Die vom Hunger ausgedörrten Brüste der Mutter reizten nur die Lippen der Neugeborenen, lösten eine Reflexbewegung der Lippen aus und steigerten noch den Hunger.

Bis zum Mai 1943 wurden alle im Auschwitzlager geborenen Kinder auf grausame Weise ermordet und zwar in einem Faß ertränkt. Diese Prozedur führten Schwester Klara und Schwester Pfani aus. Die Erstgenannte war Hebamme von Beruf und geriet für Kindermord in das Lager. Angesichts der Tatsache, daß ich die Funktion der Hebamme übernahm, wurde ihr die Geburtshilfe untersagt, da ihr als einer Berufsverbrecherin das Recht ihren Beruf auszuüben entzogen wurde. Sie erhielt Funktionen, für die sie sich besser eignete. Auch wurde ihr die leitende Stellung der sogenannten Blockführerin anvertraut und als Hilfskraft die rothaarige, sommersprossige deutsche Prostituierte, Schwester Pfani, zugeteilt. Nach jeder Geburt vernahmen die Wöchnerinnen aus dem Zimmer dieser Frauen ein lautes Glucksen und ein manchmal lange anhaltendes Wasserplätschern. Bald hernach konnte die Mutter die vor den Block ins Freie hinausgeschmissene und von den Ratten zerfressene Leiche ihres Kindes erblicken.

Im Mai 1943 erfuhr die Lage mancher Kinder eine Änderung. Die blauäugigen und blondhaarigen Kinder wurden den Müttern weggenommen und zwecks Entnationalisierung nach Nako überstellt. Das herzzerreißende Schluchzen der Mütter begleitete die abgehenden Säuglingstransporte.

Solange das Neugeborene bei der Mutter verblieb, wurde allein dieses Bewußtsein zu einem Hoffnungsstrahl. Die Trennung vom Kind war dann unerträglich.

Indem ich an die Möglichkeit dachte, diese Kinder in der Zukunft aufzufinden und sie ihren Müttern wiederzugeben, begann ich die Säuglinge auf eine der Aufmerksamkeit der SSler entgehende Art und Weise zu tätowieren. So manche Mutter tröstete sich mit dem Gedanken, irgendeinmal ihr verlorenes Kind wiederzufinden.

Jüdische Kinder wurden weiterhin mit rücksichtsloser Grausamkeit verfolgt. Es gab keine Möglichkeit, ein jüdisches Kind zu verbergen oder unter nichtjüdische Kinder zu mischen. Die bereits erwähnten „Schwestern" Klara und Pfani beobachteten abwechselnd mit großer Aufmerksamkeit die Jüdinnen während der Geburt und verhinderten somit die Verheimlichung der Geburt eines jüdischen Kindes, das sofort mit der Nummer der Mutter tätowiert, in einem Faß ertränkt und vor den Block hinausgeworfen wurde.

Das Schicksal der übrigen Kinder gestaltete sich am schlimmsten: sie starben eines allmählichen Hungertodes. Ihre Haut wurde dünn wie Pergament, durch die die Sehnen, Blutgefäße und Knochen durchschimmerten. Am längsten hielten sich die sowjetischen Kinder am Leben; die Zahl der Frauen aus der Sowjetunion machte etwa 50 Prozent aus.

Unter den vielen dort erlebten Tragödien blieb mir besonders lebendig im Gedächtnis die Geschichte einer Frau aus Wilno, die wegen der den Partisanen geleisteten Hilfe nach Auschwitz deportiert wurde.

Unmittelbar nach der Entbindung wurde ihre Nummer ausgerufen (der Häftling wurde nämlich der Nummer nach aufgerufen). Ich ging und entschuldigte ihre Abwesenheit, doch damit war ihr nicht viel geholfen, im Gegenteil, es steigerte noch den Zorn gegen sie. Es war mir klar, daß sie ins Krematorium gehen sollte. Die Unglückliche wickelte das Kind in ein schmutziges Papier und drückte es an die Brust. Ihre Lippen bewegten sich lautlos, als wollte sie dem Neugeborenen ein Wiegenlied summen, wie das oft die Mütter taten, um das Kind für die quälende Kälte, den Hunger und das bittere Leid zu entschädigen. Die Frau aus Wilno war völlig kraftlos und konnte keinen Ton hervorbringen, nur die Tränen schossen ihr in die Augen und tropften auf das Köpfchen des kleinen Auschwitzopfers. Es wäre schwer zu entscheiden, was tragischer war: der gleichzeitige Tod der sich einander am nächsten stehenden Wesen oder das Überleben des Todes ihres Neugeborenen, das vor den Augen der Mutter umkam, oder der Tod der Mutter, die sich bewußt war, ihr Kind einem unbekannten Schicksal überlassen zu müssen.

Unter diesen schauerlichen Erinnerungen ist in meinem Bewußtsein ein Gedanke vorherrschend: daß alle Kinder lebend geboren wurden und daß sie zum Leben bestimmt waren. Aus der Hölle des Lagers gingen kaum dreißig hervor. Einige hundert Kinder wurden zur Entnationalisierung nach Nako deportiert, über 1500 von Klara und Pfani ertränkt und über 1000 Kinder starben infolge der Kälte und des Hungers. Im Konzentrationslager kamen – aller Voraussicht und den äußerst ungünstigen Bedingungen zuwider – alle Kinder lebend und frisch aussehend zur Welt. Die sich dem Haß der Extermination widersetzende menschliche Natur kämpfte mit unglaublichen Vitalitätsreserven um ihr Recht.

(Stanislawa Leszczynska, ehemalige Insassin des Konzentrationslagers Auschwitz-Birkenau, Nr. 41 335, in: Internationales Auschwitz-Komitee, Unmenschliche Medizin, Band II, Teil 2, Warschau 1969, S. 172 ff.)

Dokument 20

Schicksal eines Kindes

Herr Tadeusz L... wandte sich kürzlich mit der Bitte an unsere Dienststelle, ihm eine Bestätigung (Dokumenten-Auszug) über seine Inhaftierung in den Lagern Auschwitz-Birkenau und Mauthausen zukommen zu lassen.

Mit Schreiben vom 22. Januar 1979 übersandten wir dem Antragsteller den erbetenen Dokumenten-Auszug.

Über den Lebensweg dieses im Jahre 1944 11jährigen Kindes sind in den beim Internationalen Suchdienst verwahrten Unterlagen aus der Kriegs- und Nachkriegszeit folgende Angaben enthalten:

Der Schüler L... Tadeusz, geboren am 22. Juli 1933 in Warschau, wurde während des Warschauer Aufstandes im August 1944 verhaftet und am 12. August 1944 durch den Kommandeur der Sicherheitspolizei als Schutzhäftling in das Konzentrationslager Auschwitz-Birkenau eingeliefert, am 25. Januar 1945 zum Konzentrationslager Mauthausen überstellt und dort am 5. Mai 1945 durch die US-Army befreit.

Einige Monate später, im Sommer, wurde er in die Betreuung der UNRRA (Amt der Vereinten Nationen für Nachkriegshilfe und Wiederaufbau) in Bayern übernommen. Bis dahin hatte er keine Nachricht von seiner Familie, hoffte aber, daß seine Angehörigen noch in Warschau wohnhaft seien. Tadeusz weilte dann im Internationalen Kinderlager Indersdorf, Kreis Dachau, und kam gegen Ende des Jahres zur Erholung in die Schweiz. Hier erreichte ihn das erste Lebenszeichen von seinen Eltern. Der Brief beginnt mit den Worten: „... Nach langem Suchen haben wir Dich, unseren lieben kleinen Jungen, endlich gefunden ...". Dieser Satz vermittelt ein ganz klein wenig Schicksal einer durch Kriegsereignisse auseinandergerissenen Familie. Am 18. März 1946 wurde Tadeusz L... nach Polen repatriiert.

Allgemein ist zu sagen, daß die nüchternen Einzelunterlagen (Häftlingspersonalkarte, Schreibstubenkarte sowie Namenlisten) keinen Aufschluß bezüglich der Praktiken bei der Behandlung von Kindern in Konzentrationslagern geben, beziehungsweise, darüber, zu welchen Arbeiten diese Kinder herangezogen wurden.

Für den Nachkriegsaufenthalt in Kinderlagern wurde von der UNRRA ein Schulprogramm festgelegt. Damit sollte den Kindern, die sich bis zu ihrer Repatriierung in diesen Lagern aufhielten, Gelegenheit gegeben werden, sich so gut wie eben möglich, wieder an geregelten Unterricht zu gewöhnen.

(ITS Arolsen, Tracing/Dokumentation Nr. 456 363)

Dokument 21

Auschwitz-Kinder appellieren an die Weltmeinung

Auf dem Gelände des ehemaligen Konzentrationslagers und Vernichtungslagers Auschwitz (Oswiecim) fand eine Tagung von Menschen statt, die als Kinder in diesem Lager gefangen waren oder hier zur Welt gekommen sind. Diese ehemaligen „Auschwitz-Kinder" haben folgenden „Appell an die Weltmeinung" gerichtet:

„Wir, die jüngsten Häftlinge der schrecklichsten Hitlermordgrube – des Konzentrationslagers in Oswiecim-Brzezinka, geboren in diesem Lager, oder hierher als Kinder gewaltsam verschleppt, deren erste Kindheitserinnerungen Grausamkeit, Hunger und Elend, den Qualm des Krematoriums, Stacheldraht und Tod enthalten – wir richten einen Appell an die Mütter, an alle Menschen auf der ganzen Welt, denen der Frieden, die Freiheit und das Glück der eigenen Kinder teuer ist – es zu keinen neuen Krieg kommen zu lassen, zu keiner Wiederbelebung des Faschismus und keiner Kernwaffen-Aufrüstung, die eine Katastrophe für die ganze Menschheit bedeuten würden.

Wir appellieren an die Weltmeinung nicht nur in unserem eigenen Namen, aber gleichfalls im Namen der 4 Millionen, die in diesem Lager ermordet wurden, im Namen der mit Giftgas und Phenolspritzen ins Herz gemordeten Kinder, der durch Pazifikationen von Dorf und Stadt bestialisch gemordeten, der an Hunger und Elend in den Gettos Europas gestorbenen Kinder, der Kinder die an den Fronten des Zweiten Weltkrieges kämpften.

Wir appellieren im Namen der Kinder von Hiroshima, der Kinder des kämpfenden Vietnam, der arabischen Kinder, die in Flüchtlingslagern infolge der Aggression Israels sterben.

In einer zivilisierten Welt sollte der Schutz des Kindes vor Gefahr und Ansteckung die heiligste Pflicht aller Menschen sein. Die Hitleristen waren anderer Meinung. In Konzentrationslagern, in Gettos, in pazifizierten Dörfern gingen auf schrecklichste Art und Weise Kinder zugrunde, deren einzige Schuld war, nicht als deutsche Kinder geboren zu werden.

Trotzdem ist kein Hitlerverbrecher für die an Kindern begangenen Verbrechen verurteilt worden, obgleich ihre Taten und Namen bekannt sind.

Diese Verbrechen, wie auch die Tatsache, daß diese Verbrechen ungesühnt geblieben sind, sind ein Schandfleck der Menschheit unseres Zeitalters, ein Schandfleck, der nicht weggewaschen werden kann.

Wir können nicht schweigen, denn schon wieder fließt das Blut unschuldiger Kinder in Vietnam, in den arabischen Staaten und in anderen Erdteilen, infolge der durch die imperialistischen Kräfte entfachten Kriege, obwohl noch nicht so viele Jahre verflossen sind, seit Hitlers verbrecherischer Tätigkeit.

Wir, die Kinder-Häftlinge aus Oswiecim, die Zeugen der Hitler-Verbrechen, denen der deutsche Besatzer die Kindheit und Lebensfreude weggenommen hat – heute hier versammelt, auf dem größten Friedhof der Welt, wir erklären, daß wir keinen Haß gegen irgend ein Volk hegen, daß wir aber abgesichts des ansteigenden Wettrüstens insbesondere mit Kernwaffen und angesichts des wiederauflebenden Neohitlerismus in der Bundesrepublik Deutschland, alle Menschen vor der Gefahr eines neuen Krieges warnen, der die Vernichtung der ganzen Welt bedeuten kann.

Im Namen der Gerechtigkeit fordern wir die Bestrafung aller derjenigen, die verantwortlich sind für Verbrechen begangen an Kindern und für Verbrechen gegen die Menschlichkeit.

Alle Kinder auf der ganzen Welt sollen eine heitere Kindheit haben.

Die Völkerfreundschaft und Brüderlichkeit, wie auch Freiheit, Frieden und Humanität sollen für immer auf der Welt herrschen.

Die einstmaligen Kinder-Häftlinge des Konzentrationslagers Oswiecim-Brzezinka."

(Archiv der F. I. R., Wien)

Ankunft in Auschwitz (Dokumentationsarchiv des deutschen Widerstandes, Frankfurt am Main)

Selektion (Dokumentationsarchiv des deutschen Widerstands, Frankfurt am Main)

Zur Vernichtung bestimmt, Auschwitz (Dokumentationsarchiv des deutschen Widerstands, Frankfurt am Main)

Ins Gas, Auschwitz (Dokumentationsarchiv des deutschen Widerstands, Frankfurt am Main)

Mutter mit Kindern auf dem Weg ins Gas, Auschwitz (Archiv der F.N.D.I.R.P., Paris)

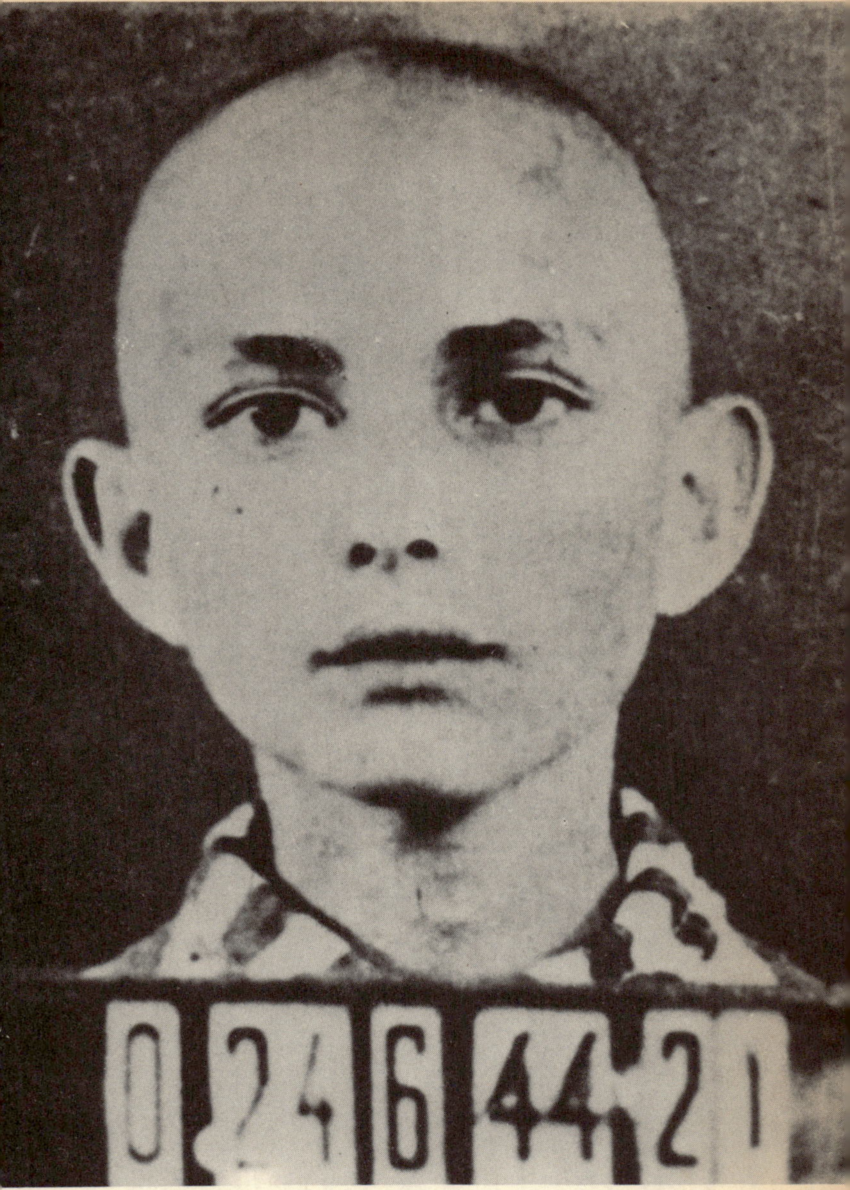

Kind als Häftling in Buchenwald (Archiv der F.N.D.I.R.P., Paris)

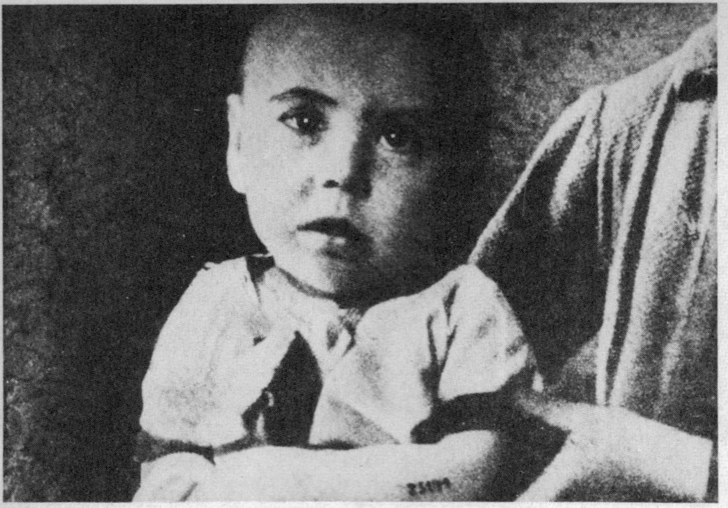

Zigeunerkind in Auschwitz mit eintätowierter Häftlingsnummer: 23 141
(Dokumentationsarchiv des österreichischen Widerstandes, Wien)

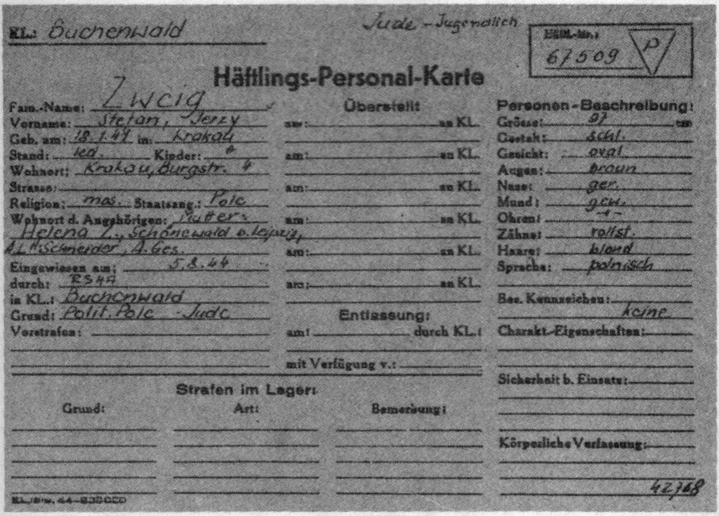

KL.: Buchenwald
Jude – Jugendlich
Häftl.-Nr.: 67509 P

Häftlings-Personal-Karte

Fam.-Name: Zweig
Vorname: Stefan, Jerzy
Geb. am: 18.1.41 in: Krakau
Stand: led. Kinder: –
Wohnort: Krakau, Burgstr. 4
Strasse:
Religion: mos. Staatsang.: Pole
Wohnort d. Angehörigen: Mutter: Helena Z., Schönewald b. Leipzig, A.L. H. Schneider, A. Ges.
Eingewiesen am: 5.8.44
durch: RSHA
in KL.: Buchenwald
Grund: Polit. Pole – Jude
Vorstrafen:

Überstellt
am: an KL.
am: an KL.
am: an KL.
am: an KL.
am: an KL.
am: an KL.

Entlassung:
am: durch KL.:
mit Verfügung v.:

Personen-Beschreibung:
Grösse: 97 cm
Gestalt: schl.
Gesicht: oval
Augen: braun
Nase: ger.
Mund: gew.
Ohren: –
Zähne: vollst.
Haare: blond
Sprache: polnisch

Bes. Kennzeichen: keine
Charakt.-Eigenschaften:
Sicherheit b. Einsatz:
Körperliche Verfassung:

Strafen im Lager:

Grund:	Art:	Bemerkung:

42768

KL./8/w. 44-800000

Häftlings-Personalkarte für Stefan Jerzy Zweig im KZ Buchenwald (K. Drobisch, Widerstand in Buchenwald, Frankfurt am Main 1978, S. 105)

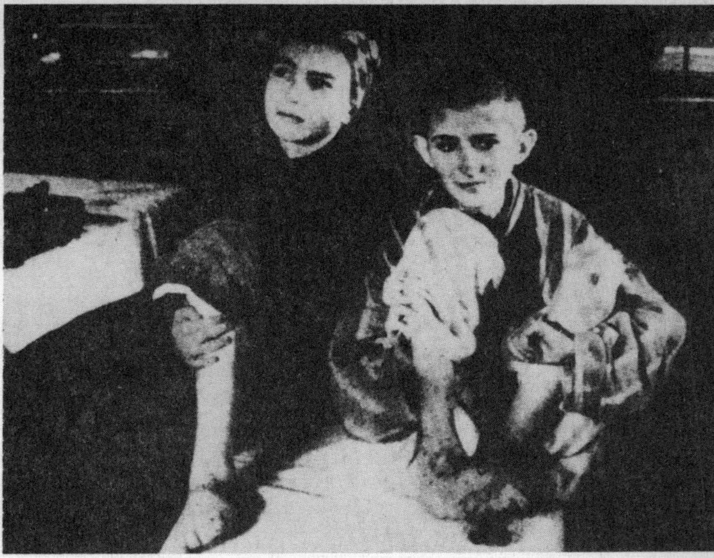

Ungarische Kinderhäftlinge mit erfrorenen Füßen (Archiv der F.N.D.I.R.P., Paris)

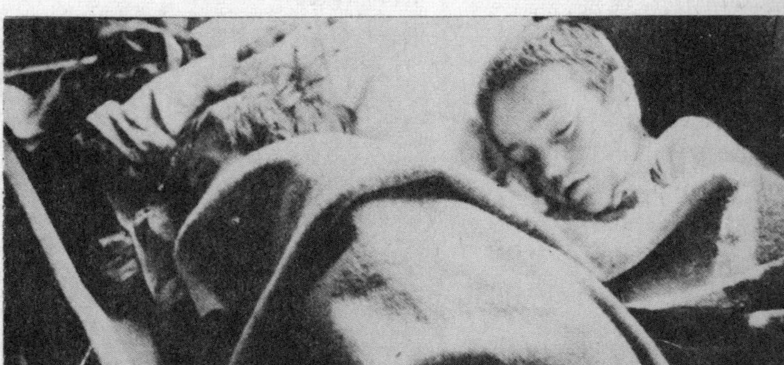

An Typhus erkrankte Kinder in Bergen-Belsen (Archiv der F.N.D.I.R.P., Paris)

A b s c h r i f t Geheim

A u f s t e l l u n g

über die von den Lagern Lublin und Auschwitz auf Anordnung des SS-Wirtschafts-Verwaltungshauptamt abgelieferten Mengen an Textil-Altmaterial:

1. Reichswirtschaftsministerium

Männer-Altbekleidung ohne Wäsche	97 000 Garnituren		
Frauen-Altbekleidung ohne Wäsche	76 000 Garnituren		
Frauen-Seidenwäsche	89 000 Garnituren		
	insgesamt:		34 Waggons

Lumpen	400 Waggons	2 700 000 kg	
Bettfedern	130 Waggons	270 000 kg	
Frauenhaare	1 Waggon	3 000 kg	
Altmaterial	5 Waggons	19 000 kg	
	insgesamt:	2 992 000 kg	
		insgesamt:	536 Waggons
			570 Waggons

2. Volksdeutsche Mittelstelle

Männerbekleidung:

Mäntel	99 000	Stck.
Röcke	57 000	"
Westen	27 000	"
Hosen	62 000	"
Unterhosen	38 000	"
Hemden	132 000	"
Pullover	9 000	"
Schals	2 000	"
Pyjamas	6 000	"
Kragen	10 000	"
Handschuhe	2 000	Paar
Strümpfe	10 000	"
Schuhe	31 000	"

Kinderbekleidung:

Mäntel	15 000	Stck.
Knabenröcke	11 000	"
Knabenhosen	3 000	"
Hemden	3 000	"
Schals	4 000	"
Pullover	1 000	"
Unterhosen	1 000	"
Mädchenkleider	9 000	"
Mädchenhemden	5 000	"
Schürzen	2 000	"
Schlüpfer	5 000	"
Strümpfe	10 000	Paar
Schuhe	22 000	"

Frauenbekleidung:

Mäntel	155 000	Stck.
Kleider	119 000	"
Jacken	26 000	"
Röcke	30 000	"
Hemden	125 000	"
Blusen	30 000	"
Pullover	60 000	"
Unterhosen	49 000	"
Schlüpfer	60 000	"
Pyjamas	27 000	"
Schürzen	36 000	"
Büstenhalter	25 000	"
Unterkleider	22 000	"
Kopftücher	85 000	"
Schuhe	111 000	Paar

Wäsche usw.:

Bettbezüge	37 000	Stck.
Bettlaken	46 000	"
Kopfkissenbezüge	75 000	"
Geschirrtücher	27 000	"
Taschentücher	135 000	"
Handtücher	100 000	"
Tischdecken	11 000	"
Servietten	8 000	"
Wolltücher	6 000	"
Krawatten	25 000	"
Gummischuhe und Stiefel	24 000	Paar
Mützen	9 000	Stck.

insgesamt: 211 Waggons

-2-

Aufstellung von Kinderbekleidung aus den Lagern Lublin und Auschwitz
(Institut für Marxismus-Leninismus, Berlin)

Nach der Befreiung durch die Rote Armee: Überlebende Kinder zeigen ihre Häftlingsnummer, Auschwitz (Archiv des Auschwitzmuseums)

Kinder begrüßen die Befreier, KZ Dachau, April 1945 (Dokumentationsarchiv des österreichischen Widerstands, Wien)

Verbrecherische Experimente an Kindern

Der Nürnberger Prozeß, insbesondere der Nürnberger Ärzteprozeß, brachte im Jahre 1947 zutage, in welchem Ausmaß das NS-System die bisher in Deutschland gültigen und auf internationaler Ebene anerkannten Prinzipien des Humanismus und der Medizin außer Kraft gesetzt hatte.

Im Konzentrationslager inhaftierte Menschen waren gegen ihren Willen unter Vergewaltigung ihrer Menschenwürde und zur schweren Schädigung ihrer Gesundheit, zum Teil bis zum Eintritt des von den Verantwortlichen bewußt in Kauf genommenen oder sogar bewußt herbeigeführten Todes, im Auftrage der SS und der Wehrmacht Experimenten unterworfen worden, die die Bezeichnung wissenschaftlich nicht verdienen, vielmehr jeden daran beteiligten Verantwortlichen für immer aus der Gemeinschaft in ihren Arbeitsmethoden ernstzunehmender Wissenschaftler, aus dem Kreis der humanen Wissenschaft, ausschließen mußten

Auch hier hat der faschistische Rassismus seinen „Herrenmenschenstandpunkt" wahrgemacht und die ihm Unterworfenen unter Niederreißen aller moralischen Schranken schonungslos mißbraucht, auch die Kinder.

Insgesamt wurden in acht Konzentrationslagern

Auschwitz
Buchenwald
Dachau
Mauthausen
Natzweiler und Schirmeck-Vorbruck
Neuengamme
Ravenbrück
Sachsenhausen

Experimente an Häftlingen durchgeführt,[1] von denen Dokumente erhalten geblieben sind. Es muß damit gerechnet werden, daß die Zahl der tatsächlich durchgeführten und geplanten Versuche größer ist als bis heute bekannt, weil ein Teil der Dokumente zu Ende des Krieges verlorengegangen, ein weiterer

1 Vgl. Internationaler Suchdienst Arolsen 45/73, S. 16: „Pseudomedizinische Versuche in Konzentrationslagern."

Teil von Personen und Institutionen, die sich der Verantwortung entziehen wollten, vernichtet worden ist.

Medizinische Versuche an Kindern von verbrecherischer Natur sind nachweislich in folgenden Lagern durchgeführt worden:

Auschwitz
Ravensbrück
Sachsenhausen
Neuengamme.

Die wichtigsten Quellen, die über diese Versuche an Kindern Aufschluß geben, sind die Dokumente des Nürnberger Ärzteprozesses von 1946/47, auf die sich eine Reihe von Monografien über Einzelaspekte des Mißbrauchs der Medizin durch den Faschismus stützen. Sehr viele in der unmittelbaren Nachkriegszeit noch nicht verfügbare Dokumente sind in den drei Jahrzehnten danach durch den Internationalen Suchdienst Arolsen und andere Institutionen gesammelt und ausgewertet worden. Weiteres Material findet sich in Archivbeständen der Lagergemeinschaften, Lagermuseen, sowie vor allem in polnischen und französischen Archiven.

Diese Versuche sind bezeichnet worden als „Medizin ohne Menschlichkeit", als „Wissenschaft ohne Menschlichkeit", als „Diktat der Menschenverachtung", als „Pseudomedizinische Versuche" und in der Tat treffen alle diese Bezeichnungen bestimmte antihumane und wissenschaftsfremde Aspekte dieser Experimente. Sie waren schon deshalb antihuman und kriminell, weil sie gegen den Willen und ohne Rücksicht auf Leben und Gesundheit der Versuchspersonen durchgeführt wurden, an Häftlingen, gar an Kindern, die sich völlig in der Gewalt der Experimentatoren und ihrer Auftraggeber befanden. Sie verstießen gegen alle traditionellen ethischen Regeln, die für medizinische Experimente zum Schutz der Versuchspersonen gelten. Sie waren Bestandteil eines rassistischen, von sozialdarwinistischem Selektionsdenken geprägten Programms. Einige von ihnen waren noch dazu insofern unwissenschaftlich, als Versuchsanordnung und -durchführung dilettantische Züge trugen.

Um den Charakter dieser Unternehmungen in seinem Kern zu erfassen, erscheint es notwendig, vor allem auch folgende Fragen zu klären:

Wer waren die Auftraggeber?

Welchen konkreten Zweck sollte der einzelne Versuch erfüllen?

Welchen wissenschaftlichen Erkenntnisfortschritt erhofften sich die Auftraggeber?

Welchen Nutzen gedachten sie daraus zu ziehen?

Um diese Fragen beantworten zu können, bedarf es zunächst einer Darstellung der Versuche anhand der dokumentarisch belegten Daten.

Experimente an Zwillingskindern im KZ Auschwitz

Aus dem Zeugenbericht des ungarischen Arztes und ehemaligen Auschwitz-Häftlings Dr. Nyiszli über die Aktivitäten des deutschen SS-Arztes Dr. Josef Mengele in Auschwitz ergibt sich folgendes:

„Nach Ankunft eines Transportes geht ein SS-Mann die vor den Waggons stehenden Reihen durch und fragt nach Zwillingen und Zwergen. Die Mütter geben ihre Zwillinge bedenkenlos in der Hoffnung her, daß dieses Interesse für ihre Kinder eine Vergünstigung bedeute. Die erwachsenen Zwillinge wissen, daß sie vom wissenschaftlichen Standpunkt aus interessant sind, und daraus kann sich nur Gutes ergeben. Sie melden sich bereitwillig. Ähnlich ist es bei den Zwergen.

Alle, die sich gemeldet haben, kommen auf die rechte Seite. Sie werden in einer Gruppe zusammengefaßt, können ihre Kleidung behalten, und der Wachtposten führt sie in die ‚Schutzbaracke'. Sie erhalten dort eine anständige Verpflegung, bequeme Lagerstätten, sie haben die Möglichkeit, hygienisch zu leben, und man behandelt sie anständig.

Sie wohnen in Block Nr. 14, Lager F; von dort werden sie täglich in den Versuchsblock des Zigeunerlagers gebracht. Hier führt man an ihnen alle denkbaren medizinischen Untersuchungen durch, wie Blutanalysen, Punktionen, Austausch des Blutes zwischen Zwillingen und verschiedene andere Untersuchungen, die sämtlich schmerzhaft und aufreibend sind.

Die Malerin Dina arbeitet an Vergleichszeichnungen der Schädelform, der Form der Ohren, der Nase, des Mundes, der Handlinien, der Füße. Die Zeichnungen werden sorgfältig in Mappen abgelegt, in denen sich auch die Aufzeichnungen über die Versuche befinden. Das Verfahren bei den Zwergen ist das gleiche.

Mit diesen Versuchen ‚in vivo' – wie der medizinische Fachausdruck heißt – sind jedoch bei weitem nicht alle Möglichkeiten der Zwillingsforschung erschöpft: sie haben Lücken und gewähren wenig Erkenntnisse. Darum folgt der letzte und wichtigste Abschnitt der Wertung: der Vergleich der gesunden, unregelmäßigen oder kranken Organe beider Zwillinge durch Sezieren. Zu dieser ‚wissenschaftlichen' Tätigkeit, wie zu jeder anderen Sezierung, sucht man sich eine Leiche aus. Da die Sezierung und Auswertung der gefundenen Unregelmäßigkeiten gleichzeitig erfolgen muß, müssen auch die Zwillinge gleichzeitig sterben. Darum sterben sie auch gleichzeitig in der Versuchsbaracke des Lagers F III – durch die Hand Dr. Mengeles.

In der Geschichte der Medizin auf der ganzen Welt ist dies eine einzig darstehende Erscheinung. Zwillinge sterben zur gleichen Zeit und am selben Ort. Wo gibt es im normalen Leben den fast an ein Wunder grenzenden Fall, daß Zwillinge gleichzeitig und am selben Ort sterben und ihre Leichen zur gleichen Zeit seziert werden? Im Konzentrationslager Auschwitz gibt es mehrere hundert Zwillinge, darum gibt es auch mehrere hundert Fälle, da man nach der Vergleichsmethode sezieren kann."[2]

„Ich nehme vom SS-Mann die Mappen entgegen, die die Aufzeichnungen über die Zwillinge enthalten. Die Leichenträgerinnen setzen die verhüllte Trage ab. Ich hebe das Tuch: auf der Trage liegen die Leichen von etwa zweijährigen Zwillingen. Die Männer des Sonderkommandos tragen die Leichen ins Haus und legen sie auf den Seziertisch. Ich lese die Schriftstücke. Sie enthalten die verschiedensten klinischen Untersuchungen, Beschreibungen, Röntgenaufnahmen. Es fehlt nur der Sezierbefund, den ich ausfertigen muß.

Die Körper der Zwillinge liegen nebeneinander auf dem Seziertisch. Mit ihrem gleichzeitigen Tode, mit ihrem Körper, der auseinandergenommen werden soll, sollen sie zur Lösung des Problems der Rassenvermehrung beitragen. Das ‚große Ziel' ist, einen Weg zur Rassenvermehrung zu finden, indem in Zukunft jede deutsche Mutter nach Möglichkeit Zwillinge gebiert. Der Plan ist wahnwitzig.

Er wurde ausgedacht von den irrsinnigen Rassentheoretikern des 3. Reiches, und die Durchführung des experimentellen Teils übernahm der Mörder im Arztkittel Dr. Mengele."[3]

„Ich bin mit dem Sezieren der Zwillinge fertig und schreibe das übliche Obduktionsprotokoll, das von hier aus an das ‚Institut für Erbbiologie und Genetik in Berlin-Dahlem' gesandt wird. Auf diese Weise erfuhr ich, daß die hiesigen Versuche von einem der höchsten medizinischen Institute kontrolliert werden...

Ich erhalte neue Zwillingsleichen, Zigeunerkinder, die noch keine 10 Jahre alt waren. Beim Sezieren trage ich jede Phase ins Protokoll ein. Bei der Untersuchung des Herzens stelle ich an der Außenseite der linken Herzkammer einen kleinen rundlichen blaßroten Fleck fest, der durch den Stich einer Injektionsnadel ins Herz verursacht worden ist. Doch aus welchen Gründen geschah dies? Ich öffnete die linke Herzkammer. Beim Sezieren entnimmt man ihr das Blut mit einem Löffel, und die Menge wird durch Wiegen bestimmt. In diesem Falle ist dies undurchführbar; das Blut ist zu einer festen Masse erstarrt. Ich nehme den Blutklumpen mit der Pinzette heraus und rieche daran. Ich spüre den charakteristischen starken Chloroformgeruch. Das Kind hat eine Chloroforminjektion ins Herz erhalten. Offensichtlich gab sie ihm Dr. Mengele, damit das Blut in der linken Herzkammer gerinnt, sich an der Herzklappe festsetzt und damit der sofortige Tod eintritt."[4]

Über diese Versuche in Auschwitz, für die sich Mengele Zwillinge auf der Rampe von Birkenau aussuchte, existiert eine weitere Zeugenaussage des

2 Ota Kraus u. Erich Kulka: Massenmord und Profit. Berlin 1963. S. 230/231.
3 Ebenda. S. 231/232.
4 Ebenda. S. 232/233.

ehemaligen Häftlingsarztes Dr. Cespiva:

,,Während meiner Tätigkeit im Zigeunerlager bin ich mit Mengele zusammengekommen, der Zwillingsforschung betrieb. Er infizierte Zwillinge mit Typhus, um zu beobachten, ob Zwillinge verschieden oder gleichzeitig auf die Infektion reagieren. Danach ließ er sie vergasen. Im Block 10 waren auch solche Zwillinge, an denen Sterilisationsversuche gemacht wurden. Ich konnte durch Petroleuminjektionen, die Abszesse – ähnlich denen bei Geschlechtskrankheiten – hervorrufen, einige retten, da sie dann für die Versuche ungeeignet waren."[5]

Hinweise auf die Auftragslage, soweit bekannt, ergeben sich aus dem Charakter von Mengeles Tätigkeit in Auschwitz: er gründete dort eine Zweigstelle des Instituts für Erbbiologie und Rassenforschung an der Universität Frankfurt (Leiter: Othmar Freiherr von Verschuer, der den Nationalsozialismus als ,,angewandte Biologie" verstand). Daraus, daß die Obduktionsprotokolle an das Institut für Erbbiologie und Genetik in Berlin-Dahlem geschickt wurden, ergibt sich, daß es sich um ein offizielles, von den zuständigen Behörden zugelassenes Forschungsprogramm gehandelt haben muß. Dr. Josef Mengele war im übrigen SS-Hauptsturmführer und konnte seine ,,Forschungsvorhaben" nur im Einverständnis mit den leitenden Stellen der SS durchführen.

Experimente an Kindern im KZ Neuengamme

(Tuberkuloseversuche mit anschließender Ermordung der als Versuchspersonen dienenden Kinder)

Der im KZ Neuengamme als Versuchsleiter tätige SS-Arzt Dr. Heißmeyer führte mit Zustimmung des Reichsführers SS Heinrich Himmler Impfversuche mit Tuberkelbakterien an tuberkulosekranken erwachsenen sowjetischen und polnischen Häftlingen durch. Anfang 1944 forderte er auch Kinder für Experimente mit Tuberkelbakterien an. Was diesen Kindern angeblich ,,zum Wohl des medizinischen Fortschritts" angetan wurde, ergibt sich aus einer 1969 in Warschau erschienenen Dokumentation des Internationalen Auschwitz-Komitees.[6]

Im Dezember 1944 wurden 20 bis 25[7] bzw. 25 Kindern[8] oder 20 Kinder[9] jüdi-

5 Akten des Verfahrens gegen Baer u. a. (Auschwitz-Prozeß) – 4 Js 444/59 Blatt 2583 ff., zitiert nach F. K. Kaul: Ärzte in Auschwitz, Berlin 1968, S. 283/284.

6 Intern. Auschwitz Komitee: Unmenschliche Medizin, Warschau 1969.

7 Urteil gegen Dr. med. Kurt Heißmeyer vom 30. 6. 1966 (Auszug), Magdeburg 1966, S. 8/9, zitiert nach Fritz Bringmann: Kindermord am Bullenhuserdamm, Frankfurt 1978.

8 Nach Stanislav Klodzinski: Verbrecherische Versuche aus dem Bereich der Tuberkulose in den nazistischen Konzentrationslagern, in ,,Unmenschliche Medizin", Bd. 1, Teil 2, Warschau 1969, S. 202.

9 Lord Russell of Liverpool: Geißel der Menschheit, Frankfurt 1961, S. 192.

schen Glaubens von Auschwitz nach Neuengamme gebracht, Mädchen und Knaben aus den Niederlanden, Frankreich, Jugoslawien und Polen, im Alter von fünf bis 12 Jahren. Von den französischen Kindern soll eines Georges, ein anderes Jacqueline geheißen haben. Die Unterbringung erfolgte in Block 4 A.

Die Kinder wurden klinisch gesund ins Lager Neuengamme gebracht und relativ gut ernährt, um sie für die Versuche vorzubereiten. Zwei bis drei Wochen nach ihrer Ankunft begann Dr. Heißmeyer mit seinen Experimenten. Die Kinder wurden folgendem Versuchsablauf unterworfen:

Es wurden Hauteinschnitte am linken oder rechten Arm unweit des Brustmuskels angelegt und dort unter die Haut (subkutan) Tuberkelbakterien eingebracht.

Als Folge trat eine örtliche Reaktion mit Rötung und Schwellung an der betreffenden Stelle auf. Nach einigen Tagen kam es zu Allgemeinreaktionen mit Temperaturanstieg, der etwa nach einer Woche abklang.

Nach etwa einer Woche pflegten auf der „geimpften" Seite örtliche Lymphknotenschwellungen in der Achselhöhle aufzutreten. Ein Achsellymphknoten wurde chirurgisch operativ entfernt und das entnommene Material in mit Formalin (einer Konservierungslösung) gefüllten Reagenzgläsern nach Berlin geschickt.

In Berlin wurden aus dem Material wiederum Tuberkelbakterien gezüchtet, die dazu dienten, die Kinder erneut zu infizieren.

Nach jeder erneuten „Impfung" wurden die örtlichen Hautreaktionen als schwächer beschrieben.

Die Kinder wurden zur Beobachtung des Versuchsverlaufs in regelmäßigen Abständen Röntgenuntersuchungen der Lungen unterzogen.

Es wird berichtet, daß die meisten Kinder nach vier bis fünf Monaten gefiebert hätten; nur 15 bis 20 Prozent von ihnen wären fieberfrei geblieben.

Im dritten Monat hätten 80 Prozent der Kinder vergrößerte Lungenhiluslymphknoten gehabt.

Um bzw. ab vierten Monat wären dann Entzündungsherde, tuberkulöse Infiltrate, schließlich auch tuberkulöse Höhlenbildungen im Lungengewebe (TBC – caseosa – cavernosa) aufgetreten.

Einen wissenschaftlichen Erkenntnisfortschritt haben diese Experimente nicht erbracht, nur Angst und Qual für die betroffenen Kinder. Der verbrecherische Charakter der Versuche war derart offensichtlich, daß im April 1945 der General der SS Pohl auf Ersuchen des Dr. Heißmeyer Befehl erteilte, die Kinder ins Nebenlager Bullenhuserdamm in Hamburg zu schaffen und zu ermorden, um die lebenden Beweise dieser Experimente zu beseitigen. Denn zu diesem Zeitpunkt näherten sich schon die Alliierten dem KZ Neuengamme.

In der Nacht vom 20. auf den 21. April 1945 wurden die Kinder im Keller der Hamburger Schule Bullenhuserdamm heimlich und bestialisch ermordet, mit ihnen ihre beiden holländischen Häftlingspfleger Deutekom und Hölzl und ihre beiden Häftlingsärzte, der französische Röntgenologe Dr. Quenouille und der französische Professor Dr. Florence.

Was am 20./21. April 1945 dort am Bullenhuserdamm geschah, gehört zu den niederträchtigsten und verwerflichsten Taten, die von Deutschen im Namen des Faschismus begangen worden sind. Die Kinder wurden durch Injektionen von Morphium betäubt und dann erhängt. Und damit von diesen Untaten kein Zeuge übrigbliebe, wurden auch die holländischen Krankenpfleger und die französischen Ärzte mit ihnen gehängt.

Die Namen der 20 Kinder sind:[10]

Jungen:
R. Zeller, Pole, 12 Jahre
Alexander Hornemann, Holländer, 8 Jahre
Marek Steinbaum, Pole, 10 Jahre
Eduard Hornemann, Holländer, 12 Jahre
James, Pole, 6 Jahre
Junglieb, Jugoslawe, 12 Jahre
Desmonie, Pole, 7 Jahre
Georges Kohn, Franzose, 12 Jahre
Reichenbaum, Pole, 10 Jahre
Sergio Desimone, Italiener, 7 Jahre

Mädchen:
Jacqueline Morgenstern, Französin, 12 Jahre
Goldinger, Polin, 11 Jahre
Lelka Birnbaum, Polin, 5 Jahre
Witonska, Polin, 5 Jahre
Zylberberg, Polin, 10 Jahre
H. Wassermann, Polin, 8 Jahre
L. Klygermann, Polin, 8 Jahre
Herzberg, Polin, 7 Jahre
Mekler, Polin, 11 Jahre
Altmann, Polin, 5 Jahre

Denken und Handeln des Dr. Kurt Heißmeyer befanden sich in Übereinstimmung mit der faschistischen Theorie des Rassismus. 1943 veröffentlichte er eine Schrift „Grundsätzliches über Gegenwarts- und Zukunftsaufgaben der Lungenheilstätten". In dieser Schrift propagierte er eine „Umwertung des Be-

10 Fritz Bringmann: Kindermord am Bullenhuserdamm, Frankfurt 1978, S. 11, „stern", Hamburg, Nr. 16/79.

griffs Mensch durch die Ideen von Volk und Rasse". Danach hatte ,,nunmehr eine Krankenauslese in erster Linie nach rassischen und charakterlichen Gesichtspunkten zu erfolgen. Der Organbefund bleibt dabei als solcher nicht unerfaßt, obwohl er an zweiter Stelle zu stehen kommt". Das ärztliche Urteil habe sich ,,auf den rassischen Wert einerseits und auf den Organbefund andererseits" zu stützen.[11] Heißmeyer verfügte über seinen Onkel, dem Chef des SS-Hauptamtes, August Heißmeyer, und dessen Ehefrau, die damalige ,,Reichsfrauenführerin" Scholz-Klink, über enge Verbindungen zur SS-Führungsspitze. Der Reichsführer SS, Heinrich Himmler, erteilte Heißmeyer die Zustimmung für seine Experimente. Die Experimente Heißmeyers waren demnach Teil des durch die SS unter Verantwortung des Reichsführers SS Heinrich Himmler vorangetriebenen rassistisch-faschistischen Programmes, das unter dem Deckmantel der Wissenschaftlichkeit der Herrschaftssicherung des deutschen Faschismus diente und in enger Verbindung zu dem teils durchgeführten, teils geplanten Genozid der unterworfenen Völker stand.

Experimente an Kindern im KZ Ravensbrück

(Sterilisierungsversuche)

,,Ein Doktor kam von Auschwitz für einige Tage, möglicherweise für eine Woche, und beschäftigte sich den ganzen Tag, solange er sich im Lager aufhielt, mit der Sterilisierung von Zigeunerkindern durch Röntgenstrahlen, ohne dabei Betäubungsmittel anzuwenden. Die Kinder pflegten nach der Sterilisierung weinend herauszukommen und fragten ihre Mütter, was man ihnen getan hätte..."

Diese Aussage ist Teil einer eidesstattlichen Erklärung der im KZ Ravensbrück inhaftiert gewesenen Polin, Gustawa Winkowska.[12]

Dieser ,,Arzt", der aus Auschwitz kam, um Kinder unter Qualen zu verstümmeln, erfüllte nicht die in ihn von der SS-Führung gesetzten Erwartungen, ein kostengünstiges, schnell wirksames und von den zu sterilisierenden nicht bemerkbares Kastrationsmittel anwendungsreif zu machen. Auch an Männern (Dr. Horst Schumann, Luftwaffenarzt) und an Frauen (Prof. Dr. Karl Clauberg, SS-Brigadeführer) wurden im Auftrag des Reichsführers SS, Heinrich Himmler, Sterilisierungsversuche in den Konzentrationslagern durchgeführt. Außer dem

11 Vgl. Otto Prokop und Ehrenfried Stelzer: Die Menschenexperimente des Dr. med. Heißmeyer, in ,,Kriminalistik und forensische Wissenschaften", Berlin (DDR), Heft 3/1970.

12 Dokument Nr. 865 (Doc. No. 865) des Nürnberger Ärzteprozesses, vgl. auch Alexander Mitscherlich und Fred Mielke: Medizin ohne Menschlichkeit, Frankfurt 1978, S. 244.

Röntgenverfahren wurde mit Medikamenten und durch Einbringen einer Reizflüssigkeit in die Gebärmutter und die Eileiter versucht, ein Routineverfahren für massenhafte Anwendung zu entwickeln. Es kam nicht mehr dazu, weil die militärische Lage des faschistischen Deutschlands sich durch das Vordringen der Roten Armee im Osten und der Alliierten Streitkräfte im Westen rapide verschlechterte. Zum Glück kam es nicht mehr dazu, denn geplant war die Unfruchtbarmachung ganzer Bevölkerungen:

„Ein Weg der praktischen Durchführung wäre zum Beispiel, abzufertigende Personen vor einen Schalter treten zu lassen, an dem sie Fragen gestellt erhalten oder Formulare auszufüllen haben, was ungefähr zwei bis drei Minuten aufhalten soll. Der Beamte, der hinter dem Schalter sitzt, kann die Apparatur bedienen, und zwar dergestalt, daß er einen Schalter bedient, mit dem gleichzeitig zwei Röhren (da ja die Bestrahlung von beiden Seiten erfolgen muß) in Tätigkeit gesetzt werden. In einer Anlage mit zwei Röhren könnten also demgemäß pro Tag etwa 150 bis 200 Personen sterilisiert werden, mit 20 Anlagen also bereits 3000 bis 4000 pro Tag."

„... Bei etwa 10 Millionen europäischer Juden sind nach meinem Gefühl mindestens zwei bis drei Millionen sehr gut arbeitsfähige Männer und Frauen enthalten. Ich stehe in Anbetracht der außerordentlichen Schwierigkeiten, die uns die Arbeiterfrage bereitet, auf dem Standpunkt, diese zwei bis drei Millionen auf jeden Fall herauszuziehen und zu erhalten. Allerdings geht das nur, wenn man sie gleichzeitig fortpflanzungsunfähig macht...

Eine Röntgenkastration jedoch ist nicht nur relativ billig, sondern läßt sich bei vielen Tausenden in kürzester Zeit durchführen. Ich glaube, daß es auch im Augenblick schon unerheblich geworden ist, ob die Betroffenen dann nach einigen Wochen bzw. Monaten an den Auswirkungen merken, daß sie kastriert sind."

Diese Überlegungen teilte Viktor Brack, SS-Oberführer, Oberdienstleiter in der Kanzlei des Führers, dem Reichsführer SS, Heinrich Himmler, im März 1941, sowie am 23. Juni 1942 mit.[13]

Das faschistische System, das die Herrschaft über ganz Europa und darüberhinaus anstrebte, scheute vor keinem Verbrechen zurück, um sterilisierte Arbeitskräfte für Zwangsarbeit und die Rüstungsindustrie zu bekommen. Vor allem aber dienten die Versuche dem Vorhaben der allmählichen Ausrottung der als rassisch „minderwertig" diskriminierten Völker der Juden und Zigeuner, wobei die Arbeitskraft der letzten lebenden Generation noch ausgeschöpft werden sollte.

13 Doc. No. 203 und Doc. No. 205 Nürnberger Prozeß, vgl. auch Mitscherlich/Mielke, S. 241/242.

Experimente an Kindern im KZ Sachsenhausen

(mit Gelbsuchterregern)

Nach Angaben des Internationalen Suchdienstes Arolsen aufgrund der dort vorliegenden Dokumente[14] fanden im KZ Sachsenhausen Gelbsucht-(Hepatitis-epidemika)-Versuche statt, wobei die genaue Anzahl der Versuchspersonen nicht bekannt sei (acht oder 11 Versuchspersonen im Alter von neun bis 16 Jahren).

„Durch das Urteil des Militärtribunals der sowjetischen Besatzungszone über die ehemaligen Leiter und Administratoren des KZ Sachsenhausen (vom 13. Oktober bis 1. November 1947 in Berlin, Vorsitzender Oberst der Justiz Majorow) wurde der Chefarzt des Lagers, Dr. Heinz Baumkötter, zu lebenslänglicher Haft mit Zwangsarbeit verurteilt. In der Begründung werden unter mehreren an Häftlingen vorgenommenen Versuchen Dr. Baumkötters auch Experimente an sechs inhaftierten Mädchen von acht bis 14 Jahren erwähnt, die während des Jahres 1944 mit Gelbsucht infiziert wurden, um ein neues Mittel zur Heilung dieser Krankheit auszuprobieren. (Dokumentarbericht vom Sachsenhausen-Prozeß, SWA-Verlag, Berlin, 1948)".[15]

Geplant waren derartige Hepatitis-epidemika-Versuche auch anderenorts, z. B. im KZ Buchenwald. Es existiert weiterhin ein Schreiben des Reichsarztes SS Grawitz an den Reichsführer SS, Heinrich Himmler, Berlin, als geheime Kommandosache, in dem die Versuchsanordnung beschrieben wird und um Bescheid gebeten wird, ob die Versuche im Häftlingslazarett des KZ Sachsenhausen an Häftlingen durchgeführt werden dürfen. In dem Schreiben findet sich die Mitteilung, daß mit Todesfällen gerechnet werden muß. (Schreiben des Reichsarztes SS Grawitz an Himmler vom 1. Juni 1943)[16]

Aus den Dokumenten ist ersichtlich, daß die Versuche einen bestimmten praktischen Hintergrund hatten. Bei bestimmten Truppenteilen der Waffen-SS, Polizei und des Heeres in Südrußland hatte die Ausbreitung der Hepatitis solche Ausmaße angenommen, daß Kompanien bis zu sechs Wochen bis zu 60 Prozent an Ausfall hatten.

Himmler gab seine Zustimmung zu den Versuchen mit einem Schreiben vom 16. Juni 1943.[17]

14 Siehe: Tätigkeitsbericht Nr. 45/1973 des Internationalen Suchdienstes Arolsen.
15 Mitscherlich/Mielke, a. a. O., S. 286, Fußnote 13.
16 Doc. No. 1303 Nürnberger Ärzteprozeß, vgl. auch Mitscherlich/Mielke, a. a. O., S. 130.
17 Doc. No. 010 Nürnberger Ärzteprozeß, vgl. auch Mitscherlich/Mielke, a. a. O., S. 128.

Zum Auftragshintergrund der Humanexperimente in Konzentrationslagern

Die verbrecherischen Experimente an Kindern in Konzentrationslagern durch die im Auftrage der SS handelnden Ärzte unterscheiden sich in Umständen, Zielsetzung und Verantwortlichkeit nicht von den im Nürnberger-Ärzteprozeß und anderen NS-Prozessen in der Nachkriegszeit behandelten Experimenten an erwachsenen Häftlingen. Die Experimente an Zwillingskindern und die Sterilisationsversuche an Kindern waren Bestandteil eines Programms der rassistischen Pervertierung und des Mißbrauchs der medizinischen Wissenschaft im Dienste der Herrenmenschenideologie, unwissenschaftlicher Rassenzüchtungsvorhaben und der Unterdrückung der durch den Faschismus unterworfenen Völker bis hin zum durchgeführten und geplanten Genozid. Sie dienten der Vorbereitung einer noch ausgedehnteren rassistisch-biologischen Kriegsführung gegen die Völker Europas, die zu unterwerfen und sich dienstbar zu machen oder auszurotten erklärtes Ziel des deutschen Faschismus war.

Das Vorgehen bei den Gelbsucht- und Tuberkulose-Versuchen an Kindern zeigt bei der Behandlung der Versuchspersonen und in der Rigorosität der Durchführung ebenfalls den antihumanen Charakter des rassistischen Herrenmenschendenkens, das Geringachten der Menschenwürde, die Bereitschaft zum Zertreten jeder Lebensregung, die in die Greifweite dieses Systems geriet. Die Bekämpfung der Hepatitis und der Tuberkulose waren aber auch militärisch erforderlich. Dabei handelte es sich allerdings um eine militärische Erfordernis, die sich aus dem Krieg des deutschen Faschismus insbesondere gegen die Völker Osteuropas ergab, eines Eroberungs- und Unterwerfungskrieges, dessen erklärtes Ziel die Einverleibung und Kolonialisierung großer Teile Osteuropas waren.

Die Durchführenden waren Ärzte und Wissenschaftler. „Von ungefähr 90000 damals in Deutschland tätigen Ärzten haben etwa 350 Medizinverbrechen begangen", sagt Alexander Mitscherlich in der Einleitung zu seiner Chronik „Medizin ohne Menschlichkeit". „350 waren unmittelbare Verbrecher – aber es war ein Apparat da, der sie in die Lage oder in die Chance brachte, sich zu verwandeln." „Was aber ist der Apparat?" Mitscherlich sucht vor allem auch den Mechanismus der Verhaltensänderung, der Ausschaltung der Menschlichkeit, oder des Gewissens, beim Einzelnen, der schuldig geworden ist. Die dokumentierten Auftraggeber dagegen verweisen auf die Hauptquellen und Hauptverantwortlichen der Verbrechen gegen die Menschlichkeit. Die Auftraggeber waren: die faschistische Führung, die Führung der faschistischen Streitkräfte, der Reichsführer SS, und in einer Reihe von Dokumenten wird das Zusammenwirken dieser Institutionen bei der Durchführung von Experimenten, ähnlich wie bei der Verwertung der Arbeitskräfte in den Konzentrationslagern, mit den Interessen der Industrie, z. B. der IG Farben, durchsichtig.

Zum Abschluß eine Übersicht über die am besten dokumentierten Versuche und die verantwortlichen Institutionen bzw. Auftraggeber:

Art des Versuches	Als Auftraggeber verantwortlich bzw. mitbeteiligt	Versuchspersonen (erwachsene Häftlinge; bei 7. und 12. auch Kinderhäftlinge)
1. Unterdruck- bzw. Druckfallversuche zur Rettung aus großen Höhen	Bodenständige Prüfstelle für die Höhenforschung der **Luftwaffe,** München, Deutsche Versuchsanstalt für Luftfahrt e. V., Berlin, Sanitätsinspektor der Luftwaffe Reichsführer SS	Häftlinge des KZ Dachau
2. Unterkühlungsversuche	Inspekteur des Sanitätswesens der **Luftwaffe;** Forschungsauftrag: ,,Die Wirkung der Abkühlung auf den Warmblüter" Reichsführer SS	Häftlinge des KZ Dachau
3. Versuche zur Trinkbarmachung von Meerwasser	Sanitätsinspektion der **Luftwaffe,** Technisches amt der **Luftwaffe** Reichsführer SS	Häftlinge des KZ Dachau
4. Fleckfieber-Impfstoffversuche	Reichsarzt SS Grawitz Im Einverständnis mit Reichsführer SS, Himmler, Staatssekretär für Gesundheit im Reichsinnenministerium, Dr. Conti Reichsführer SS **(Militärischer** und ziviler **Zweck:** Bekämpfung von Fleckfieberepidemien im besetzten Polen, bei Kriegsgefangenen sowie bei der Wehrmacht)	Häftlinge des KZ Buchenwald

Art des Versuchs	Als Auftraggeber verantwortlich bzw. mitbeteiligt	Versuchspersonen (erwachsene Häftlinge; bei 7. und 12.auch Kinderhäftlinge)
5. Entsprechende Behandlungsversuche mit dem Präparat Acridin-Granulat und Rutenol der Farbwerke Hoechst	Reichsarzt SS, Grawitz im Einverständnis mit Reichsführer SS, Himmler, Staatssekretär für Gesundheit im Reichsinnenministerium, Dr. Conti Reichsführer SS (**Militärischer** und ziviler **Zweck:** Bekämpfung von Fleckfieberepidemien im besetzten Polen, bei Kriegsgefangenen sowie bei der Wehrmacht)	Häftlinge des KZ Buchenwald
6. Fleckfieberimpfstoffversuche	Reichssicherheitshauptamt der SS	Häftlinge des KZ Natzweiler-Schirmeck (die Versuchspersonen sollten körperlich in einem vergleichbaren Zustand **wie Wehrmachtsangehörige** sein)
7. Hepatitis-epidemika-Virusversuche	Sanitätsinspektion des **Heeres** Reichsführer SS, Himmler, Reichsarzt SS, Grawitz	genehmigt und geplant in den KZ Sachsenhausen bzw. Auschwitz
8. Sulfonamidversuche	Prof. Dr. Karl Gebhardt als beratender Chirurg der Waffen-SS Reichsführer SS (im Interesse der **Wehrmacht**)	Häftlinge des KZ Ravensbrück
9. Knochentransplantationsversuche	Sondergenehmigung des Reichsführer SS, Himmler	Häftlinge des KZ Ravensbrück
10. Phlegmoneversuche	Reichsarzt SS, Grawitz (**kriegswichtig** als Wundbehandlung)	Häftlinge des KZ Dachau

11. Kampfstoff-versuche mit Lost und Phosgen	Stiftung Ahnenerbe Reichsführer SS Institut für **wehrwissen-schafliche Zweck-forschung** in der SS-Forschungs- und Lehrgemeinschaft Ahnenerbe (sogenannte Stiftung „Ahnenerbe") Reichs-kommissar für das Sanitäts- und Gesundheitswesen	Häftlinge der KZ Sachsenhausen und Natzweiler-Struthof
12. Sterilisierungs-versuche	Reichsarzt SS, Grawitz Reichsführer SS, Himmler	Häftlinge der KZ Auschwitz, Ravensbrück Birkenau

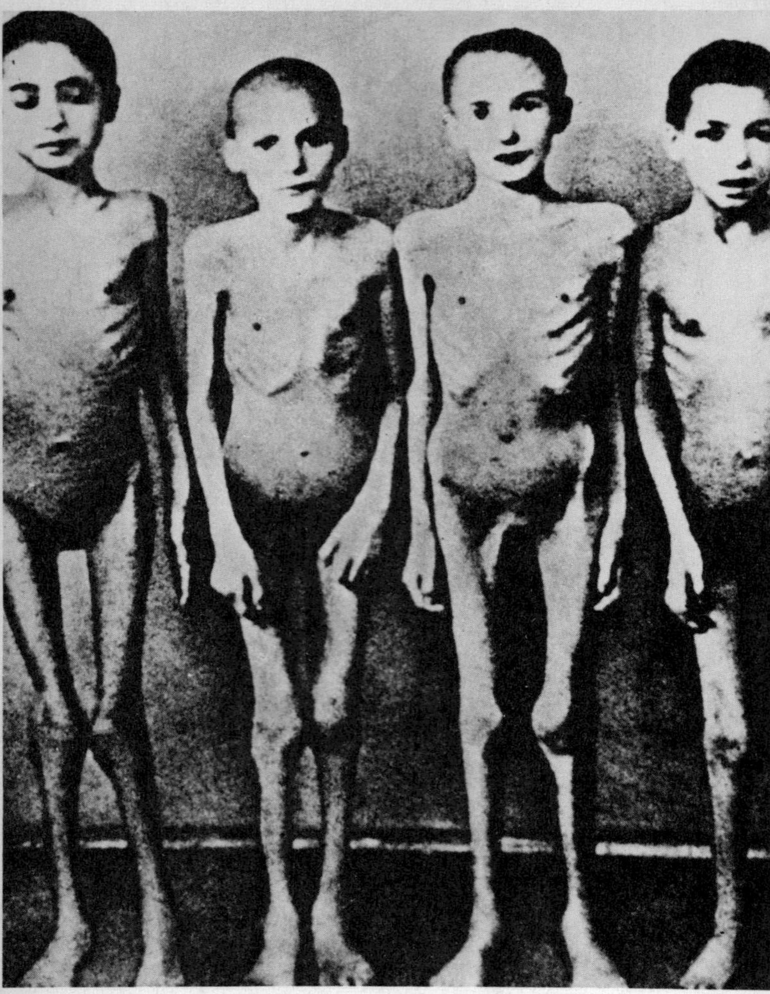

Für medizinische Versuche des Dr. Mengele ausgewählte Zwillinge in Auschwitz (Dokumentationsarchiv des österreichischen Widerstandes, Wien)

Hilfe, Solidarität und Widerstand

„Der Freiheit Kampf, einmal begonnen, vom Vater blutend auf den Sohn vererbt wird immer, wenn auch schwer, gewonnen."
George Noel Gordon Byron (1788–1824)

Über viele Aktionen einzelner Menschen und Gruppen, verfolgten Kindern zu helfen, sie zu verstecken, sie mit Nahrungsmitteln und Kleidung zu versorgen, ihnen mit kleinen Geschenken ein wenig Freude zu bereiten, vor allem aber sie vor der geplanten Vernichtung zu retten, liegen natürlicherweise nur wenig Berichte und Dokumente vor. Diese Aktionen mußten heimlich, unter Beachtung der Regeln der Konspiration, unter Lebensgefahr für alle Beteiligten organisiert und ausgeführt werden. Daher ist auch der Umfang solcher Aktionen wohl nie mehr vollständig zu erfassen.

Aktionen zur Rettung jüdischer Kinder sind auch aus Deutschland bekannt, darunter fallen z. B. die erfolgreichen Bemühungen, jüdische Kinder nach England zu bringen.

Im Dezember 1938 erreichte ein Transport mit 350 jüdischen Kindern aus Norddeutschland Harvich, von wo aus die Kinder weiter in englische Familien gebracht wurden. Aber auch im Lande selbst gab es Versuche, jüdische Kinder zu retten. Dafür steht das Beispiel der Kläre Bergfeld aus Bremen, der es gelang, zwei kleine jüdische Mädchen in ihrer eigenen Familie großzuziehen. Kläre Bergfeld hatte das Glück, daß sie auf Menschen traf, die sie bei ihrem Rettungsvorhaben unterstützten. So war es z. B. ein Krämer, der ihr öfter etwas an Nahrungsmitteln zusteckte, weil sie ja für die jüdischen Kinder, die offiziell nicht gemeldet waren, keine Lebensmittelkarten bekam. Daß diese Kinder nirgendwo gemeldet waren, verdankten sie der Hilfe eines Beamten des Jugendamtes, der bereit war, die Akten dieser beiden jüdischen Mädchen verschwinden zu lassen. Die Akten verschwanden im Jahre 1939, die Pflegemutter hat die beiden Kinder über den ganzen Krieg hinweg mit ihrer eigenen schmalen Lebensmittelzuteilung und mit der Hilfe des Krämers und eines Milchmannes versorgt.[1]

In Holland und Belgien waren es nicht nur einzelne Personen und Familien, sondern Organisationen, die jüdische Kinder versteckten und betreuten (siehe Foto: Schlafsaal versteckter Kinder in Holland und spielende gerettete Kinder in Belgien). Es gelang ihnen, hunderte von jüdischen Kindern vor den Nazihäschern zu retten.

1 Bericht Maria Krüger über Kläre Bergfeld. Dokumentationsarchiv des deutschen Widerstandes, Frankfurt.

In Belgien gab es für diejenigen, die bei diesen Rettungsaktionen geholfen hatten, von der Widerstandsbewegung kleine Gutscheine, auf denen zwei Kinder abgebildet sind, und darüber ist gedruckt: „Ich habe ein Kind für 10 Tage verpflegt. 10 Tage = 250 Frs. als Gutschein."[2]

Ein Bilddokument gibt es aus der Stadt Lublin, aufgenommen im Jahr 1945. Es zeigt 29 jüdische Kinder, Kleinkinder und Schulkinder, die von der Bevölkerung vor der Vernichtung gerettet worden waren.

Waren auch die Aktionen zur Rettung der Kinder die wichtigsten, so sollten die Beispiele, die von den Bemühungen erzählen, den Kindern das Leben zu erleichtern, ihnen Freude und Glück in das schon todgeweihte Dasein zu bringen, nicht geringer geachtet werden. Ein Zeugnis dafür ist die Solidarität der Bevölkerung Warschaus, die dafür sorgte, daß auch die im Getto eingeschlossenen Kinder von Janusz Korczak 1941 ein Weihnachtsfest erleben konnten. Die Widerstandsorganisation des Stadtteils Mokotow organisierte nicht nur Geschenke und Lebensmittel, sondern brachte auch auf einem Müllwagen heimlich einen Christbaum in das Waisenhaus. Janusz Korczak übergab den Überbringern der Geschenke zum Abschied ein kleines Stück Papier, auf das er geschrieben hatte: „Das jüdische Volk wird diese von Humanismus und Solidarität getragene Tat seiner polnischen Brüder nie vergessen".[3]Es war das letzte Weihnachtsfest, das die Kinder und er selbst erlebten. Am 5. August 1942 wurden Korczak und seine 200 Zöglinge in die Gaskammern von Treblinka geschickt.

Selbst in der Hölle der Konzentrationslager gelang es, das Leben der Kinder etwas zu erleichtern, ja sogar das Leben zu retten. Ihnen Essen, Kleidung, besondere Unterkunft, und ärztliche Hilfe zukommen zu lassen und gleichzeitig zu versuchen, die Kinder nicht in Resignation verfallen zu lassen, sie in ihrer Angst und Einsamkeit nicht allein zu lassen. Diese Leistung ist das unvergeßliche Verdienst der Widerstandskämpfer und ihrer illegalen Organisationen in den Konzentrationslagern, von denen hier Beispiele aus Buchenwald, Ravensbrück und Sachsenhausen erzählen sollen.

Weltbekannt geworden sind das Schicksal und die Rettung des jüdischen Kindes Stefan Jerzy Zweig durch den Roman von Bruno Apitz „Nackt unter Wölfen" Stefan Jerzy Zweig, das zweitjüngste Kind in Buchenwald, geboren am 18. Januar 1941 in Krakau, war mit seinem Vater im November 1942 in Krakau eingesperrt und am 5. August 1944 in das KZ Buchenwald gebracht worden. Hier erhielt das Kind die Häftlingsnummer 67509 und die Markierung „politisch, Pole, Jude". Nach der Befreiung berichtete der Vater von Stefan Jerzy Zweig:

„Ich war ungeheuer überrascht, zu erfahren, daß hier in Buchenwald ganz

2 Centre de Documentation Juive Contemporaine, Paris.

3 Janusz Korczak, Düsseldorf 1972, S. 44.

andere Verhältnisse herrschten, und muß sagen, daß die deutschen Häftlinge schon vom ersten Tag an für meinen Jungen alles getan haben, was man für ein Kind tun kann. Denn ich verdanke mein Leben und das meines Sohnes ausschließlich ihnen."[4]

Aber nicht nur Stefan Jerzy Zweig wurde gerettet, die internationale antifaschistische Lagergemeinschaft in Buchenwald nahm sich aller Kinder an und versuchte, sie vor der Vernichtung zu retten.

Noch im April 1945 sollten die jüngsten Häftlinge auf den Todesmarsch getrieben werden. Als die Kinder angetreten waren, und die jüdischen auf Befehl der SS heraustreten sollten, trat keines aus der Reihe, so, wie es ihnen ihr Beschützer und Blockältester Wilhelm Hamann geraten hatte. Als die SS dann einem kleinen Jungen die Pistole auf die Stirn drückte und ihn fragte: „Du bist Jude?" und das Kind nickte, stürzte Hamann auf es zu und erklärte dem SS-Mann, daß dieses Kind gar kein deutsch verstehen könne. So gelang es ihm, dieses jüdische Kind zu retten, ebenso wie alle anderen angetretenen. Die internationale Lagergemeinschaft beschloß in der letzten Nacht vor dem Abzug der SS, alle Kinder und Jugendlichen zu verstecken. Durch die internationale Solidarität wurden 454 Kinder gerettet und erlebten die Befreiung des KZ Buchenwald.

Die Häftlinge im Frauenkonzentrationslager Ravensbrück organisierten für die Kinder Kleidung, zusätzliche Nahrungsmittel und Medikamente. Sie erreichten von der SS-Oberaufseherin, daß sie zu Weihnachten 1944 für die über 400 Kinder in Ravensbrück ein Weihnachtsfest ausrichten durften. Einen Tag lang wollten sie die Kinder das sie umgebende Elend vergessen lassen, und so bastelten sie aus Woll- und Stoffresten, ja aus Papier, das sie im Lager fanden, aus vom Mund abgesparten Brot, kleine Geschenke. Sogar ein Puppentheater wurde gebastelt. Zum ersten Mal seit Jahren hörten die gefangenen Frauen wieder Kinderlachen.[5]

In Ravensbrück versuchten die Antifaschistinnen den Kindern das Leben zu erleichtern und sie vor dem Zugriff der Mörder zu bewahren. Die kleine elfjährige Lena Salomon aus Amsterdam, die mit ihrer Mutter nach Ravensbrück verschleppt worden war, war für den Transport in die Gaskammer ausgewählt worden. Die verzweifelte Mutter vertraute sich einer Antifaschistin an, die einen Ausweg für das Kind fand. Sie fälschte das Alter von Lena auf 14 Jahre, und so wurde das kleine Mädchen in den Troß der Arbeitshäftlinge für die Siemenswerke eingereiht. Mutter und Kind arbeiteten zusammen in dem Betrieb, wobei die Mutter für zwei arbeitete, um ihr Kind zu schonen. Lena Salomon hat das KZ Ravensbrück überlebt.

4 K. Drobisch, Kinder und Jugendliche im KZ Buchenwald, Diskussionsbeitrag, Internationale Tagung zum Jahr des Kindes, Warschau 1979, S. 4 f.

5 H. Elling, Frauen im deutschen Widerstand 1933–1945, Ffm. 1978, S. 40.

Am 11. März 1945, kurz vor der Befreiung, wurde im Lager Guy Poirot geboren. Die deutschen Antifaschistinnen besorgten Kartoffelbrei und Wasser als Nahrung für das Neugeborene und versteckten es vor dem Zugriff der SS. Seine Mutter wurde im April 1945 für den Transport des Internationalen Roten Kreuzes vorgesehen. Auf diesem Transport war die Mitnahme von Kindern verboten. Als die Mutter das Lagertor passierte wurde ihr heimliche ein Bündel Lumpen in die Arme gelegt. In diese Lumpen gewickelt wurde Guy Poirot aus dem Lager geschmuggelt und überlebte.[6]

In der Widerstandsorganisation im KZ Sachsenhausen war es der Lehrer Franz Bobzien, ehemaliges Mitglied der SAP, der sich vor allem der Kinder und Jugendlichen annahm, die wie die erwachsenen Häftlinge Zwangsarbeit leisten mußten. Nach dem Krieg haben überlebende polnische Kinder und Jugendliche über Franz Bobzien geschrieben:

„Die Deutschen hatten unsere Heimat zerstört, unsere Landsleute zu Tausenden ermordet und uns selbst in die Hölle von Sachsenhausen verschleppt. Franz Bobzien vermochte es, inmitten dieser Hölle unseren abgrundtiefen Haß gegen Deutschland und alles Deutsche zu besiegen. Er verkörperte für uns das wahre, das edle Deutschland. Er war unser Gefährte im gemeinsamen Kampf gegen die Ungeheuer, die sein eigenes Land hervorgebracht hatte. Er hat auch uns, die wir fast alle aus bürgerlichem Hause kamen und ahnungslos in die Hände der Faschisten fielen, den Glauben an den Menschen zurückgegeben und uns zu überzeugten Sozialisten erzogen."[7]

Ein besonderer Schwerpunkt wurde in allen überfallenen Ländern auf die Ausbildung und Weiterbildung der Kinder gelegt. Nach dem Willen der deutschen Okkupanten sollte, wie Himmler in seiner „Denkschrift über die Behandlung der Fremdvölkischen im Osten" am 15. Mai 1940 ausgeführt hatte, es nur noch die vierklassige Volkschule geben, deren Lehraufgabe sein sollte: „einfaches Rechnen bis höchstens 500, Schreiben des Namens, eine Lehre, das es ein göttliches Gebot ist, den Deutschen gehorsam zu sein und ehrlich, fleißig und brav zu sein. Lesen halte ich nicht für erforderlich."[8]

In welchen Formen und unter welchen Bedingungen Schulunterricht für Kinder organisiert wurde, kann an verschiedenen Beispielen erläutert werden. Unterricht gab es für Kinder, die bei und mit den Partisanen lebten, in Gettos und in Konzentrationslagern.

Die erste Partisanenschule wurde in Jugoslawien schon 1941 eingerichtet, und zwar auf befreitem Gebiet. Als dieses Gebiet immer größer wurde, wuchs auch die Zahl der Partisanenschulen an. Während des Zweiten Weltkrieges

6 Frauen im KZ Ravensbrück, Berlin 1978, S. 170 ff.

7 P. Altmann, H. Brüdigam, B. Mausbach Bromberger, M. Oppenheimer, Der deutsche antifaschistische Widerstand 1933–1945, Ffm. 1978, S. 158.

8 Vgl. Dokument 8, S. 50.

Deutsche jüdische Kinder auf der Überfahrt nach Harwich, auf dem Weg in die Emigration (Centre de Dokumentation Juive Contemporaine, Paris)

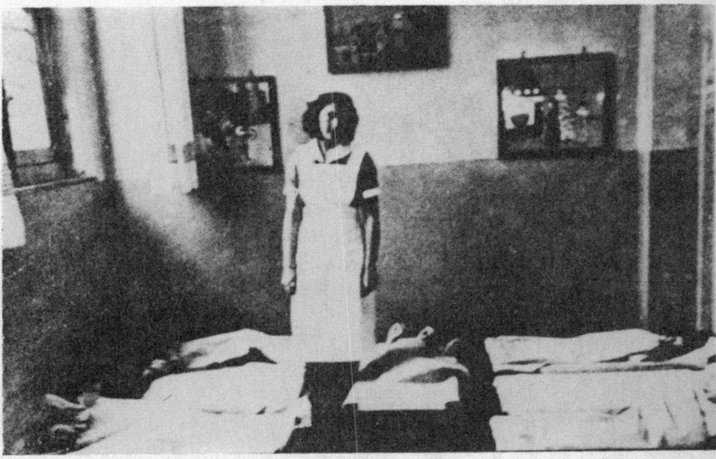

Kinderversteck in Holland (Centre de Documentation Juive Contemporaine, Paris)

Gerettete Kinder in Belgien (Centre de Documentation Juive Contemporaine, Paris)

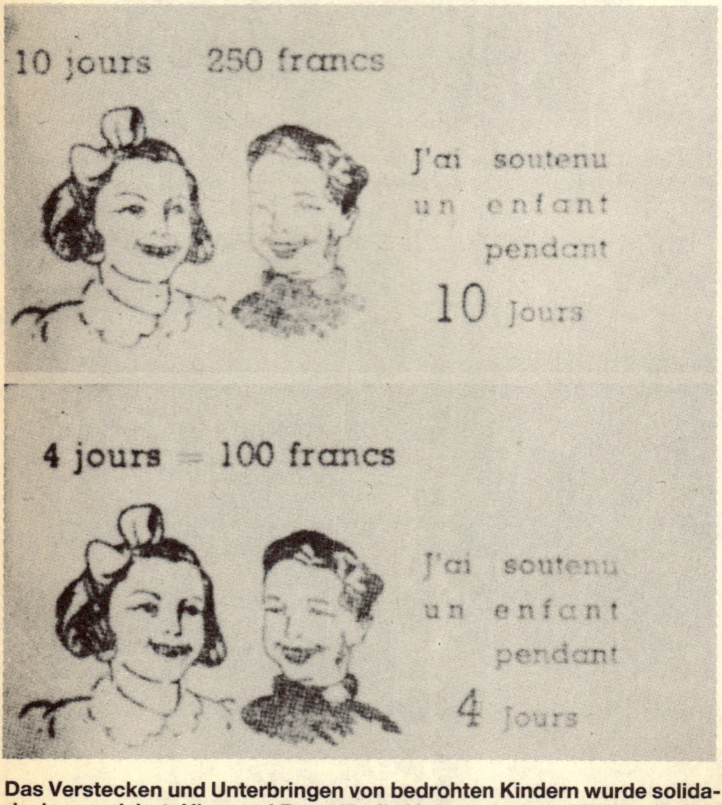

Das Verstecken und Unterbringen von bedrohten Kindern wurde solidarisch organisiert. Hier zwei Bons für die Versorgung von Kindern in Belgien (Centre de Documentation Juive Contemporaine, Paris)

Jüdische Kinder aus Lublin, die von der Bevölkerung versteckt und gerettet wurden. (Das polnische Kind in der Zeit des zweiten Weltkrieges und der Nazi-Okkupation 1939–1944, Warschau 1979)

Dieses Kind von 7 Jahren stand dreimal auf der Liste der zu Erschießenden, KZ Buchenwald. (Archiv der F.N.D.I.R.P., Paris)

Kinder nach der Befreiung, KZ Buchenwald (Dokumentationsarchiv des österreichischen Widerstandes, Wien)

wurden 360000 Schulkinder in 4000 solcher Schulen unterrichtet, und zwar in differenzierter Weise nach Grundschulen und weiterbildenden Schulen. In diesen Schulen wurden eigens angefertigte Partisanen-Schulbücher benutzt, die während des Krieges gedruckt worden waren. 1943 waren Partisanen-Grundschulen eingerichtet, auch für die nationalen Minderheiten, die auf jugoslawischem Boden lebten und die in ihrer Muttersprache unterrichtet wurden, so z.B. für Slowaken, Polen, Italiener.[9]

1941 organisierte die Kommunistische Partei und die Befreiungsfront Jugoslawiens in der Stadt Ljubljana eine umfangreiche Hilfsaktion für Kinder, deren Eltern im Untergrund kämpften. Diese Kinder waren besonders gefährdet, weil die Feinde unaufhörlich nach ihnen suchten, um ihre Eltern zu erpressen. 200 Kinder, das jüngste einen Monat alt, das älteste 15 Jahre, wurden in Familien untergebracht. Ihre Namen wurden vorübergehend geändert. Sie wurden mit Nahrung, Kleidung und Gesundheitspflege bedacht. Alle 200 Kinder fanden ihre Eltern nach der Befreiung wieder.[10]

Den ersten illegalen Schulunterricht gab es im Lager Buchenwald schon Ende 1939/Anfang 1940, als es deutschen Kommunisten gelungen war, ungefähr 200 polnische Kinder und Jugendliche in ein gemeinsames Lager zusammenzuführen und den größeren eine handwerkliche Ausbildung zu vermitteln. Ungefähr 140 polnische Kinder und Jugendliche wurden in der illegalen Schule in Block 49 von polnischen Häftlingen unterrichtet.

1944 wurde eine weitere illegale Schule für Kinder und Jugendliche aus mehreren Ländern organisiert. Dem war vorausgegangen, daß die illegale Leitung des Konzentrationslagers Buchenwald alle Kinder in einer Baracke zusammengeführt hatte, um sie dem Zugriff der SS zu entziehen. Die illegale Lagerleitung hatte dafür eine Quarantäne-Baracke ausgesucht, weil sie sicher war, daß sich die SS-Leute dieser Baracke nicht oft nähern würden. Es war dies der Block acht. Die Kinder wurden hier von dem Blockältesten, dem österreichischen Kommunisten Franz Leitner, dem sowjetischen Kommunisten Wladimir Cholopzew, Jakob Goftmann und Nikolai Sadunow betreut.

Zu den politischen Häftlingen, die aus der Bekleidungskammer die wärmsten Kleiderstücke für die jüngsten Mithäftlinge besorgten, gehörte Willi Bleicher. In der Schneiderei wurden Kindersachen angefertigt. In der Schumacherei Schuhe. Zusätzliche Nahrungsmittel wurden an die Kinder verteilt. Mit Unterstützung weiterer Häftlinge wurden Papier, Bleistifte besorgt, Schreibhefte hergestellt, Tafel, Kreide und eine Geografiekarte aus den SS-Räumen „organisiert".

Der 70jährige Lehrer Nikodém Fedossenko unterrichtete die sowjetischen Kinder in ihrer Muttersprache und in Mathematik. Der Politkommissar der Roten

9 M. Stefanowitsch, Yugoslav Children in the Second World War, s. Anm. 28, S. 23.
10 Ebenda, S. 20.

Armee, Nikolai Kjung, lehrte Geschichte und Erdkunde (Pädagoge). Jakow Goftmann erzählte den Kindern heitere und ernste Geschichten.

Im Herbst 1944 wurde der Lehrer Wilhelm Hamann anstelle des verhafteten österreichischen Kommunisten Franz Leitner Blockältester für den Block acht. Wilhelm Hamann stammte aus Groß-Gerau, war Lehrer und Landtagsabgeordneter der KPD gewesen. Über Wilhelm Hamann urteilte Nikolai Iwanow: „Unter dem Risiko, Repressalien seitens der SS ausgesetzt zu werden, leistete der deutsche Kommunist Hamann in engem Kontakt mit den sowjetischen Genossen eine große, wichtige und ehrenvolle Arbeit bei der Erziehung der Kinder, wobei er diesen Vater und Mutter zugleich ersetzte."[11] Wilhelm Hamann organisierte mit seinen Kameraden die Arbeit in der Schule und gewährleistete auch ihre Sicherheit. Wenn Unterricht stattfand, wurde ein spezieller Posten vor den Block acht gestellt, der ein vereinbartes Signal gab, wenn sich die SS näherte. Alle Kinder waren sich der Gefahren des illegalen Unterrichts und der aufopfernden Leistung der Lehrer unter Einsatz ihres Lebens bewußt.

Die Kinder des Warschauer Ghettos lebten in einer Hölle, sie mußten sich und gleichzeitig auch ihre Eltern und Verwandten selbst ernähren, so daß der Gedanke an Schulunterricht eigentlich ein absurder sein mußte. Die Kinder des Warschauer Ghettos kannten alle Schlupfwinkel und Löcher in der Gettomauer, um aus dem Ghetto herauszukommen und auf der „arischen" Seite Brot und Kartoffeln zu kaufen. Sie wußten, daß sie diese Wege mit ihrem Leben bezahlen mußten, wenn sie von einem deutschen Posten bemerkt wurden. Ludwig Hirzfeld berichtet:

„Ich erblicke ein kleines Mädchen, das sich bemüht, durch die Posten zu schlüpfen. Die Wache ruft es an. Langsam nimmt der Mann sein Gewehr von der Schulter. Das Kind klammert sich an seine Stiefel und bittet um Gnade. Der Posten lacht und sagt: ‚Du wirst nicht sterben, aber nicht mehr schmuggeln.' Dann schießt er das Kind in die Füßchen, die später amputiert werden müssen. Das kleine Mädchen kann sich wirklich nie wieder mit Schmuggel befassen."

All diesen Kindern, die mit ihrem Schmuggel unter Lebenseinsatz ihre Familien im Ghetto ernährten, wünscht sich Hirzfeld ein Denkmal, auf dem Worte stehen sollen: „Den unbekannten Kinderschmugglern"[12]

Trotz und gerade wegen dieser tödlichen Bedrohung entwickelte sich im Warschauer Ghetto der Geheimunterricht für die Kinder. Er war gleichzeitig verknüpft mit der Betreuung der Kinder in Küchen und Kulturstätten, in Halbinternaten und Kinderecken in Wohnblöcken sowie Waisenhäusern. Hier erhielten die Kinder neben dem Unterricht in ihrer eigenen Sprache Nahrung und ärztliche Hilfe und liebevolle Zuwendung der Betreuer. Alle diese Kinderbetreuungsstät-

11 K. Drobisch, a. a. O., S. 5 f.

12 L. Hirzfeld, Die Stadt des Todes, in: R. Schnabel, Macht ohne Moral, Ffm. 1957, S. 417 ff.

ten wurden von den Deutschen liquidiert, und die Kinder gehören zu der großen Zahl der Opfer, die nach der Zerstörung des Warschauer Ghettos, 1943, durch die deutschen Faschisten bekannt geworden ist:

„56065 vernichtet, 6929 auf dem Transport nach Treblinka, 5–6000 im Ghetto erstickt oder durch Sprengungen umgekommen."[13]

Schulunterricht war im Lager Theresienstadt nur für größere Kinder begrenzt und nur in deutscher Sprache erlaubt. Daher versuchten die Lehrer und Pädagogen in Theresienstadt umfassend und in der Heimatsprache illegalen Schulunterricht zu organisieren. Sie mußten dabei schier unüberwindliche Hindernisse überwinden. Es gab keine Lehrbücher. Die Kinder mußten im gleichen Raum lernen, in dem sie lebten und schliefen. Die größeren Kinder ab 15. Lebensjahr mußten tagsüber wie die Erwachsenen arbeiten und konnten erst abends nach der Rückkehr von der Arbeit zum Schulunterricht kommen. Nicht nur Pädagogen, die Literaturgeschichte und Mathematik lehrten, waren einbezogen, sondern viele andere: So hatte ein Ingenieur die Aufgabe übernommen, Jugendliche in die Anfänge der Naturlehre einzuführen. Ein anderer Häftling gab Zeichenunterricht und diskutierte mit den Jugendlichen über Fragen der Ästhetik.[14]

Dieser illegale Unterricht war so gut und erfolgreich organisiert, daß die Kinder, die Theresienstadt überlebten, später bei der Rückkehr in die Heimat ohne Schwierigkeiten an den Lehrstoff ihrer Altersgrnossen anschließen konnten. Obwohl der Unterricht durch die Lebenssituation im Lager selbst, durch Hunger und Chaos und die ständig auftretenden Lücken durch die Verschickung in Vernichtungslager gekennzeichnet war, wurde er doch immer wieder von neuem aufgenommen und bis zur Befreiung des Lagers durchgeführt. Für die kleineren Kinder war Unterricht grundsätzlich verboten. Sie durften nur beschäftigt werden, d. h. sie durften turnen und singen. Auch für sie wurde ein regelmäßiger illegaler Unterricht eingerichtet nach dem Einklassensystem einer Dorfschule, wo Lesen, Schreiben und Zeichnen der Reihe nach und in verschiedenen Gruppen geübt wurde.

Die Erzieher schrieben abends und nachts, nach ihrem 10- bis zwölfstündigen Sklavenarbeitstag, die Fibeln für den Unterricht aus ihrer Erinnerung.

Alle Kinder waren sich der Gefahr bewußt, die ihnen drohte, wenn die Deutschen hinter den wahren Sinn der angeblichen „Beschäftigung" kamen. Es waren Wachen vor dem Haus und auf den Gängen aufgestellt, die ein vereinbartes Warnsignal gaben, wenn sich ein Deutscher dem Unterrichtsgebäude näherte. Dann verschwanden die selbstangefertigten Schulfibeln, und die Kinder spielten „Beschäftigung".[15]

13 Stroop Bericht, Warschau 1960, S. 75.
14 Theresienstadt, Wien 1968, S. 104.
15 A. a. O., S. 104.

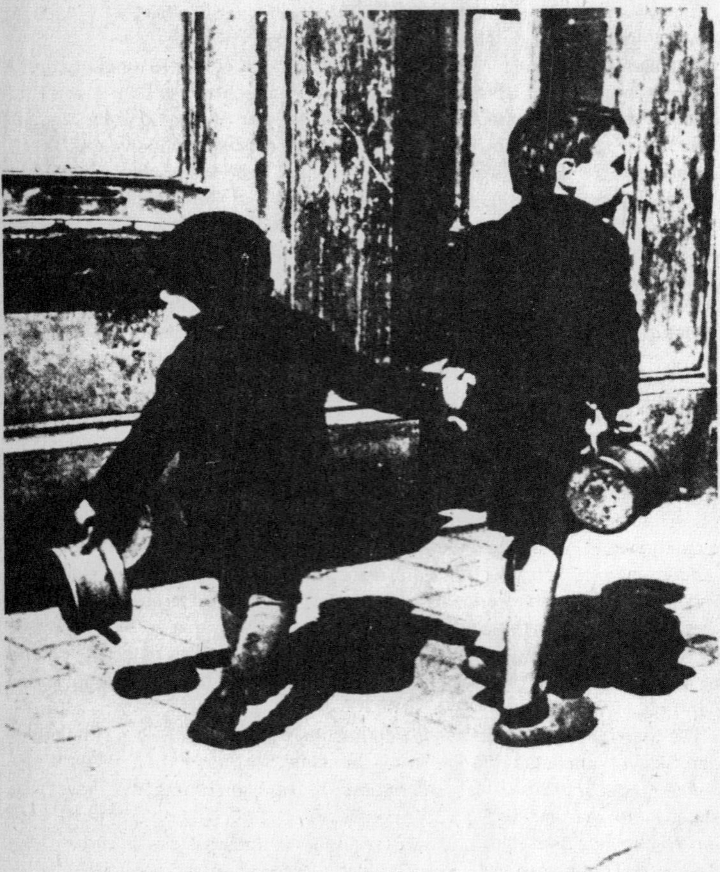

Kinder im Warschauer Getto (Archiv der F.N.D.I.R.P., Paris)

Kinder warten auf ihre Eltern vor dem Gebäude der Gestapo in Warschau, Szucha-Allee. (Dokumentationsarchiv des österreichischen Widerstands, Wien)

Heimliche Schule im Warschauer Getto (Centre de Documentation Juive Contemporaine, Paris)

Auf dem Weg zum illegalen Schulunterricht, Kinderzeichnung aus Theresienstadt (Theresienstadt, Wien 1968)

Auch die Kinder in der Krankenabteilung wurden in den Unterricht mit einbezogen und erhielten dreimal in der Woche den Besuch der Lehrer, vor allem aber auch den Besuch der Künstler, die den Kindern mit ihren Liedern und ihrem Spiel neuen Lebensmut gaben.[16]

Die Partisanenbewegung in der Sowjetunion, besonders in Bjelorußland, die im eigenen Volk tief verwurzelt war, fügte den deutschen Okkupanten so schwere Schäden zu, daß die Partisanenbekämpfung für die faschistische Führung zu einem Problem von außerordentlicher Wichtigkeit wurde. Himmler erließ am 31. Juli 1942 einen „Sonderbefehl" mit der Anordnung:

16 A.a.O., S. 110.

„Aus psychologischen Gründen ist in Zukunft das von den Bolschewisten eingeführte und verherrlichte Wort ‚Partisan' nicht mehr zu gebrauchen. Für uns handelt es sich hier nicht um Kämpfer und Soldaten, sondern um Banditen, Franktireurs und kriminelle Verbrecher."[17]

Aus diesem faschistischen Gedankengut heraus wurden in weiteren folgenden Erlassen die Kinder von Partisanen „Bandenkinder" und „Banditenkinder" genannt.

Die Anweisung Hitlers zur Bekämpfung der Partisanen, die im Dezember 1942 erlassen wurde, ordnet unter dem Begriff „Bandenbekämpfung" rücksichtslosen Terror auch gegen Zivilpersonen, Frauen und Kinder an:

„Wenn dieser Kampf gegen die Banden sowohl im Osten wie auf dem Balkan nicht mit den allerbrutalsten Mitteln geführt wird, so reichen in absehbarer Zeit die verfügbaren Kräfte nicht mehr aus, um dieser Pest Herr zu werden. Die Truppe ist daher berechtigt und verpflichtet, in diesem Kampf ohne Einschränkung auch gegen Frauen und Kinder jedes Mittel anzuwenden, wenn es nur zum Erfolg führt."[18]

Die Racheakte der deutschen Faschisten sind in aller Welt vor allem durch die Zerstörung unzähliger Ortschaften und die Ermordung ihrer Einwohner bekannt geworden.

Die Partisanen hatten nicht nur die Unterstützung der erwachsenen Bevölkerung, sondern in großem Maße auch der Kinder.

Die Partisanen nahmen sich der Kinder an, deren Eltern von den deutschen Faschisten ermordet worden waren. Kinder aus Minsk zum Beispiel, deren Eltern in den Straßen der Stadt öffentlich gehängt worden waren, gingen in die nahen Wälder zu den Partisanen. Die größeren von ihnen übernahmen dann dort Kurieraufträge, trugen Lebensmittel zu versteckten jüdischen Bürgern, hielten die Verbindung zu den Städten und Dörfern der Umgebung und brachten den Angehörigen der Partisanen Nachrichten. Sie kämpften auch, neben den erwachsenen Partisanen, mit der Waffe in der Hand.[19]

Die Geschichte des Warschauer Aufstandes vom 1. August bis 2. Oktober 1944 zeigt zahlreiche Beispiele von Kindern, die sich in den Kampf gegen die deutschen Faschisten einreihten. Zu diesem Zeitpunkt befanden sich in Warschau ungefähr 800000 Einwohner, unter denen schätzungsweise 200000 Kinder unter 14 Jahren waren. Bis zur Kapitulation der Stadt am 2. Oktober 1944 sind rund 200000 Einwohner ums Leben gekommen, darunter befanden sich ungefähr 60000 Kinder.

Unter den kämpfenden Warschauern gab es die Pfadfinderorganisation

17 H. Kühnrich, Der Partisanenkrieg in Europa, 1939–1945, Berlin 1968, S. 167.
18 Ebenda, S. 602 ff.
19 Immortal Feat, Progress Verlag, Moskau 1975, o. S.

Szare Szeregi, deren jüngste Mitglieder die Gruppe „Zawiszaki" bildeten. In der Zawiszaki-Gruppe waren Jungen und Mädchen von 12 bis 14 Jahren organisiert. Die Mädchen und Jungen waren im Warschauer Aufstand Sanitäter, Beobachter, Melder. Sie kochten das Essen für die Kämpfenden, organisierten Kleidung und Lebensmittel.

Berühmt geworden sind die Kinder, die als Meldegänger die Verbindung zwischen den einzelnen Barrikaden und Häusern aufrechthielten und die den Kämpfenden die Presse der Aufständischen lieferten.

Einige Kinder, die im Warschauer Aufstand kämpften, sind noch mit Namen bekannt, darunter Piat und Sten. Sten erhielt von den Aufständischen den liebevollen Namen Amme. Er hatte ein acht Monate altes Baby gerettet, als die Nazis dessen Mutter zwangen, mit dem Kind auf dem Arm in einer lebenden Barrikade zu stehen.

Mit der Waffe in der Hand kämpften und starben: der achtjährige Antek „Rozpylacz", der zehnjährige „kleine Bimbo", der während heftiger Kämpfe um das Arsenal Verbandszeug heranschleppte, der elfjährige „Kapral", der den Kämpfenden Munition heranschleppte und der elfjährige Witold Modelski, der in der Altstadt kämpfte und Mitte September in dem Stadtteil Czerniakow fiel.[20]

Viele Zeugnisse über Kinder im Warschauer Aufstand und in Aufständen in den Konzentrationslagern sind verlorengegangen. Als Beispiel für sie alle soll hier Lola Lermann, die als 14jährige bei dem Aufstand im Konzentrationslager Bialystock 1943 im Kampf fiel, genannt werden.[21]

In der jugoslawischen Partisanenbewegung spielten von Anfang an bis zur Befreiung vom Faschismus Kinder eine Rolle. Tausende von Jungen und Mädchen zwischen 10 und 15 Jahren waren eingeschriebene Mitglieder der Partisanenarmee und später der Nationalen Befreiungsarmee von Jugoslawien. Sie waren Kuriere, die die Verbindung zu anderen Gruppen aufrechthielten, und sie kämpften nicht selten auch mit der Waffe in der Hand. Es gab Pionierbrigaden, die aus Kindern bestanden. Die berühmteste war die Ratitovec-Brigade in Slowenien.[22]

In diesen Pionierbrigaden waren mehr als 1000 Kinder als Kämpfer zusammengefaßt, und die Hälfte von ihnen fiel im Kampf. Kinder, die in die Hände des Feindes fielen, zeigten sich ebenso tapfer wie ihre erwachsenen Kameraden. Gammet Terbefi, ein kleines Mädchen aus Albanien, war 15 Jahre alt, als sie von den deutschen Faschisten zum Tode durch Erhängen verurteilt wurde. Als man ihr die Schlinge um den Hals legte, sang sie ein Freiheitslied. Mika Bosmic, 15 Jahre alt, kannte das Versteck von Tito. Die deutschen Faschisten versuch-

20 Das polnische Kind in der Zeit des zweiten Weltkrieges und der Nazi Okkupation 1939–1945, Warschau 1979, S. 42.

21 M. Stefanowitsch, a. a. O., s. Anm. 28, S. 26.

22 Ebenda.

ten, es aus ihr herauszupressen. Aber sie sagte nichts. Sie wurde geschlagen, dann mit Bajonetten durchbohrt und auf brutalste Weise getötet.[23]

Die italienische Partisanenbewegung, über die hier schon berichtet wurde, hatte in ihren Reihen viele Kinder und Jugendliche. Der jüngste italienische Partisan war Franco Cesana, Kind einer jüdischen Familie, geboren am 20. September 1931 in Manovia. Über sein Schicksal bis zur Aufnahme in die Partisanenbewegung ist nichts bekannt. Aus seinem Partisanenausweis geht hervor, daß Franco Cesana die Mitgliedsnummer 17588 erhielt und daß er in der Division Garibaldi kämpfte. Er fiel im Kampf gegen die deutschen Faschisten in Picciniera di Gombola (Modena) am 14. September 1944. Er war 13 Jahre alt. Heute erinnert eine jüdische Schule in Turin, die seinen Namen trägt, an den Partisan Franco Cesana.[24]

Neben den Beispielen von Kindern, die im Widerstand gegen den deutschen Faschismus in ihren besetzten Heimatländern kämpften, stehen Beispiele von deutschen Kindern, die durch ihr solidarisches Verhalten und ihre Widerstandsaktionen den faschistischen Geboten trotzten und in einer Zeit, da sie in ihrer Erwachsenenwelt Verrat, Haß und Angst sahen, selbst mutiger waren als viele von diesen. Trotz der Verhetzung, die sie täglich durch Schule und Umwelt erfuhren, zeigten viele Kinder, daß sie die Gedanken der Menschlichkeit und der Völkerverständigung aufrechterhielten. Die Kinder in Deutschland waren nicht umgeben von den Partisanen- und Freiheitsbewegungen, wie viele ihrer Altersgenossen in den besetzten Ländern. Für sie galten die Bedingungen, die allen Menschen in der deutschen Widerstandsbewegung aufgezwungen waren, von der Heinrich Mann sagt: „Die deutsche Widerstandsbewegung hat es schwerer gehabt als jede andere."[25] Denn der deutsche Widerstandskämpfer hatte nicht wie diejenigen in den überfallenen Ländern, „ohne weiteres ein Volk, sich darauf zu berufen, ein Volk, dessen Atem er in seinem Rücken fühlt".[26]

Zu diesen Kindern gehörte Ingeborg Kaufmann aus Aachen, die als Dreizehnjährige, selbst gefährdet als Halbjüdin, im Laufe des Jahres 1938 ungezählten jüdischen Menschen half. Sie führte diese Menschen, die keinen gültigen Paß hatten und von den deutschen Ämtern auch keinen Paß bekamen, durch den Aachener Stadtwald, den sie als „ihren Heimatwald" ausgezeichnet kannte, über die grüne Grenze nach Belgien. Von dort konnten die von ihr Geretteten belgische und holländische Häfen erreichen, um sich in Sicherheit zu bringen.[27]

23 A.a.O., S. 26.

24 Centre de Documentation Juive Contemporaine, Paris.

25 Heinrich Mann, Der innere Feind, in: P. Altmann u. a., Der deutsche antifaschistische Widerstand 1933–1945, Ffm. 1978, S. 9.

26 Ebenda.

27 Inge Protzner-Kaufmann, Wie ich von 1933 bis 1945 lebte, in: Informationen Frankfurt 4/1978, S. 3.

Unbekannt sind die Namen der Kinder, die in den letzten Kriegsjahren in Haslach versuchten, polnischen und französischen KZ-Häftlingen zu helfen, die im Vulkanstollen eine unterirdische Rüstungsfabrik bauen mußten. Diese Hälftlinge wurden jeden Morgen und Abend durch den Ort geführt. Bei diesen Märschen durch Haslach, bei denen die Erwachsenen stumm zu- oder wegsahen, waren es Kinder, die den hungernden Häftlingen heimlich Äpfel zusteckten.[28]

Hilfe für Kriegsgefangene leisteten Kinder aus dem hessischen Ort Hettenhausen. Einer der damals Beteiligten, Bernhard Vogler, erzählt:

„In meinem Heimatort Hettenhausen gab es Widerstandskämpfer, die fast alle politischen Richtungen der Weimarer Zeit vertraten. Der Kern der Gruppe verdeutlicht dies: Peter Heil, KPD; Philipp Scherpf, Zentrum; Wilhelm Müller, SPD; Georg Mohr, Liberaldemokrat; Heinrich Knüttel, KPD; Johann Heil, KPD; Heinrich Leß, Reichsbanner; Ludwig Diegelmann, Deutsch-National; Wilhelm Heil, KPD. Sie organisierten verschiedene Aktionen antifaschistischen Widerstandes: Verbreitung der organisiert abgehörten Sendungen des sogenannten ‚Soldatensenders' und der deutschsprachigen Sendungen des Moskauer Rundfunks. Schutz der Jüdin Hedwig Dingelmann und ihrer Kinder Reinhold, Rita, Loni und Ruth, es gelang auch, diese Familie zu retten. Weiterhin wurde versucht, den Zwangsarbeiterinnen aus der Sowjetunion und aus Polen mit Lebensmitteln und Informationen zu helfen. Diese waren fast ausschließlich junge Mädchen und Frauen, die in Hettenhausen bei der Firma Mohr arbeiteten.

Aktive Hilfe für desertierte Soldaten und geflohene Kriegsgefangene waren bei uns an der Tagesordnung. So gelang es Fritz Heil, drei zum Tode verurteilte Polen zu retten. Er mußte dann selbst fliehen und wurde von einem Standgericht seiner Einheit in Abwesenheit zum Tode verurteilt. Georg Heil konnte acht sowjetische Gefangene im Wald verbergen und verpflegen.

Fast regelmäßig wurden den ungefahr 150 sowjetischen Kriegsgefangenen in Dalherda (Außenlager von Wildflecken) Lebensmittel ins Lager geschmuggelt. In diese Aktion waren auch wir Kinder einbezogen. Die Widerstandskämpfer in unserem Ort hatten Vertrauen zu uns, weil wir zum Beispiel nicht in die faschistische Jugendorganisation Jungvolk eingetreten waren. Außerdem hatte ich davon gewußt, daß die Flugblätter, die die alliierten Flugzeuge abwarfen, in Hettenhausen nicht abgeliefert worden waren. Sie verschwanden fast alle und wurden dann nachts in die Briefkästen der Häuser gesteckt. Das löste Aktionen der Gestapo und der SS aus. Auch wir Schulkinder wurden verhört, wir haben aber den Verantwortlichen Heinrich Leß, einen ehemaligen Reichsbannermann, nicht verraten.

In den Jahren 1943/44 war mein Vater Landesschütze und Wachhabender in

28 Ascan Lutteroth, Diskussionsbeitrag auf der Internationalen Tagung zum Jahr des Kindes, Warschau 1979.

einem Kriegsgefangenenlager mit Franzosen in unserer Nähe, in Dalherda. Unmittelbar an dieses Lager grenzte ein Gefangenenlager für sowjetische Soldaten. Es ergab sich, daß mein Vater über die Vorgänge und Begebenheiten im sowjetischen Lager sehr gut unterrichtet war. Dies konnte von einem weiteren Widerstandskämpfer aus Hettenhausen, Philipp Scherpf, genutzt werden, um sich über die Lage zu informieren und letztlich einen Weg für Lebensmitteltransporte zu finden.

Mein Bruder Günter und ich besuchten ein- bis zweimal in der Woche unseren Vater und kannten das gesamte Wachpersonal und viele sowjetische Gefangene. An einen André Patz, vielleicht Oberst, kann ich mich noch gut erinnern. Nun erhielten wir Kinder fast wöchentlich von Philipp Scherpf, der Metzger war, einen Rucksack mit Wurst und Brot, den wir gegen selbstgefertigte Spielsachen bei den ‚Russen' eintauschen sollten. Uns wurde dabei gesagt, daß das nicht erlaubt sei, wir sollten uns nicht erwischen lassen und nicht darüber sprechen. Die Hettenhäuser Widerstandskämpfer konnten sich darauf verlassen, daß wir sie verstanden hatten und uns daran halten würden. Mein Vater mußte wohl informiert gewesen sein, denn er sagte nie etwas oder fragte uns nach dem Verbleib der Lebensmittel. Sie wurden stets von einem mir nicht bekannten sowjetischen Gefangenen am hinteren Wachtturm, der tagsüber nicht besetzt war, entgegengenommen bzw. gegen Spielsachen ‚eingetauscht'.

Diese Tauschaktionen sind uns immer geglückt. Erst nach dem Krieg hat mir Philipp Scherpf, zu dem ich dann in die Lehre kam, den vollen Umfang dieser Aktionen aufgedeckt."[29]

29 Interview mit Bernhard Vogler.

Großvater und Enkel bei den bielorussischen Partisanen (Immortal Feat, Moskau 1975)

Gruppe jugendlicher Partisanen, UdSSR 1943 (Zentrales Revolutionsmuseum der UdSSR, Moskau)

Der zwölfjährige Kundschafter Lenja Kostjukowitsch ging mehrfach hinter die feindlichen Linien, UdSSR 1941 (Zentrales Revolutionsmuseum der UdSSR, Moskau)

Schenja Seregin, 14 Jahre, ausgezeichnet für seinen Mut, Stalingrad 1942
(Zentrales Revolutionsmuseum der UdSSR, Moskau)

Die Partisanen-Madonna, Gemälde, von M. A. Sawizki, 1976

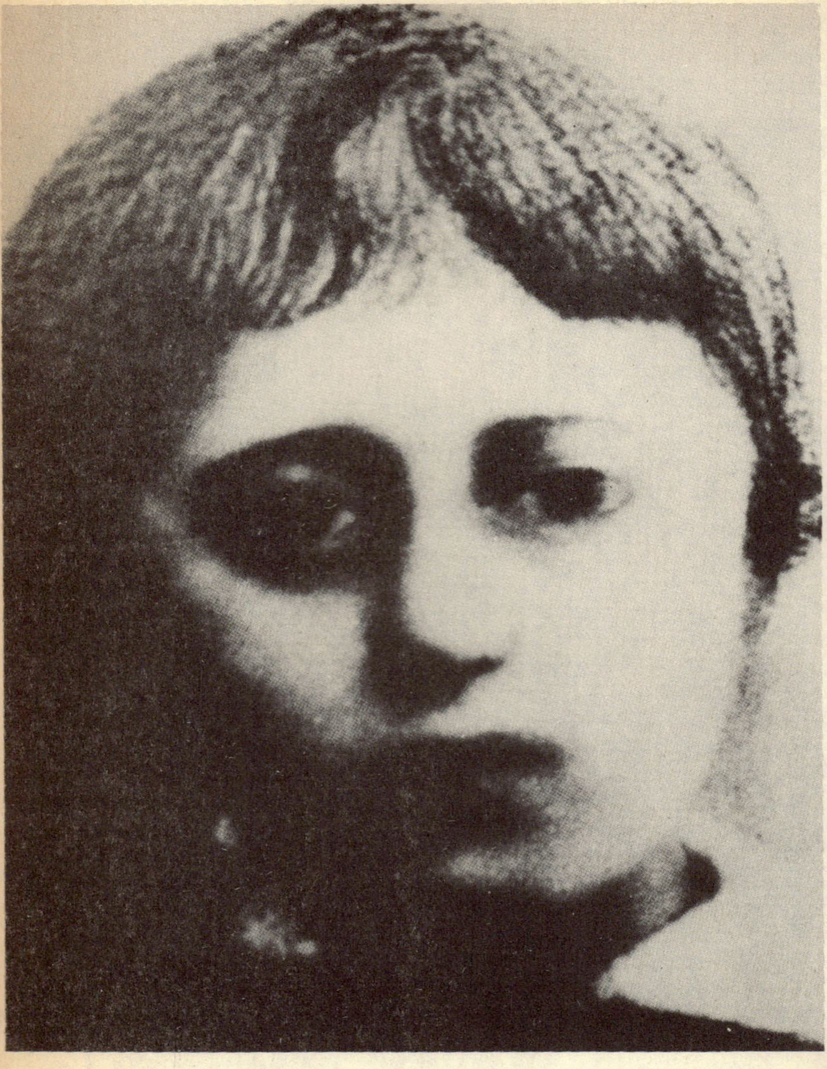

Lola Lerman, 14 Jahre, im Kampf gefallen (Aufstand des Gettos Bialystok) (Centre de Documentation Juive Contemporaine, Paris)

Kinder im Warschauer Aufstand: Die Jungen brachten den Kämpfenden die „Zeitung der Aufständischen". (Das polnische Kind in der Zeit des zweiten Weltkrieges und der Nazi-Okkupation, Warschau 1979)

Kinder im Warschauer Aufstand: Ein Junge der VII. Gruppe „Krybar", die im Warschauer Stadtteil Powisle kämpfte (Das polnische Kind in der Zeit des zweiten Weltkrieges und der Nazi-Okkupation 1939–1945, Warschau 1979)

Franco Cesana, Partisan, geb. am 20. September 1931, gefallen im Kampf für die Freiheit Italiens in Picciniera di Gombola (Modena) am 14. September 1944 (Les Juifs dans la Lutte contre l'Hitlerisme, Paris, o. J., S. 65)

Die Charta des Kindes

Zum Kampf um die Durchsetzung der Rechte des Kindes auf der Grundlage der internationalen Charta des Kindes

Wir alle stimmen darin überein, daß Kinder besonders schutzbedürftig sind, daß sie abgeschirmt werden müssen von körperlicher und seelischer Mißhandlung, Grausamkeit und sexueller Ausnutzung, daß sie besonderer geistiger und körperlicher Förderung bedürfen, daß sie für Spiel und Lernen, für die Entfaltung ihrer Persönlichkeit Raum und Hilfe brauchen. Das liebevolle Verständnis der sozialen Umwelt kann ihre spätere Entwicklung günstig beeinflussen. Sie sollen frei von Angst, Unterdrückung, Not und Ausbeutung aufwachsen.

Die Verbesserung der Lebensbedingungen der Kinder ist von der Verbesserung der Lebensbedingungen der Erwachsenen nicht zu trennen. Kinder sind ebenso wie Erwachsene Träger der Grundrechte unserer Verfassung. Die Anerkennung der verfassungsmäßigen Rechte der Kinder allein garantiert allerdings noch keineswegs, daß sie in der gesellschaftlichen Wirklichkeit angemessene Lebensbedingungen vorfinden. Der Widerspruch zwischen garantierten humanen Schutzrechten, sozialen Anspruchsrechten und den tatsächlichen Entfaltungsmöglichkeiten der kindlichen Persönlichkeit wird um so größer sein, je weiter die Verfassungsforderungen und die Bedingungen der gesellschaftlichen Realität auseinanderklaffen. Gesellschaftliche Umweltbedingungen, die durch Massenarbeitslosigkeit, Ausbeutung am Arbeitsplatz, vielfältige Formen sozialer Unsicherheit, Existenzbedrohung und Kriegsgefahr gekennzeichnet sind, prägen im negativen Sinne auch die Entwicklungs- und Entfaltungsmöglichkeiten der Kinder.

Die Arbeiterbewegung hat schon frühzeitig erkannt, daß die besondere gesellschaftliche Benachteiligung der Frau in engem Zusammenhang zur Frage der Entwicklung der Rechte des Kindes steht und diese Tatsache bei der Formulierung gesellschaftlicher Forderungen schon im vorigen Jahrhundert hervorgehoben. Es ist ein bedeutsamer Fortschritt, daß manche dieser Forderungen heute im internationalen Recht verankert sind.

So wichtig die formale Befestigung sozialer Schutz- und Anspruchsrechte auf internationaler Ebene ist, so kann sie doch weitgehend unwirksam bleiben, wenn im nationalen Rahmen die gesellschaftlichen Kräfte, die ihre Durchsetzung vorantreiben, nicht vorhanden oder zu schwach sind. Dennoch ist der formalen Festlegung der Schutz- und Anspruchsnormen eine eigenständige weitertreibende Bedeutung zuzumessen. Denn ihre Existenz gibt Maßstäbe an die

Hand, an denen die gesellschaftliche Wirklichkeit gemessen werden kann.

Das Jahr 1979 wurde zum internationalen Jahr des Kindes erklärt, in der Einsicht, daß noch sehr viel zu tun bleibt, um die Lage der Kinder in aller Welt zu verbessern. Aus der Geschichte der industriellen Entwicklung kennen wir die Kinderarbeit in den Fabriken, die schwere soziale Verwahrlosung der Kinder unter den Bedingungen des frühkapitalistischen Ausbeutungssystems. Die Information der Öffentlichkeit mit Fakten über die soziale Lage der Kinder in den Entwicklungsländern heute hat zweifellos Fortschritte gemacht. Es ist jedoch für viele Menschen überraschend zu erfahren, daß es immer noch Regionen auf der Erde gibt, in denen die Lage der Kinder nicht besser, sondern zum Teil wesentlich schlechter ist, als zur Zeit der frühindustriellen Entwicklung in den europäischen Ländern. Die Auffassung ist weit verbreitet, daß es im 20. Jahrhundert für eine derartige Mißachtung der Rechte des Kindes keinen Platz mehr gäbe. So sollte es sein, aber so ist es nicht. Etwa 500 Millionen Kinder wachsen auch heute noch unter Bedingungen auf, in denen durch Unterernährung, schwere gesundheitliche Gefährdung und Analphabetismus nicht einmal die elementaren Grundlagen für eine gesunde körperliche und psychische Entwicklung gewährleistet sind.

Auch die gesellschaftlichen Bedingungen in der Bundesrepublik Deutschland können durchaus nicht als kinderfreundlich bezeichnet werden. Die Zahl der registrierten groben Kindesmißhandlungen ist erschreckend hoch, höher ist die Zahl der nicht festgestellten und nicht feststellbaren Kindesmißhandlungen. Die Zunahme von Rauschmittel- und Drogensucht bei Jugendlichen beginnt sich in den Bereich der Kindheit hinein auszubreiten. Die Wohnverhältnisse, unter denen sehr viele Kinder zu leben gezwungen sind, berücksichtigen nicht einmal die vorhandenen Mindestnormen und beeinträchtigen die geistige und körperliche Entwicklung unzähliger Kinder. Es fehlen Spielplätze, Krippen und Kindergärten. Es fehlen Schulen, und die Durchschnittsgröße der Schulklassen müßte dringend herabgesetzt werden. Die Schutzvorkehrungen für Mutter und Kind sind unzureichend. Die Säuglings- und Müttersterblichkeit ist in der Bundesrepublik viel zu hoch, und die Spezialeinrichtungen für die Gesundheitssicherung der Kinder müßten ausgebaut werden.

Es besteht also Anlaß genug, das Internationale Jahr des Kindes in der Bundesrepublik nicht achselzuckend verstreichen zu lassen, sondern es als eine ernste Aufgabe zu betrachten. Dazu gehört, daß die bisherige Geschichte und die zeitgenössische Entwicklung der Förderung der Rechte des Kindes mehr als bisher bekanntgemacht wird.

Die Geschichte der systematischen Förderung der Rechte des Kindes auf internationaler Ebene ist noch ziemlich jung. Sie beginnt mit dem 20. Jahrhundert und steht in engem Zusammenhang mit den Erfahrungen und Folgen der beiden Weltkriege. Der Erste Weltkrieg hat in ganz Europa Zerstörung und materielles Elend in einem Ausmaß hinterlassen, das auch die soziale Lage der Kinder auf einen vorher unbekannten Tiefstand brachte. Im Februar 1923 wurde von der Kinderschutzkommission des Völkerbundes eine Erklärung proklamiert, die von der 5. Versammlung des Völkerbundes am 26. September 1924 einstimmig angenommen wurde. Diese erste internationale Erklärung der Rechte des Kindes ist die Vorläuferin der Charta des Kindes von 1959.

Die Genfer Erklärung der Rechte des Kindes von 1924

Durch die vorliegende Erklärung der Rechte des Kindes die sogenannte „Genfer Deklaration", anerkennen Männer und Frauen aller Völker, daß die Menschheit dem Kinde ihr Bestes schuldet und bekräftigen diese ihre Pflichten ohne Rücksicht auf Rasse, Nationalität und Bekenntnis:

1. Jedes Kind hat Anspruch auf eine normale körperliche und geistige Entwicklung.
2. Das hungernde Kind muß gespeist, das kranke Kind gepflegt, das behinderte Kind gefördert, das verwahrloste auf den richtigen Weg geführt, das verwaiste und verlassene Kind aufgenommen und versorgt werden.
3. In Zeiten der Not hat zuerst das Kind Anspruch auf Hilfe.
4. Das Kind muß zur Selbsterhaltung befähigt und vor jeder Ausbeutung geschützt werden.
5. Das Kind muß zu tätiger menschlicher Solidarität erzogen werden.[1]

Mit dieser Erklärung war für die Verbesserung der Lage des Kindes auf internationaler Ebene ein wichtiger Anstoß erfolgt, und in einigen Ländern begann man tatsächlich, Hunger und Analphabetismus, Krankheit und soziales Elend der Kinder zu beseitigen. Das Kolonialsystem bestand aber in der ersten Hälfte des 20. Jahrhunderts, wenn auch nicht in der früheren Stabilität und unangefochten, weiter und insbesondere das Auftreten des Faschismus warf die Bemühungen um die Rechte des Kindes weit zurück.

Der deutsche Faschismus dachte nicht daran, die proklamierten Rechte des Kindes zu respektieren. In beispielhafter Ausprägung zeigt seine Herrschaft von 1933 bis 1945 die Gefahren, die der Rassismus für die Lage der Kinder mit sich bringt. Der Anspruch des Kindes auf die Menschenrechte war im faschistischen System ebensowenig gewährleistet wie der Schutz des Kindes in seiner körperlichen, geistigen und sozialen Entwicklung. Körperlich, geistig und sozial behinderte Kinder wurden keineswegs gefördert, sondern bewußt diskriminiert und, wie viele Beispiele zeigen, sogar durch Vernichtungsprogramme „ausge-

1 Übersetzung der Autoren unter Benutzung verschiedener vorliegender Übersetzungsvarianten.

merzt". Dieses System kannte keinen Schutz des Kindes vor Vernachlässigung, Grausamkeit und Ausbeutung, keinen Schutz vor rassistischer, religiöser oder politischer Diskriminierung. Es schreckte nicht davor zurück, Kinder mit administrativen Maßnahmen und mit Gewalt von ihren Eltern zu trennen und für Zwangsarbeit einzusetzen.

Nicht einmal die selbstverständlichsten Schutzmaßnahmen vor körperlicher und seelischer Mißhandlung und Grausamkeit waren gewährleistet. Wie der Faschismus auch auf anderen Gebieten systematisch Persönlichkeiten mit verformter und schwer beeinträchtigter Charakterstruktur in gesellschaftliche Führungspositionen erhob, wenn sie nur bereit waren, seine Ziele und damit die Pläne der Herrschaftsausdehnung und militärischen Expansion des rüstungsindustriellen und hochfinanziellen Machtkomplexes durchsetzen zu helfen, so vertraute er auch die Kinder des eigenen Landes und der überfallenen Länder menschlicher Unzulänglichkeit und planmäßigen Zerstörungstaten der von ihm beauftragten Gefolgsleute an und beeinträchtigte dadurch wichtige Grundlagen der Zukunftsgestaltung der Gesellschaften, die seinem Einfluß ausgesetzt waren. Krankheit und Elend der Kinder, schwere Beeinträchtigung der nachwachsenden Generation ließ der Faschismus in ganz Europa zurück.

Früherkennung und vorbeugende Verhinderung des Wiederaufkommens faschistoider und faschistischer Tendenzen ist eine der Voraussetzungen für die Förderung der Rechte des Kindes. Hier liegt auch der Zusammenhang zur Frage der Verjährung von NS-Verbrechen. Kindererziehung in einem Geist des Friedens und der internationalen Solidarität läßt sich nur in Gesellschaftssystemen durchsetzen und zuverlässig absichern, die gegen die Möglichkeit der Wiederkehr des Rassismus und Faschismus endgültig gefeit sind. In Kenntnis des Charakters und des Wesens des Faschismus geht es vor allem um die Brechung der Macht der entscheidenden ökonomischen und politischen Träger faschistischer Systeme, der Rüstungsindustrie, der zu Monopolgebilden zusammentretenden Großindustrie und Hochfinanz und des expansiven Militarismus ihrer Prägung. Notwendige Prävention ist zugleich die nationale und internationale Förderung des organisierten antifaschistischen Lagers, der Kräfte des Antikolonialismus, des demokratischen Fortschritts und der internationalen Arbeiterbewegung. Die Barrieren, die uns gegen Rückfall in die Barbarei des Faschismus versichern, können nicht hoch genug sein und nicht sicher genug abgestützt sein.

Nach der politischen und militärischen Niederwerfung der faschistischen Achsenmächte im Jahre 1945 herrschte bei den Völkern in aller Welt zunächst die Freude darüber vor, daß nun eines der Haupthindernisse für internationale Verständigung beseitigt war. 1945 wurde zur Sicherung des Weltfriedens und zur Förderung friedlicher zwischenstaatlicher Beziehungen und internationaler Zusammenarbeit die Organisation der Vereinten Nationen gegründet. Am 18.

Kinder protestieren auf der Frankfurter Buchmesse 1978 gegen neofaschistische Literatur („Die Tat“, Frankfurt am Main)

Juni 1945 wurde die Charta der Vereinten Nationen verabschiedet, die den organisatorischen Rahmen und die inhaltliche Zielsetzung der erneuerten internationalen Zusammenarbeit festlegte. In dieser Phase der Neubelebung internationaler Zusammenarbeit entstanden auch die meisten der Sonderorganisationen und Unterorganisationen der Vereinten Nationen. Im Jahre 1946 wurde als eine Unterorganisation die UNICEF (United Nations International Childrens Emergency Fund) gegründet, das Internationale Kinderhilfswerk der UNO. Als Folge des Zweiten Weltkrieges und der Verwüstungen durch den Faschismus litten in Europa 20 bis 30 Millionen Kinder Hunger, hatten keine Schulen, keine Kleider, kein Dach über dem Kopf. Krankenhäuser, Ärzte und Medikamente fehlten. Damals wurde zum Beispiel das erste Penicillin von der UNICEF nach Deutschland gebracht.

Aber diese neue Phase internationaler Zusammenarbeit und friedvoller Abstimmung verlief nicht ungestört. Für viele internationale Organisationen bedeutete die Phase des kalten Krieges eine Zerreißprobe, die ihre eigentlichen Aufgaben zum Teil brachlegte und ihre Existenz gefährdete.

Ab etwa 1950 bahnte sich in der Aufgabenstellung der UNICEF ein Wechsel an, die schlimmsten Kriegsschäden in Europa waren so weit bewältigt, daß nun die Not der Kinder in den Kolonialländern und ehemaligen Kolonialländern in den Vordergrund rückte. Die UNICEF konzentrierte sich vermehrt auf ihren spezifischen Beitrag zur Verbesserung der Lage der Kinder in den Entwicklungsländern. Am 6. Oktober 1953 beschlossen die Vereinten Nationen das Fortbestehen der UNICEF auf unbefristete Zeit. Es hatte sich herausgestellt, daß bei Fortbestehen des Rassismus in südafrikanischen Ländern und in anderen Teilen der Welt, daß bei Fortbestehen kolonialer Ausbeutung und spätkolonialer wirtschaftlicher Aussaugung vieler Länder der Dritten Welt die Lage für große Teile ihrer Bevölkerung und deren Kinder sich trotz der Hilfsleistungen durch internationale Organisationen eher noch verschlechtert hatte.

Am 20. November 1959 wurde die internationale Charta der Rechte des Kindes verabschiedet, eine den neuen Bedingungen angepaßte Neuformulierung, Präzisierung und Erweiterung der alten Genfer Deklaration von 1924.

Internationale Charta des Kindes von 1959

Jedes Kind hat das Recht
Auf Zuneigung, Liebe und Verständnis.
Auf ausreichende Ernährung und medizinische Versorgung.
Auf freie Erziehung.
Auf optimale Chancen zu Spiel und Erholung.
Auf einen Namen und eine Staatsangehörigkeit von Geburt an.

Auf besondere Förderung bei Behinderung.

Auf vorrangige Hilfe in Notzeiten.

Auf die Entwicklung gesellschaftlicher Verantwortung und individueller Fähigkeiten.

Auf Erziehung in einem Geist des Friedens und der internationalen Solidarität.

Auf Erfüllung dieser Rechte unabhängig von Rasse, Hautfarbe, Geschlecht, Religion, nationaler und sozialer Herkunft.[2]

Im Dezember 1976 beschlossen die Vereinten Nationen, das Jahr 1979 zum Internationalen Jahr des Kindes zu erklären. Eine Bilanz der bisherigen Ergebnisse der Arbeit der UNICEF und eine Vielzahl wissenschaftlicher Kongresse über die Lage der Kinder in der Welt hatte ergeben:

In einigen Ländern der Welt war es gelungen, den Analphabetismus zu beseitigen und die Lebensbedingungen der Kinder durch einen neuen Aufschwung der Produktivität im Rahmen gesellschaftlicher Veränderungen grundlegenden Charakters entscheidend zu verbessern. Anders in der Mehrzahl der noch in teilkolonialer Abhängigkeit oder, nach Erreichen der nationalen Souveränität, in fortbestehender ökonomischer Abhängigkeit befindlichen Länder. In diesen Ländern, ob in Afrika, Lateinamerika oder Südasien, hatte sich die Lage der Kinder weiter verschlechtert, und die Hilfsversuche hatten sich häufig als ein Tropfen auf den heißen Stein erwiesen.

Hinzu kamen neue Formen sozialer Gefährdung und Verwahrlosung von Kindern in den industriellen Zentren Westeuropas und in den Großstädten Amerikas. Fortbestehende soziale Ungleichheit, fortbestehender Rassismus und neuaufkommende Formen des Faschismus trugen dazu bei, um in einigen Teilen der Welt kaum erträgliche soziale Bedingungen zu schaffen, von denen insbesondere auch die Kinder betroffen waren: Kinder in den sozialen Gettos des Südafrikas der Apartheid; Kinder am Rande des Hungertodes in den bevölkerungsdichtesten Teilen Indiens; Kinder in den sozialen Gettos Südamerikas und in den Slums von New York und Los Angeles.

Als eine der wichtigsten Aufgaben zur Sicherung der Forderungen der Charta des Kindes wird die Erhaltung des Friedens und die Durchsetzung von Abrüstungsschritten betrachtet. Die monatlich erscheinenden Bulletins des Sekretariats des Internationalen Jahres des Kindes, herausgegeben in New York und Genf, betonen beständig diesen Zusammenhang. Kinder sind die Hauptleidtragenden bei Kriegen. ,,Die internationale Vereinigung für die Kinderfürsorge (International Union for child wellfare) hat anläßlich ihres Gründungstreffens im Oktober 1977 den Beschluß gefaßt, alle Nationen zu veranlassen, einen Teil der

2 Es handelt sich um die von der deutschen UNICEF formulierte Kurzfassung der zehn Grundsätze der Charta des Kindes.

Rüstungsgelder für Kinderfürsorgeprojekte abzuzweigen. In dem Beschluß heißt es, daß ,,während des Internationalen Jahres des Kindes Anstrengungen gemacht werden müssen, die darauf hinzielen, daß alle Länder entsprechende Schritte zu unternehmen bereit sein sollen, größere Mittel bereitzustellen, insbesondere die Mittel, die derzeit zu Rüstungszwecken benutzt werden, um zum Wohlergehen und zur Entwicklung der Kinder im eigenen Lande oder in den Gebieten der Welt, wo diese am bedürftigsten sind, beizutragen".[3]

Nach einer Resolution, die in der Sitzung des Ökonomischen und Sozialen Rates (3. Komitee) am 24. Juli 1978 in Genf angenommen wurde, sollen UNICEF und andere betroffene UN-Organisationen dazu angehalten werden, während des Internationalen Jahres des Kindes ihre Aufmerksamkeit jenen Kinder zu schenken, die in ,,besonderen Umständen" leben, und zwar speziell solchen, die ,,unter Kolonialherrschaft, Apartheid oder einer fremden Besatzungsmacht" aufwachsen.[4]

Die Verabschiedung der Charta des Kindes durch die UNO und die weltweiten Anstrengungen zur Verbesserung der Lage des Kindes im Jahre 1979 sind bedeutende zukunftsweisende Ereignisse. ,,Das Kind von heute – die Zukunft der Welt" unter diesem Motto hat der Internationale Rat der Frauen beschlossen, für die Erfüllung der Forderungen der Charta des Kindes einzutreten. Die steigende internationale Bedeutung der fortschrittlichen Frauenbewegung ist ein Garant dafür, daß mit der Charta des Kindes mehr als bisher reale Politik gemacht wird.

In der Bundesrepublik Deutschland ist zu fordern, daß die international gesetzten Maßstäbe in der nationalen Kinder- und Jugendpolitik mehr Beachtung finden. Gelegentlich erscheinen bei uns Kommentare, die die internationalen Anstrengungen zum Jahre des Kindes als nicht überzeugend hinstellen oder gar eine abwertende Tendenz enthalten. Für die Bundesrepublik besteht aber mehr als genug Anlaß, sich um die Verbesserung der Lage der Kinder im eigenen Lande zu bemühen und sich auch nicht den internationalen Verpflichtungen zu entziehen. Die fortgesetzte wirtschaftliche Ausbeutung von Entwicklungsländern zum Beispiel durch die multinationalen Konzerne, von der auch die Wirtschaft der Bundesrepublik mit profitiert, ist schließlich keineswegs unbeteiligt daran, daß auch in den achtziger Jahren noch Millionen Kinder in den ökonomisch schwachen Teilen der Welt am Rande des Existenzminimums leben müssen.

Tatsächlich ist die Wahrscheinlichkeit groß, daß im nächsten Jahrzehnt das Elend der Kinder in der Dritten Welt noch zunehmen wird. Doch Resignation und Apathie sind jedenfalls fehl am Platze. Weil diese gewaltigen Mißstände existie-

3 IYC-Report 10/1979.
4 IYC-Report 12/1979.

ren, brauchen wir den moralischen und politischen Appell, der von den internationalen Deklarationen und von solchen Einrichtungen, wie den internationalen Jahren ausgeht. Die schon heute erkennbare und in Zukunft absehbar fortschreitende Verbesserung der demokratischen Repräsentanz der Völker in den internationalen Organisationen wird dazu beitragen, eine immer erfolgreichere Durchsetzung der Rechte bisher benachteiligter Länder und der besonders betroffenen gesellschaftlichen Gruppierungen zu erreichen und die Lösung der heute noch bestehenden sozialen Widersprüche, die noch zuzunehmen drohen, aussichtsreicher zu machen.

Auf diese Hoffnung und diesen Anspruch wird niemand verzichten, der für die Gleichberechtigung der Frau und die Verbesserung der Lage von Mutter und Kind eintritt. Auf diese Hoffnung kann niemand verzichten, der für die Rechte des Kindes kämpft, weil er in den Kindern die Zukunft der Welt sieht. Auf diese Hoffnung kann niemand verzichten, der als wichtigste Zielsetzung und erste Aufgabe unserer Zeit zum Schutz für die Kinder den Kampf für die Erhaltung des Friedens begreift und zu führen bereit ist.

Anhang

Stichworte und Hinweise

Arier:

Frühgeschichtliche Völker der indogermanischen Sprachenfamilie. Mißbrauch in unwissenschaftlichem Sinne durch den faschistischen Rassismus zur Hervorhebung und Legitimierung eines angeblichen Herrschaftsanspruchs der germanischen ,,Herrenrasse". Nach der anfänglichen Diskriminierung insbesondere von Menschen jüdischer Herkunft wurde der Überlegenheitsanspruch der germanischen Rasse erweitert zu einer Wertungshierarchie der europäischen Völker, in der dem deutschen Volk ein Führungsanspruch zugeschrieben wurde und in der konsequentesten Ausprägung dieses Denkens auch die slawischen Völker als ,,Untermenschentum" verleumdet.

Aufnordung:

Vom Reichsführer SS, Heinrich Himmler, bevorzugter Ausdruck für die Verschleppung von Kindern in das deutsche Reichsgebiet im Rahmen der vom Reichssicherheitshauptamt verfolgten faschistischen Rassenpolitik. Dokumentiert sind u. a. Zwangsübersiedlungen von Norwegerinnen, die ein Kind von deutschen Besatzungsangehörigen trugen, in das deutsche Reichsgebiet.

Bandenkinder:

In der Sprache des deutschen faschistischen Militärs wurde die Bekämpfung von Partisanen als ,,Bandenbekämpfung" bezeichnet. Bei dieser sogenannten ,,Bandenbekämpfung" wurde, wie sich vielfach belegen läßt, nicht allein gegen die Partisanen, sondern wahllos auch gegen die Zivilbevölkerung in der betreffenden Region vorgegangen. Im Zuge solcher Aktionen wurden Geiselerschießungen mit Ermordungen auch von Kindern sowie auch Terroraktionen zur Vernichtung ganzer Dörfer durchgeführt. Insbesondere in Osteuropa fanden Aktionen gegen die Zivilbevölkerung statt, die schonungslos Frauen und Kinder einbezogen. Eine derartige Aktion war die Aktion ,,Zigeunerbaron" in der Gegend von Brjansk. Bei einer anderen Aktion wurde die Zivilbevölkerung mit Frauen und Kindern in die Pripjet-Sümpfe getrieben.

Sogenannte „Bandenkinder", die als Waisen nach der Ermordung ihrer Angehörigen zurück blieben, wurden verschiedentlich auch in Lager überführt, zur Zwangsarbeit eingesetzt und zur Eindeutschung in das Gebiet des Deutschen Reiches gebracht.

Chelmno a/Ner:

In Chelmno a/Ner wurde 1942 das erste große Vernichtungslager eingerichtet, dem die Lager Auschwitz, Belcec, Maidanek, Sobibor und Treblinka folgten. Die deutsche Bezeichnung für das Lager war Kulmhof. Hier wurden 360000 jüdische Menschen ermordet. Man trieb sie in geschlossene Lastwagen, in die Gas eingelassen wurde. Kurze Zeit später fuhren die Wagen in ein nahes Waldlager, wo jüdische Arbeiter die Leichen aus den Wagen ziehen und in Massengräber legen mußten. 1943 wurde das Lager Kulmhof aufgelöst, die SS erschoß die jüdischen Arbeiter und versuchte, die Spuren des Vernichtungslagers zu beseitigen. Unter den Opfern in Chelmno waren auch ungezählte Kinder, darunter die Kinder aus Lidice, Kinder aus dem Waisenhaus Dorysiu/Lodz und Kinder aus dem Gebiet um Zamosc.

Eindeutschung:

Raub von unter rassischen Gesichtspunkten ausgewählten Kindern von zwei bis sechs Jahren aus polnischen Familien und Waisenhäusern. Ein Teil dieser Kinder konnte nach der Niederlage des Faschismus zu ihren Eltern in die Heimat zurückkehren. Tausende dieser Kinder haben jedoch jede Spur zu ihren leiblichen Verwandten verloren und leben zum Teil noch heute, ohne genaue Kenntnis des an ihnen begangenen Verbrechens, in der Bundesrepublik Deutschland bzw. außerhalb der polnischen Grenzen. „Eingedeutscht" wurden z. B. auch elternlose „fremdvölkische" Kinder, Kinder aus ehedem polnischen Waisenhäusern bzw. aus polnischen Familien, wenn sie „aufgrund ihres rassischen Erscheinungsbildes als Kinder nordischer Eltern angesehen" wurden.

„Endlösung der Judenfrage"

Plan zur physischen Vernichtung der jüdischen Bevölkerung in Deutschland und in den besetzten Gebieten. Die Grundlagen hierfür wurden in der sogenannten Wannsee-Konferenz der Staatssekretäre vom 20. Januar 1942 niedergelegt. Bis zu diesem Zeitpunkt waren die antisemitischen Verfolgungsmaßnahmen primär dazu bestimmt, die Juden zur Auswanderung aus Deutschland zu zwingen. Ab 1941/42 wurde statt dessen die physische Ausrottung (Endlösung) in eigens dazu geschaffenen Vernichtungslagern, wie Auschwitz, Maidanek und Treblinka, geplant und durchgeführt. Millionen jüdische Menschen, darunter auch ungezählte Kinder, wurden ermordet.

Eugenik:

(Aus dem Griechischen) Lehre von der Förderung eines erbgesunden Nachwuchses und der Verhütung von Keimschäden. Als faschistische „Rassenhygiene" mißbraucht zur Diskriminierung „nicht arischer" und behinderter Menschen, zur Unterbindung ihrer Fortpflanzung durch rassistische Ehegesetze und Zwangssterilisierung, sowie zur Vernichtung von Juden, Zigeunern und Angehörigen osteuropäischer Völker in Konzentrationslagern.

Euthanasie:

(Aus dem Griechischen = schöner, angenehmer Tod)
Erleichterung des Sterbens z. B. durch Schmerzlinderung unter Vermeidung einer Lebensverkürzung. Über die Bedingungen der Zulässigkeit oder Unzulässigkeit der Euthanasie gibt es unterschiedliche ethische Auffassungen. Im deutschen Faschismus wurde ein falscher Begriff der „Euthanasie" geprägt und zur Tarnung der von den Nazis durchgeführten Ermordung psychisch Kranker und Behinderter sowie von Kindern mit angeborenen Fehlbildungen und Fürsorgezöglingen mißbraucht, deren Vernichtung zynisch als Beseitigung „lebensunwerten Lebens" deklariert wurde.

Genocid = Völkermord:

„Das Wort ‚Genocidium' ist eine Prägung des amerikanischen Gelehrten Raphael Lembkin, es ist mit ‚Gruppenmord' übersetzbar und bedeutet nach dem vom Justizausschuß der UN-Vollversammlung fertiggestellten internationalen Abkommen die ‚Verfolgung nationaler, völkischer, rassischer, religiöser und politischer Gruppen, um sie als solche ganz oder teilweise auszurotten'. Im Konventionsentwurf, der vom Plenar-Komitee für Menschenrechte der UN behandelt wurde, wird ‚physisches, biologisches und kulturelles Genocidium' unterschieden. Das Abkommen des Justizausschusses wurde der UN-Vollversammlung zugeleitet. Seine Ratifizierung bedeutet, daß ‚Genocidium' als internationales Verbrechen gekennzeichnet ist."
(Zitiert nach: A. Mitscherlich, F. Mielke, Medizin ohne Menschlichkeit, Frankfurt 1978, S. 290)

Görden:

Psychiatrische Krankenanstalt bei Potsdam in Brandenburg, ehemaliges Gefängnis. Dort wurde die Ermordung von Kleinkindern mit körperlichen oder geistigen Schäden, unter anderem auch aus Lebensborn-Heimen, durchgeführt.

Hadamar:

Kleinstadt im Westerwald, unweit von Limburg, im heutigen Bundesland Hessen.
1940/1941 Ermordung psychisch Kranker und Behinderter durch Kohlenmonoxyd in eigens zu diesem Zweck in der dortigen psychiatrischen Krankenanstalt eingerichteten Gaskammern (mehr als 10000 Opfer). 1941 bis 1945 Fortsetzung der Tötungsaktionen durch Injektionen, Tabletten und Aushungern (sogenannte „wilde Euthanasie"; mehr als 4000 Opfer). 1944/1945 Ermordung von 465 aus Polen und der UdSSR verschleppten, angeblich an Tuberkulose erkrankten sogenannten „Ostarbeitern" unter Verwendung von Morphium und Skopolamin.
In Hadamar wurden, ebenfalls unter der Tarnbezeichnung „Euthanasie", auch psychisch behinderte Kinder sowie jüdische oder als jüdisch geltende sogenannte „Mischlingskinder" aus Fürsorge- und Erziehungsheimen umgebracht.

„Heuaktion":

Verschleppungsprogramm von 40000 bis 50000 Kindern und Jugendlichen im Alter von 10 bis 14 Jahren aus dem Operationsgebiet der Heeresgruppe „Mitte" in besetzten Gebieten der UdSSR nach Polen und in das Deutsche Reich 1944. Der Name der Aktion ist wohl aus dem Zusammenhang vorgesehener Ernteeinsätze zu erklären. Die Verschleppten sollten zur Zwangsarbeit angelernt und in der Landwirtschaft, dem Handwerk, als Hausgehilfinnen sowie auch in der Rüstungsindustrie eingesetzt werden. Gleichzeitiger erklärter Zweck der Aktion: biologische Schwächung der slawischen Völker.

Kinderlandverschickung:

Evakuierung von Kindern und Jugendlichen während des Krieges aus Großstädten und bombengefährdeten Ballungszentren auf das Land. Die Kinderlandverschickung war mit Erziehungsmethoden im Geiste des Faschismus und Rassismus verbunden.

Lebensborn:

Die SS-Organisation „Lebensborn e. V.“, geschaffen auf Anweisung des Reichsführers SS, Heinrich Himmler, und von ihm persönlich geführt, errichtete und unterhielt Entbindungs- und Säuglingsheime für verheiratete und unverheiratete Mütter im Deutschen Reich, den Niederlanden, Belgien, Frankreich, Norwegen und Österreich sowie Luxemburg. In diesen Heimen sollte „rassisch wertvoller“ Nachwuchs für die SS und das Nazireich gefördert, gehegt und gezüchtet werden. Unter anderem wurden in diesen Heimen den „nordischen“ SS-Angehörigen und „Herrenmenschen“ blonde und blauäugige „arische“ Mädchen als Partnerinnen zur Fortpflanzung der germanischen Rasse zugeführt. Darüber hinaus stand die Durchführung dieses Germanisierungsprogramms im Zusammenhang mit verbrecherischen Methoden des Kinderraubs, der Unfruchtbarmachung von Kindern und des Kindermords.

Nürnberger Hauptkriegsverbrecherprozeß:

1945/1946 fand in Nürnberg vor einem Internationalen Militärgerichtshof (Frankreich, Großbritannien, UdSSR, USA) der Prozeß gegen Göring, Ribbentropp, Keitel, Kaltenbrunner, Rosenberg, Frank, Frick, Streicher, Sauckel, Jodl, Bormann (in Abwesenheit), Seyß-Inquart, Heß, Funk, Raeder, Schirach, Speer, Neurath, Dönitz, Schacht, Papen und Fritzsche statt. 1947 bis 1949 folgten auf der Grundlage des Kontrollratsgesetzes Nr. 10 zwölf weitere Prozesse:

- Fall 1: der Ärzteprozeß
- Fall 2: der Milch-Prozeß (Feldmarschall Erhard Milch, Staatssekretär im Luftfahrtministerium)
- Fall 3: der Juristenprozeß
- Fall 4: der Pohl-Prozeß gegen Angehörige des Wirtschafts- und Verwaltungshauptamtes der SS (WVHA)
- Fall 5: der Flick-Prozeß
- Fall 6: der IG-Farben-Prozeß
- Fall 7: der Generalsprozeß gegen die Süd-Ost-Generäle
- Fall 8: der RuSHA-Prozeß gegen Angehörige des Rasse- und Siedlungshauptamtes der SS
- Fall 9: der Ohlendorf-Prozeß gegen Angehörige der Einsatzgruppen der SS
- Fall 10: der Krupp-Prozeß
- Fall 11: der Wilhelmstraßen-Prozeß gegen Angehörige des Auswärtigen Amtes und anderer oberster Reichsbehörden
- Fall 12: der OKW-Prozeß (Oberkommando der Wehrmacht)

Opfer der Konzentrationslager und Vernichtungslager:

Von 1933 bis 1945 befanden sich in den Konzentrationslagern insgesamt 1600000 Häftlinge, davon wurden 1180000 ermordet. Einschließlich der Vernichtungslager waren es 18000000 Häftlinge, von ihnen wurden 11000000 ermordet. Die Namen und die genaue Anzahl der Millionen ermordeter Kinder unter diesen Opfern werden wohl nie mehr vollständig erhoben werden können.

Pithiviers:

Deportations-Sammellager in Frankreich, bestimmt für die jüdische Bevölkerung Frankreichs. Sammellager auch für jüdische Kinder, die nach Auschwitz transportiert wurden (insgesamt mehr mals 4000 französische Kinder im Alter von 2 bis 12 Jahren).

Rasse- und Siedlungshauptamt der SS (RuSHA):

War zuständig für die mit Terrormaßnahmen durchgeführte Vertreibungs-, Verschleppungs-, Umsiedlungs- und Germanisierungspolitik in den während des Zweiten Weltkrieges von deutschen Truppen besetzten Gebieten. Es unterstand Heinrich Himmler und arbeitete u. a. mit weiteren SS-Organisationen, wie „Lebensborn" und der „Stiftung Ahnenerbe" eng zusammen.

Kinder waren von Umsiedlungs-, Deportations-, Eindeutschungs- und Vernichtungsmaßnahmen betroffen. Bei Vernichtungs- und Völkermordaktionen in Osteuropa hat das RuSHA, wie sich aus einer Vielzahl erhaltener Dokumente ergibt, eine zentrale Stellung eingenommen.

Vor den Militärgerichtshöfen in Nürnberg wurde als „Fall 8" der Prozeß gegen Angehörige des RuSHA geführt, dessen Urteil am 10. März 1948 erging.

Reichssicherheitshauptamt der SS (RSHA):

1939, zu Beginn des Krieges, geschaffenes Organ der SS zur Durchführung und Koordinierung politischer Kontrolle im Sinne des Faschismus in Deutschland und den im Zweiten Weltkrieg besetzten Gebieten. In Ausübung dieser Funktion wurde physischer und psychischer Terror gegenüber der Bevölkerung und den Gegnern des Faschismus angewandt. Das RSHA beging zahllose Verbrechen. Das RSHA unterstand Heinrich Himmler, der nach Reinhard Heydrich (bis Juni 1942) selbst Chef des RSHA war (bis Januar 1943), gefolgt von Ernst Kaltenbrunner.

Kinder waren entsprechend dem Prinzip der Sippenhaft meist mit ihren Familien von den Terror- und Verfolgungsmaßnahmen des RSHA betroffen.

Selektion:

Eigentlich Auslese, natürliche und künstliche Zuchtwahl. Der Begriff wird seit der darwinschen Entwicklungslehre in der Biologie viel verwendet und dient zur Erklärung der Entwicklung der Arten. In Konzentrationslagern des faschistischen Deutschlands wurden ankommende Häftlingstransporte der sogenannten „Selektion" unterworfen, d.h. entweder zur Zwangsarbeit oder wegen nicht mehr bestehender Arbeitsfähigkeit zu sofortiger Vernichtung, in der Regel durch Vergasung, bestimmt. Die mit diesen Häftlingstransporten ankommenden Säuglinge und Kinder wurden zumeist in den Tod geschickt, da sie für die Zwangsarbeit nicht verwendbar waren.

Sonderbehandlung:

Tarnwort der faschistischen Administration für Ermordung. Bei der „Sonderbehandlung" von Kindern kam es unter der faschistischen Herrschaft zu unnennbaren Bestialitäten.

T 4:

Organisation zur „Vernichtung lebensunwerten Lebens", benannt nach ihrem Sitz in der Tiergartenstraße 4 in Berlin. Die T 4 stand in enger Zusammenarbeit zum Amt II der Kanzlei des Führers (KdF), die ihrerseits für das Programm der „Kindereuthanasie" zuständig und verantwortlich war. Das Personal der T 4 wurde zunächst bei der Durchführung der „Euthanasie"-Mordaktionen in Deutschland und Österreich eingesetzt. Etwa ab Sommer 1941 dehnte die T 4 ihr „Arbeitsgebiet" auf die Konzentrationslager aus und war dort bis 1944 tätig: unter der Bezeichnung „Sonderbehandlung 14 f 13" wurden durch Mitarbeiter der Tiergartenstraße wenigstens 3144 vor allem kranke, schwache und jüdische Häftlinge aus den Konzentrationslagern Groß-Rosen, Buchenwald, Ravensbrück, Flossenbürg, Mauthausen-Gusen, Dachau und Sachsenhausen, in den Tötungsanstalten der T 4 in Bernburg, Hartheim und Sonnenstein umgebracht. *(Zahlen und Ortsangaben sind dem Schlußvortrag von Prof. Dr. F. K. Kaul im sogenannten „Euthanasieprozeß" vom 28. November 1968 vor dem Schwurgericht beim Landgericht Frankfurt am Main entnommen.)*

Häufig wird auf die ähnliche Zielsetzung und die prinzipielle Gleichartigkeit der Durchführung der ,,Euthanasie"-Mordaktionen und des rassistischen und politischen Terrors und Genozids in den Vernichtungslagern hingewiesen. Tatsächlich besteht auch eine direkte organisatorisch personelle Beziehung, da, nach der offiziellen Einstellung der Aktion T 4 am 24. 8. 1941 (danach wurde die ,,Euthanasie" ganz und gar heimlich weitergeführt), das Personal des T 4 als Stammpersonal in die damals entstehenden Vernichtungslager Sobibor, Treblinka und Belcec abkommandiert wurde.

Verdeutschung:

Verfälschung nichtdeutscher Namen von Personen, insbesondere von Kindern, aus vom Faschismus besetzten Ländern, meist in Verbindung mit der sogenannten ,,Eindeutschung". Die neuen Namen sollten sich dem Stamm und dem Klang des bisherigen Namen anpassen. Bei der Germanisierung slawischer und französischer Namen wurde ohne jede Rücksicht auf die Namensträger vorgegangen, ebenso brutal und anmaßend, wie mit den Betroffenen auch im übrigen verfahren wurde.

Die Absurdität eines derartigen Vorgehens karikiert die folgende elsässische Anekdote:

,,Ein Mann 1870 geboren, hieß bei seiner Geburt ,Lagarde'. 1871 wurde er von den Deutschen gezwungen, seinen Namen ins Deutsche zu übersetzen: ,Wache'. 1918 wurde dann dieser Name französisch ausgesprochen: ,Vache'. Erneute Übersetzung 1940: er nennt sich jetzt: ,Kuh'. Daraufhin rief der arme Teufel aus: ,Alsdann, wenn die Franzosen wiederkehren, werde ich mich ,Cul' (Arsch) nennen, wie es nach der Aussprache logisch ist." *(Bopp, Marie-Joseph, L'Alsace sous l'occupation allemande [1940–1945], Le Puy, 1945, S. 71. Zitiert nach: K. Sosnovsky, The Tragedy of Children under Nazi Rule, Posen/Warschau 1962.)*

Im Übrigen bedeuten derartige Namensveränderungen für die Betroffenen eine brutale Vergewaltigung ihrer persönlichen Rechte.

Werwolf (ahd. Wer = Mann):

Im mittelalterlichen Aberglauben ein Mann, der in Wolfsgestalt wölfische Untaten verübt. Unter der Bezeichnung ,,Werwolf" versuchte die Naziführung gegen Ende des Zweiten Weltkrieges, als sich die strategische Lage zu ihren Ungunsten entwickelt hatte, eine Freischärlerbewegung zu begründen, für die auch Kinder und Jugendliche rekrutiert werden sollten. Das Vorhaben gelang nur in einzelnen Fällen. Der

Faschismus wurde niedergeworfen, bevor diese Unternehmung nennenswerte militärische Bedeutung gewinnen konnte.

Wirtschafts- und Verwaltungshauptamt der SS (WVHA):

Organ, das die Konzentrationslager, die SS-Betriebe und die Versorgungseinrichtungen der SS leitete.
Ab 3. März 1942 lag die Inspektion der Konzentrationslager beim WVHA. Die Amtsgruppe D-Konzentrationslager des WVHA hielt die Leitung der Konzentrationslager in der Hand und ihre Untergruppe D II vermittelte die KZ-Häftlinge an die Großindustrie. Eine Amtsgruppe W = Wirtschaft war zuständig für SS-Betriebe, die in der Nähe der KZ die Häftlinge als Arbeitskräfte ausbeutete. Das WVHA unterstand Heinrich Himmler und wurde von Oswald Pohl geleitet.
Das WVHA ist verantwortlich oder mitverantwortlich für die in Konzentrationslagern begangenen Verbrechen an Kindern, von den Prügelstrafen über die Trennung von den Eltern, das Hungernlassen der Kinder bis zu den Quälereien, den Experimenten, für die auch Kinder mißbraucht wurden, bis zu den Mordaktionen.
Vor den Militärgerichtshöfen in Nürnberg fand ein eigener Prozeß („Fall 4") statt, der Pohl-Prozeß gegen Angehörige des WVHA der SS, dessen Urteil am 3. November 1947 erging.

„Zigeunerbaron":

Großangelegte Maßnahme der faschistischen Wehrmacht zur Partisanenbekämpfung im Osten, im Gebiet südlich von Brjansk, Anfang Juni 1943. Hauptsächliches Ziel der Aktion war die Behinderung der Partisanentätigkeit durch Deportation und Terrorisierung der Zivilbevölkerung. Es wurden umfangreiche Deportationen der Zivilbevölkerung, einschließlich der Kinder, durchgeführt. Alle Jugendlichen und Männer im Alter von 15 bis 65 Jahren wurden wie Kriegsgefangene behandelt und in das Dulag (Durchgangslager) Brjansk überführt. Die übrige Bevölkerung unter Einschluß der Kinder wurde in geschlossenen Sammeltransporten ostwärts in an der Bahnlinie Lokot–Brjansk zu errichtende Auffanglager abkommandiert. (Geheime Kommandosache des Chefs des Generalstabs I a Nr. 824/43, vom 17. Mai 1943.)

Verzeichnis der Dokumente

Literaturverzeichnis

H. G. Adler, Theresienstadt 1941–1945, Tübingen 1960
Peter Altmann, Heinz Brüdigam, Barbara Mausbach Bromberger, Max Oppenheimer, Der deutsche antifaschistische Widerstand 1933–1945, Frankfurt 1978
Anatomie des Krieges, hrsg. von D. Eichholtz und W. Schumann, Berlin 1969
Ernst Antoni, KZ – Faschistische Konzentrationslager 1933–1945, Frankfurt 1979
Bruno Apitz, Nackt unter Wölfen, Frankfurt 1979
Arbeiterjugendbewegung in Frankfurt 1903–1945, Frankfurt 1978
Heinz Bergschicker, Leningrad, Frankfurt 1966
K. Binding und A. Hoche, Die Freigabe der Vernichtung lebensunwerten Lebens, 1922
Fritz Bringmann, Kindermord am Bullenhuserdamm, Frankfurt 1978
Martin Broszat u. a., Anatomie des SS-Staates, München 1979
Das Jahr voller Freude, o. O., o. J.
Das polnische Kind in der Zeit des zweiten Weltkrieges und der Nazi-Okkupation 1939–1945, Warschau 1979
Den Kindern das Angedenken der Welt, Warschau 1972
Der Prozeß gegen die Hauptkriegsverbrecher vor dem Internationalen Gerichtshof, Nürnberg 1949
Deutsch-Polnische Gesellschaft (Hrsg.), Janusz Korczak, Düsseldorf 1972
Inge Deutschkron, … denn ihrer war die Hölle, Köln 1965
Klaus Drobisch, Widerstand in Buchenwald, Frankfurt 1978
Hanna Elling, Frauen im deutschen Widerstand 1933–1945, Frankfurt 1978
Helmut Eschwege, Kennzeichen J, Frankfurt 1979
Fall 7, Das Urteil im Geiselmordprozeß, hrsg. von M. Zöller und Kazimierz Lesczynski, Berlin 1965
Anne Frank, Das Tagebuch der Anne Frank, Frankfurt 1977
Frauen-KZ Ravensbrück, hrsg. von Gerda Zörner, Berlin 1973
H. J. Gamm, Führung und Verführung, München 1964
Geneviève de Gaulle, Les Conditions des Enfants au Camp de Ravensbrück, in: Revue d'Histoire de la Deuxième Guerre Mondiale, Paris 1962, Nr. 45
Geschichte der Erziehung, Berlin 1976
Marc Hillel, Clarissa Henry, Lebensborn e. V., Wien/Hamburg 1975
Adolf Hitler, Mein Kampf, München 1930
J. Hohlfeld, Dokumente der deutschen Politik und Geschichte, Berlin 1951
R. Hrabar, Das Kind im hitlerischen Vernichtungssystem, in: Verbrechen an den Kindern und der Jugend Polens, Warschau 1969
i deti sly na smrt (Auch Kinder gingen in den Tod), Prag 1960

Immortal Feat, Moskau 1975
Internationales Auschwitz-Komitee, Anthologie, Warschau 1969/1970
Internationale wissenschaftliche Tagung: Das Kind im zweiten Weltkrieg, Warschau 1979, Diskussionsbeiträge
Juden unterm Hakenkreuz, Frankfurt 1973
Justiz und NS-Verbrechen, Amsterdam 1968
Peter Kaiser, Massenmord und Profit, Köln 1976
Friedrich Karl Kaul, Ärzte in Auschwitz, Berlin 1968
Ders., Schlußvortrag (im Frankfurter „Euthanasie-Prozeß"), Frankfurt 1968
Kinder zeichnen und dichten im KZ Theresienstadt, 1942–1944, Prag o. J.
Arno Klönne, Gegen den Strom, Hannover/Frankfurt 1979
O. Kraus und E. Kulka, Massenmord und Profit, Berlin 1963
Reinhard Kühnl, Der deutsche Faschismus in Quellen und Dokumenten, Köln 1975
Heinz Kühnrich, Der Partisanenkrieg in Europa 1939–1945, Berlin 1968
Maria Mathi, Wenn nur der Sperber nicht kommt, Gütersloh 1955
A. Mitscherlich, F. Mielke, Das Diktat der Menschenverachtung, Heidelberg 1947
Dies., Medizin ohne Menschlichkeit, Frankfurt 1978
Dies., Wissenschaft ohne Menschlichkeit, Heidelberg 1949
Heinz Mode, Siegfried Wölffling, Zigeuner, Leipzig 1964
G. L. Mosse, Der nationalsozialistische Alltag, Königstein 1978
Novalis, Blütenstaubfragmente 1789, Hamburg/Berlin o. J.
H. Picker, Hitlers Tischgespräche, Stuttgart 1965
Stanislaw Piotrowski, Hans Franks Tagebuch, Warschau 1963
C. Pilichowski, Die Lage der polnischen Kinder und Naziverbrechen an Kindern während des zweiten Weltkrieges, Zusammenfassung des Referates auf der Internationalen wissenschaftlichen Tagung: Das Kind im zweiten Weltkrieg, Warschau 1979
Alice Platen-Hallermund, Die Tötung Geisteskranker in Deutschland, Frankfurt 1948
H. C. Pleß, Lüneburg 1945, Lüneburg
O. Prokop, E. Stelzer, Die Menschenexperimente des Dr. med. Heißmeyer, Kriminalistik und forensische Wissenschaften, Berlin 1970
H. Rauschning, Gespräche mit Hitler, Zürich/New York 1940
G. Reitlinger, Die Endlösung, Berlin 1956
Luise Rinser, Gefängnistagebuch, Frankfurt 1973
Alfred Rosenberg, Der Mythos des 20. Jahrhunderts, München 1941
Lord Russell of Liverpool, Geißel der Menschheit, Frankfurt 1955
Karl Saller, Die Rassenlehre des Nationalsozialismus, Darmstadt 1961
Reimund Schnabel, Macht ohne Moral, Frankfurt 1957

Gerhard Schoenberner (Hrsg.), Wir haben es gesehen, Hamburg 1962
Eva Seeber, Zwangsarbeit in der faschistischen Kriegswirtschaft, Berlin 1964
Kyril Sosnovsky, The Tragedy of Children under Nazi Rule, Posen und Warschau 1962
K. J. Stahl, Hadamar, Stadt und Schloß, Hadamar 1974
Karl Stitzer, Mordprozeß Oradour, Berlin 1954
Friedrich Stöffler, Die ,,Euthanasie" und die Haltung der Bischöfe im hessischen Raum 1940–1945, in: Archiv für mittelrheinische Kirchengeschichte, 13. Band, 1961
Stroop-Bericht, Warschau 1960
Theresienstadt, Wien 1968
Unsere Ehre heißt Treue, Kriegstagebuch des Kommandostabes Reichsführer SS, Wien/Frankfurt/Zürich 1965
Max von der Grün, Wie war das eigentlich? Kindheit und Jugend im Dritten Reich, Darmstadt und Neuwied 1979
Lore Wolf, Ein Leben ist viel zuwenig, Berlin und Frankfurt 1973

Ergänzende Anmerkungen

zu Seite 92, 2. Absatz:
Nach Angaben des Zentralrats der Sinti und Roma im Juni 1986 sind insgesamt 500 000 Sinti und Roma im Rahmen des NS-Genocids ermordet worden, darunter der größte Teil der Sinti und Roma aus Deutschland.
S. dazu auch: Donald Kenrick/Grattan Puxon, Sinti und Roma, Vernichtung eines Volkes im NS-Staat, Reihe Pogrom, Göttingen 1981

zu Seite 100, Kinder von Lodz, 1. Absatz:
„Im Zeitraum vom 1. September 1939 bis zum 8. Mai 1945 kamen um und wurden ermordet in Polen etwa 1 800 000 Kinder."
Roman Hrabar, Das Kind im hitlerischen Vernichtungssystem, aus: Verbrechen an den Kindern und der Jugend Polens, Warschau 1969, S. 15

zu Seite 110, letzter Absatz und Seite 111, 1. Absatz:
Nach W. Jazdzynski waren ca. 12 000 Kinder im Lager Lodz inhaftiert. Nach der Befreiung überlebten nur 600–800, von denen aber viele in den folgenden Jahren starben.
Wielaw Jazdzynski, Reportaz z pustego pola, Wyd. Lodzie, 1965

„11 000 ermordete Kinder mahnen zur Besinnung"
Gerda Zorn, Kinder von Litzmannstadt, in: Deutsche Volkszeitung vom 22. Juli 1971

„In den 4 Jahren seines Bestehens, so schätzt man, sind ca. acht- bis zehntausend Kinder durch dieses Lager gegangen."
In: Geheime Reichssache Kinderlager, Eine Dokumentation von Klaus Bednarz, Rundfunksendung am 21. 11. 1971

Die etwas unterschiedlichen Zahlenangaben erklären sich daraus, daß die Gesamtzahl der inhaftierten Kinder nicht mehr ganz genau bestimmt werden kann, u. a. weil die damalige Registrierung der Lageraufnahmen unvollständig war. Nach Angaben der Glowna Komisja Badania Zbrodni Hitlerowskich w Polsce (C. Pilichowski u. a. 1979) nehmen wir die Zahl von ungefähr 13 000 Kindern an.

Die dokumentarischen Angaben in unserer Arbeit „Feinde des Lebens" entsprechen dem Stand unserer Recherchen bis zum Jahre 1979. Inzwischen haben sich durch verschiedene Arbeiten, z. B. über die „Euthanasie" oder andere von uns mitbehandelte Themenkreise zusätzliche Informationen und Quellen erschlossen, die zu einer Vertiefung zeitgeschichtlicher Forschung in vielen Details führen. Das Anliegen unserer Übersichtsarbeit war vor allem, dieses im deutschsprachigen Bereich damals kaum bekannte Thema ins Bewußtsein der Öffentlichkeit zu bringen.

Frankfurt am Main, im Juni 1986

Barbara Bromberger
Hans Mausbach

Die Autoren

Barbara Bromberger
Studium in Kiel, Hamburg, Frankfurt am Main und Marburg.
Dr. phil., Politologin.
Sekretär des Studienkreises zur Erforschung und Vermittlung der Geschichte des deutschen Widerstandes 1933–1945, Frankfurt am Main

Hans Mausbach
Studium in Berlin, Kiel, Düsseldorf und Frankfurt am Main.
Prof. Dr., Arzt und Hochschullehrer, Fachhochschule Frankfurt am Main

Reinhard
Kühnl
Der
deutsche
Faschismus
in Quellen
und
Dokumenten
GERMANY
Kleine
Bibliothek
Pahl-
Rugenstein